JN210015

今日から モノ知り シリーズ

トコトンやさしい

組込みシステムの本

AIの実装、IoTの導入などで、「組込みシステム」が注目されている。本書では、その仕組みや機能、開発手法などを丁寧に解説する。

坂巻 佳壽美

B&Tブックス
日刊工業新聞社

はじめに

私のマイコン人生40年（はじめに代えて）

本書では、私がこれまでの40年間に経験したことがらを、開発工程順に披露しました。ただし、守秘義務や知的財産権などの関係で、詳細には紹介できない部分があります。また、進化の速い技術分野であることから、すでに常識となってしまっていることや、陳腐化している内容が含まれているかも知れませんが、ご容赦ください。

幸か不幸か、私が技術者としてスタートした直後に、マイコンが誕生しました。そのとき、私は大型計算機（当時はそのように呼ばれていた）の管理の仕事をしていました。それは中古品でしたが〝日本で第一号の科学技術計算〟でした。オールソリッドステート、つまり全ての回路がトランジスタなどの個別部品で組まれていました。ICは一切使われていません。そのため、1ビットのデータを記憶するのに、2本のトランジスタによる〝フリップフロップ回路〟で構成されていました。葉書大よりチョット細身の基板に、1バイトのデータにパリティチェックの付いた9ビット分のフリップフロップ回路が実装されていて、それが畳1枚を縦にしたくらいのラックに、ビッシリと詰め込まれたユニットが8台で記憶装置（48kW）が構成されていたのを覚えています。今なら、メモリIC1個で十分な容量です。ただ、回路図付きだったので、私にとってはたいへん興味深いモノでした。

また、モニターと呼ばれる管理プログラム（今で言うオペレーティングシステム）の一部（ジョブ管理の部分）のソースプログラムが、磁気テープに記憶されて付属していました。アセンブラで書かれていましたが、マニュアル類は一切なく、アセンブラプログラムリストの脇に書き込まれたコメントが唯一の情報でした。でも、そのコメントの付け方が、いかにも的確で、英語の苦手な私にもたいへん参考になりました。しかも、後から気がついたことですが、インテルのアセンブラのニモニックとたいへんよく似ていたのです。このことが、私がマイコンへ転向することを容易にしてくれました。

4ビットのマイコンが日本へ届いたのは、ちょうどこの頃でした。インテルが分厚いマニュアルを無料で配布していたので、半日の講習会へ参加して入手しましたが、英文のため図を見るだけで限界でした。そして数年後に、NECから「TK-80」というヒット商品が登場しました。理解のある上司の珍しい計らいで、ファーストロットを入手できました。これで、私の人生が決まってしまいました。あれから40年、マイコンの進歩とともに生きてきました。今から思えば、楽しい日々でした。

そして、32ビットが登場したころから、マイコンの技術進歩についていけなくなり、ついには落ちこぼれてしまい、今日に至っています。残念ながら、今では、息子にスマホの設定を頼むような始末です。『必要以上に進歩しすぎているからだ！』と、自らを慰めているこのごろです。

これから組込みに携わる皆さんは、たいへんですね～。でも、頑張ってくださいね。会社のため、日本のため、世界のため…いやいや、やっぱり最終的には、自分のためだよね。

著者しるす

トコトンやさしい

組込みシステムの本

目次

目次 CONTENTS

第1章 マイコンの誕生から今日まで

第2章 マイコン回路とデジタル回路

第5章 組込みシステムの設計実務とは

第6章
安心して使える組込みシステムをめざす

第7章
組込みシステムの製品化

第1章

マイコンの誕生から今日まで

1 マイコンがコンピュータを身近にした

パソコンは組込み製品の代表選手

"世界最初のコンピュータ"と言えば、1946年に米国ペンシルバニア大学のモークリとエッカートによって発明されたＥＮＩＡＣ（Electronic Numerical Integrator and Calculator）が有名です（1942年にアイオワ州立大学のアタナソフとベリーによってＡＢＣ（Atanasoff-Berry Computer）が作られていたとも言われている）。

ＥＮＩＡＣは、18800本の真空管、重さ30トン、100畳の部屋、24馬力のエアコンでビュービュー冷やし、ミサイルの弾道計算を行ったと言われています。その後、真空管がトランジスタに代わり、さらにIC、ＬＳＩへとデバイスが置き換わる度に、コンピュータの小型化が進みました。しかし、スーパーコンピュータと呼ばれる超高性能コンピュータは、今でもエアコンの効いた大きな部屋に整然と並んで活躍しています。

1960年代になって、ＬＳＩを使った小型コンピュータ（ミニコン）が登場し、実験室にも設置できるような存在になりました。さらに1980年代に入り、8ビットのマイクロプロセッサ（これもＬＳＩ）が登場すると、机の上に置ける大きさで、エアコン不要の個人用コンピュータとして、パソコンが誕生しました。

初期のころのユーザーは、プログラミングのできるエンジニアが中心でしたが、便利なアプリケーション・プログラムが増えたり、マウス操作で使えるアップルコンピュータ社（現、アップル社）のパソコンの登場などにより、一般ユーザーが急増しました。さらに、16ビットや32ビットのマイコンの誕生に伴い、パソコンの性能が向上し、事務計算や技術計算を始め、あらゆる分野の実務へと利用が広がり、今日に至っています。

ちなみに、マイコンとはマイクロプロセッサを用いて小さいコンピュータシステムを構成したもので、その代表的な応用製品としてパソコンがあります。つまり、パソコンはマイコン組込みの、最初でかつ最大のヒット商品と言うことができるでしょう。

要点BOX
- ●ICなどのデバイスがコンピュータを小型化
- ●マイコンとはマイクロプロセッサを用いて小さいコンピュータシステムを構成したもの

デバイスの小型化・高集積化がコンピュータを小型化した

（図では、デバイスの相対的な大きさは考慮していない）

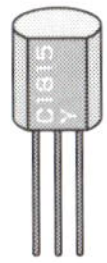

トランジスタ
（真空管1本相当の
機能をする半導体）

真空管

100畳の部屋に鎮座するENIAC

IC
（トランジスタ回路を集積した）

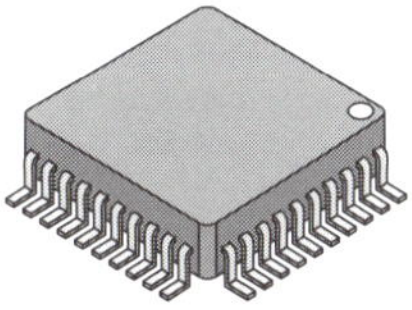

LSI
（ICをさらに集積した）

ミニコンの例

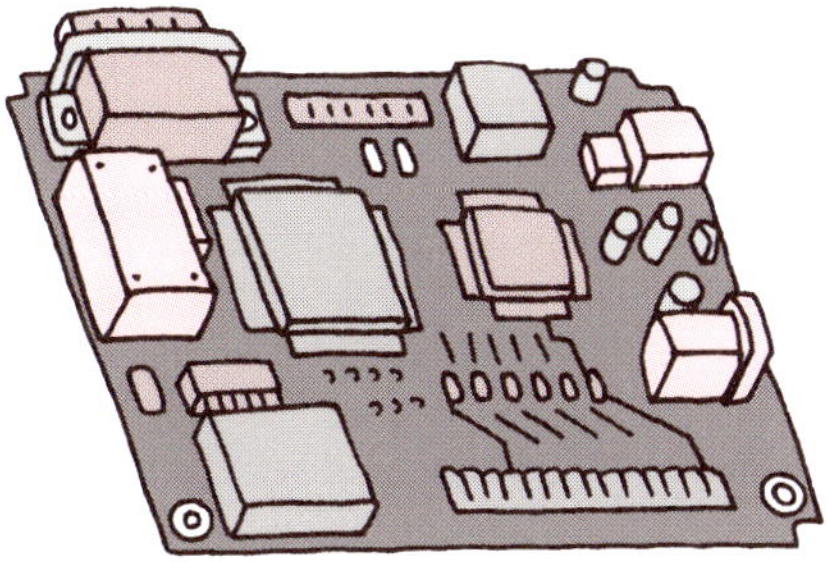

組込み用マイコンの例

8ビットのパソコンの例

2 マイコンの誕生に日本人の存在があった

世界初のマイコン登場

世界初のマイクロプロセッサである4ビットの「4004CPU」は、1971年に米国のインテル社が発明したと言われていますが、チョットのことで日本企業の発明になっていたかもしれなかったのです。

その当時、日本では専用ICによる電卓の開発ラッシュでした。日本の電卓メーカーであった〝ビジコン社〟が新しい電卓シリーズの開発のために、十数種もの専用ICの開発を、インテル社に依頼しました。しかし、その当時のインテル社は、創業したばかりで規模が小さく、ビジコン社からの複数種類のIC開発の依頼を受けられる状態ではなかったようです。

ビジコン社から派遣された嶋正利さんは、化学者であったため、IC開発に関する知識など全くなく、インテル社で一から勉強することになりました。そのとき、一緒に仕事をすることになったテッド・ホフという若いエンジニアが、「電卓にしかならないIC」ではなく「電卓にもなるIC」を開発すれば、十数種もの電卓ICを開発する代わりに、数種のICの開発とプログラムによって目的を達成することが可能になる、という発想の転換を思いつきました。このときこそが、マイコン誕生の瞬間でした。というわけで、世界初のマイコンは、ホフ氏の手柄になってしまいました。残念！

しかし、1984年になってようやく、嶋さんも4004CPUの発明者であったことが、インテル社の社史で認められたと言われています。4004CPUが発明されてから13年も後のことになりますが、まあ良かったと言うべきなのでしょうか？

ちなみに、マイクロプロセッサという言葉は、1972年にインテル社によって作られた新語です。また、最初に発売されたマイクロコンピュータは「MCS4」という名称で、4個のICによって構成されていました。

この世界初のマイコン誕生に関しては、多くのホームページで取り上げられていますので、さらに詳細を知りたい場合には、ネット検索してみてください。

要点BOX

- 世界初のマイクロプロセッサは1971年にインテル社が発明
- 日本人の嶋氏もその発明に関わっていた

発想の転換によってマイコンが誕生した

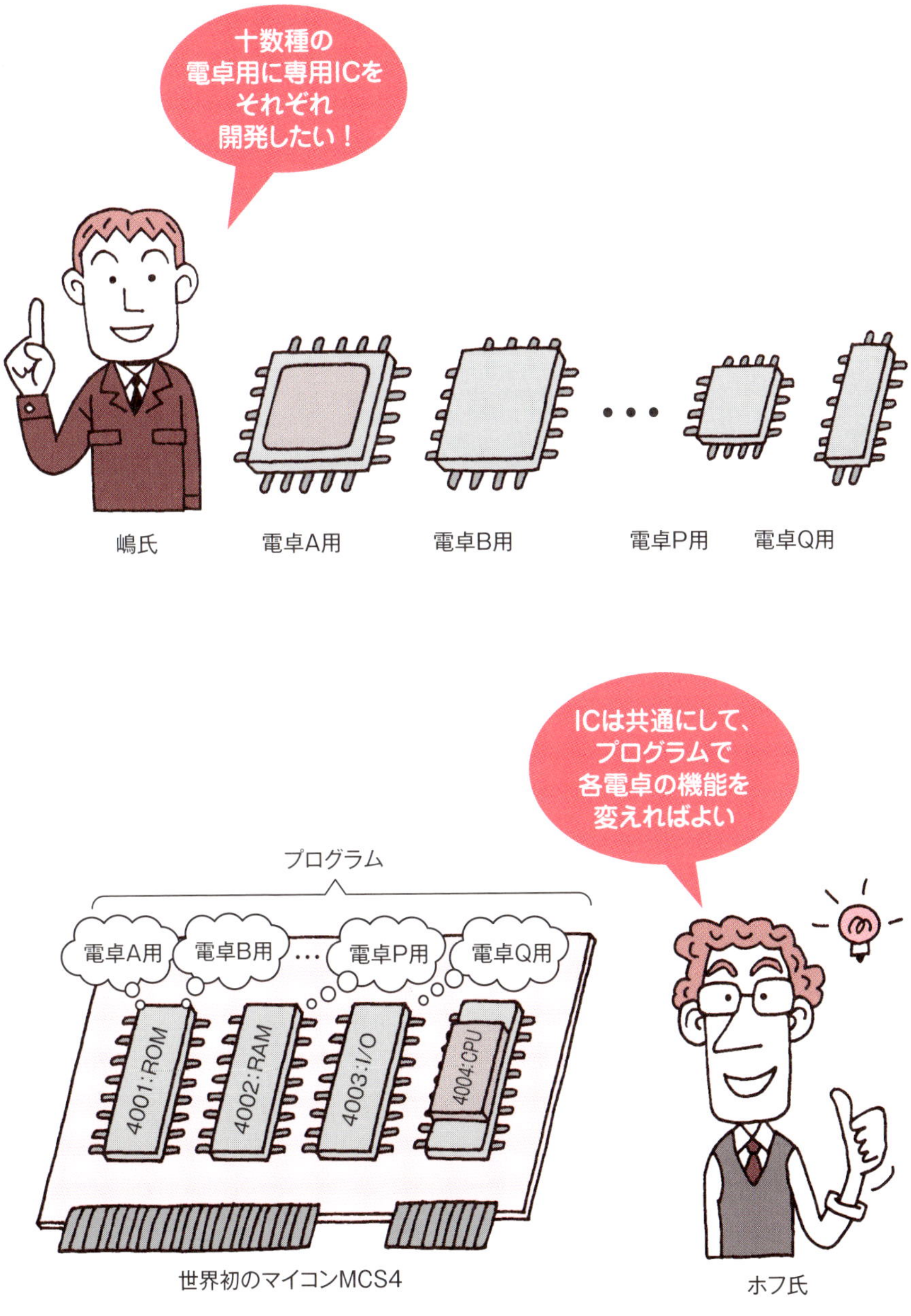

3 マイコンの発展は80系と68系の戦いだった

開発競争がその進化を加速した

インテル社は、最初、電卓に使うことを目的としていたため、10進数1ケタを表すのに十分な、二進数4ビットを単位にして扱う構造の、マイクロプロセッサ4004CPUを開発しました。次に、英数字などの文字が扱える8ビットに、そして、実用的な数値計算や漢字なども扱える16ビットに、さらに高性能な32ビットや64ビットへと、一度の処理で扱うことのできる情報の単位を倍々に増加させ、次々に進化したマイコンの開発を行ってきました。

一方、インテル社が8ビットの8008CPUを発売（1972年）してから二年遅れて、米国のモトローラ社からも8ビットのマイクロプロセッサMC6800が発売されました。これは、DEC社（米国のミニコンメーカー）のPDP-11というミニコンピュータの構造を参考にしたと言われ、初めからコンピュータとしての活用を目指していました。それ以降は、80系と68系という呼び方で、熾烈な戦いが繰り広げられました。

80系は、IBM社がパソコンに採用し、多くの技術情報を公開したため、周辺機器などを開発する企業やホビーに人気が高まり、市場を拡大することに成功しました。しかし、68系はアップルコンピュータ社（現、アップル社）が最大のユーザーとなり、「マッキントッシュ」というパソコンを製品化しました。その際に、キーボード操作をなるべく少なくし、画面表示をマウスで操作するという画期的な方式を採用しました。この使い勝手の良さが功を奏し、キーボード操作を苦手とする多くのファンを集めました。しかし、詳細な技術情報を開示しない方針を取ったためか、エンジニアには不人気でした。ユーザーの使い勝手を重視するという設計思想は、今日のアップル社（2007年に改称）の携帯電話開発にまで引き継がれているように思われます。そして、結局はそのアップルコンピュータ社も2006年に80系に切り替えたため、パソコンとしては80系が大勝利を収めることになりました。

要点BOX

- 80系（インテル社）と68系（モトローラ社）の開発競争がマイコンを進化させた
- パソコンとしては80系が勝利した

80系と68系のプロセッサ開発競争

（＊は同系の他社製品）

80系（インテル社）　　**68系（モトローラ社）**

aplle Ⅱ（アップルコンピュータ社）
PET2001（コモドール社）
ファミコン（任天堂）

4ビット	1971	
8ビット	1972	
	1974	6800　↑ 採用
	1975	*6502（モステクノロジー社）
	1976	
16ビット	1978	
	1979	6809、68000
	1984	68020→Macintoshに採用
	1985	
	1987	68030
32ビット	1989	
	1993	
	1994	68060（最後の68系）
	1998	
	2006	

4 組込みに向いたマイコンが登場

組込み向けマイコンの種類

組込みシステムには、パソコンをそのまま丸ごと組込んでしまうような大型システムもありますが、本書で扱うものは小型のものを想定しています。パソコンが進化する一方で、その他のいろいろな分野の様々な機器へのマイコン組込みも広がり、それに伴って組込みに向いたマイコンの開発も進められました。

組込み分野で採用されているマイコンとしては、性能とともに、小型で低コスト、かつ電池駆動を考慮した低消費電力化などを重視する傾向があります。80系も頑張っていますが、今日の主流は何と言っても『ARMコア搭載マイコン』となっているようです。

これは、イギリスの「ARM社」によって策定された〝ARMコア・アーキテクチャ〟を採用したマイコンということです。マイコンメーカー各社は、ARM社からライセンスを受けて、ARMコアを採用し周辺回路を追加した特徴あるマイコンを製造しています。そのため、A社のARM、B社のARM、…というように、各社それぞれのARMマイコンが存在することになります。ARMマイコンは32ビットCPUのため、高性能で比較的大きな規模の組込みシステムに採用されています。

それに対して、8ビットや16ビットといった小規模システムにおいては、マイクロチップ・テクノロジー社の「PICシリーズ」やアトメル社の「AVRシリーズ」などが多く採用されているように見受けられます。ちなみに、このような規模のマイコンは、〝マイクロコントローラ〟と呼ばれることがあります。

最近の傾向としては、インターネットに接続して利用する組込みシステムが登場し、IoT機器などとも呼ばれています。また、ブルートゥースや無線LANなどの活用も進み、通信機能が組込みシステムにも装備されるようになりました。このように、組込みシステムといえども、パソコン並みの周辺機能を搭載したマイコンが求められるようになり、その需要に応える高性能なプロセッサが登場しています。

要点BOX

- 組込み向けマイコンの主流は「ARMコア搭載マイコン」
- 通信機能などパソコン並みの周辺機能を搭載

組込み向けマイコンのいろいろ

大規模システム

高度な処理が求められる
商用電源駆動
消費電力の心配なし

ARMコア搭載マイコン

（ライセンスを受けた各社）

- 16ビット～32ビット
- Raspberry Pi（安価な教育用ワンボードマイコン）に採用されている
- ARMコアにもいろいろな規模と性能がある
- それらにメモリや周辺回路を内蔵させて各社がユニークなマイコンを作っている

小規模システム

そこそこの性能
電池駆動
低消費電力・低電圧対応

マイクロコントローラ（制御用IC）と呼ばれている

PICシリーズ

（マイクロチップ・テクノロジー社）

- 8ビット～32ビット
- 多数の評価用ボードが販売されている

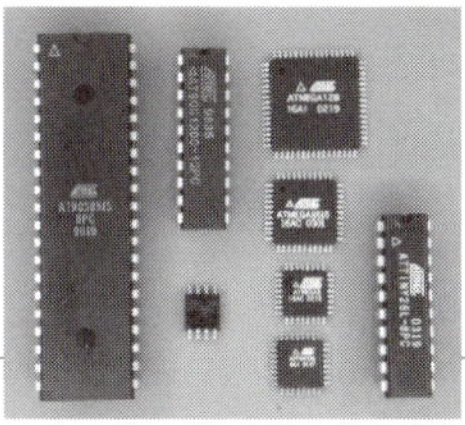

I/Oピンの数によってパッケージがいろいろある

AVRシリーズ

（アトメル社：2016年にマイクロチップ・テクノロジー社に買収される）

- 8ビット
- Arduino（安価なワンボードマイコン）に採用されている

ARMコアにもいくつかのグレードがある

A社のARM　B社のARM　C社のARM

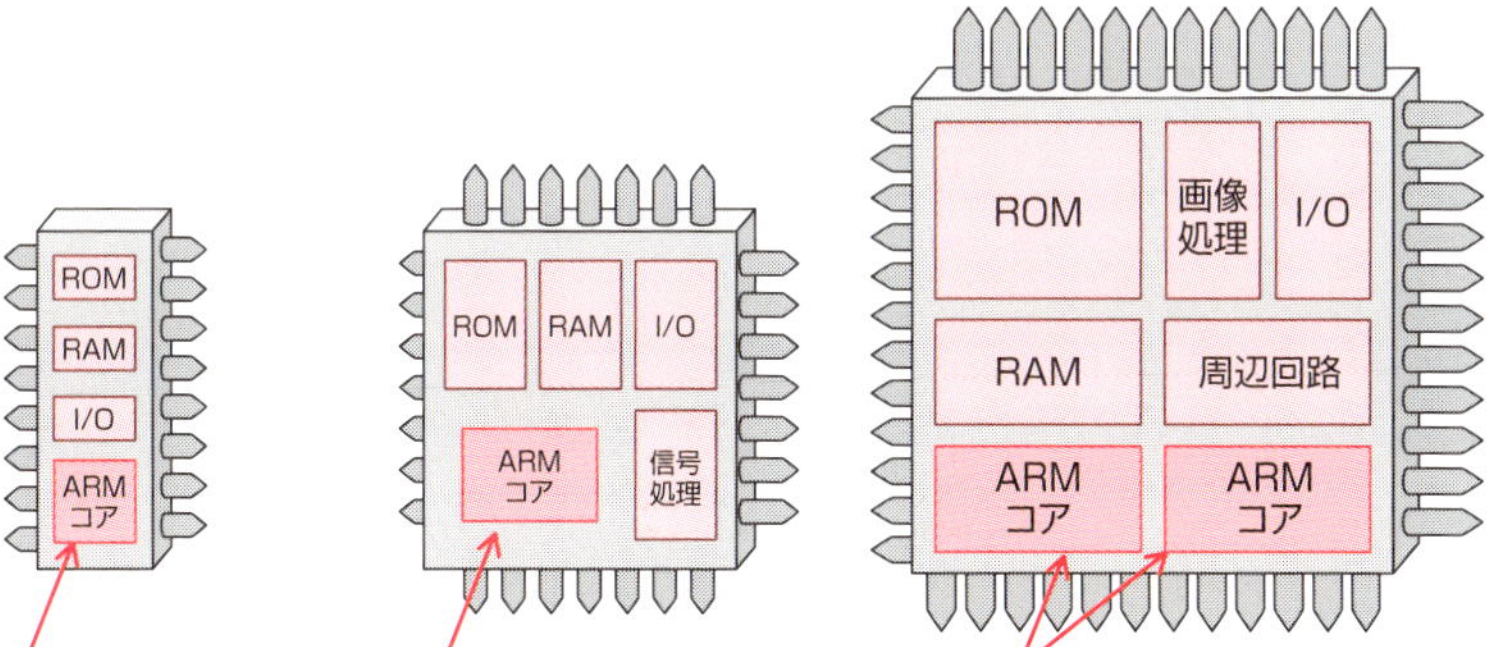

Cortex-Mシリーズ
現在の主力シリーズ
コストと電力を重視

Cortex-Rシリーズ
Cortex-Mシリーズより高い性能
浮動小数点演算や信号処理など

Cortex-Aシリーズ
高度な計算、多機能なOSに対応
最大4コア協調動作が可能

ARMアーキテクチャのライセンスを保有しているメーカー例

- テキサス・インスツルメンツ
- AMD
- 東芝
- Panasonic
- Intel
- サムスン電子
- 任天堂
- サイプレス

など

5 ワンチップ・マイコンは日本が得意だった

五大機能を1つのICに搭載

日本でも一時期はインテル社に対抗して、独自のマイコンを開発していました。それは、ワンチップ・マイコンというタイプで、コンピュータの五大機能（このことについては次章で説明）の全てを、一個のICの中に詰め込んでしまったというものです。パソコンに採用されているインテル社などの多くのマイコンでは、機能ごとのIC複数個をプリント基板上で接続することによって、コンピュータの五大機能を構成しています。

ワンチップ・マイコンは、プログラムをどのように記憶させるかの方法によって、大きく二つに分類されます。

一つ目はIC製造時に記憶させてしまい、その後の修正は一切できないという〝マスクROM〟タイプで、量産製品に採用されています。

二つ目はIC製造後に専用の書き込み器（ROMライター）によって記憶させる〝プログラマブルROM（PROM）〟タイプです。さらに、このPROMは、記憶させたプログラムの消去の仕方によって、紫外線を当てて消去するUV－PROMと、電気的に消去するEE－PROMに分かれます。UV－PROMには、チップ上に紫外線を当てるための丸いガラス窓のあるのが特徴です。EE－PROMには、外見的な特徴はなく、単なるICにしか見えません。

今でも、ワンチップ・マイコンは多くの小規模な組込みシステムに採用されています。その場合、汎用というよりは、特別な目的のために専用化させた機能や性能を持たせたものが多く、そのため受注生産となっているようです。CPUは共通でも、メモリの容量や、I／Oの種類や数などをアレンジして、最適なワンチップ・マイコンを構成しています。

ある時期、一世を風靡した日本製ワンチップ・マイコンでしたが、残念ながら今ではARMやPIC、AVRといった外国産のものに市場を奪われてしまったように思われます。

要点BOX
- ●コンピュータの5大機能を詰め込んだワンチップ・マイコン
- ●かつては日本製が市場を席巻していた

ワンチップ・マイコンの種類

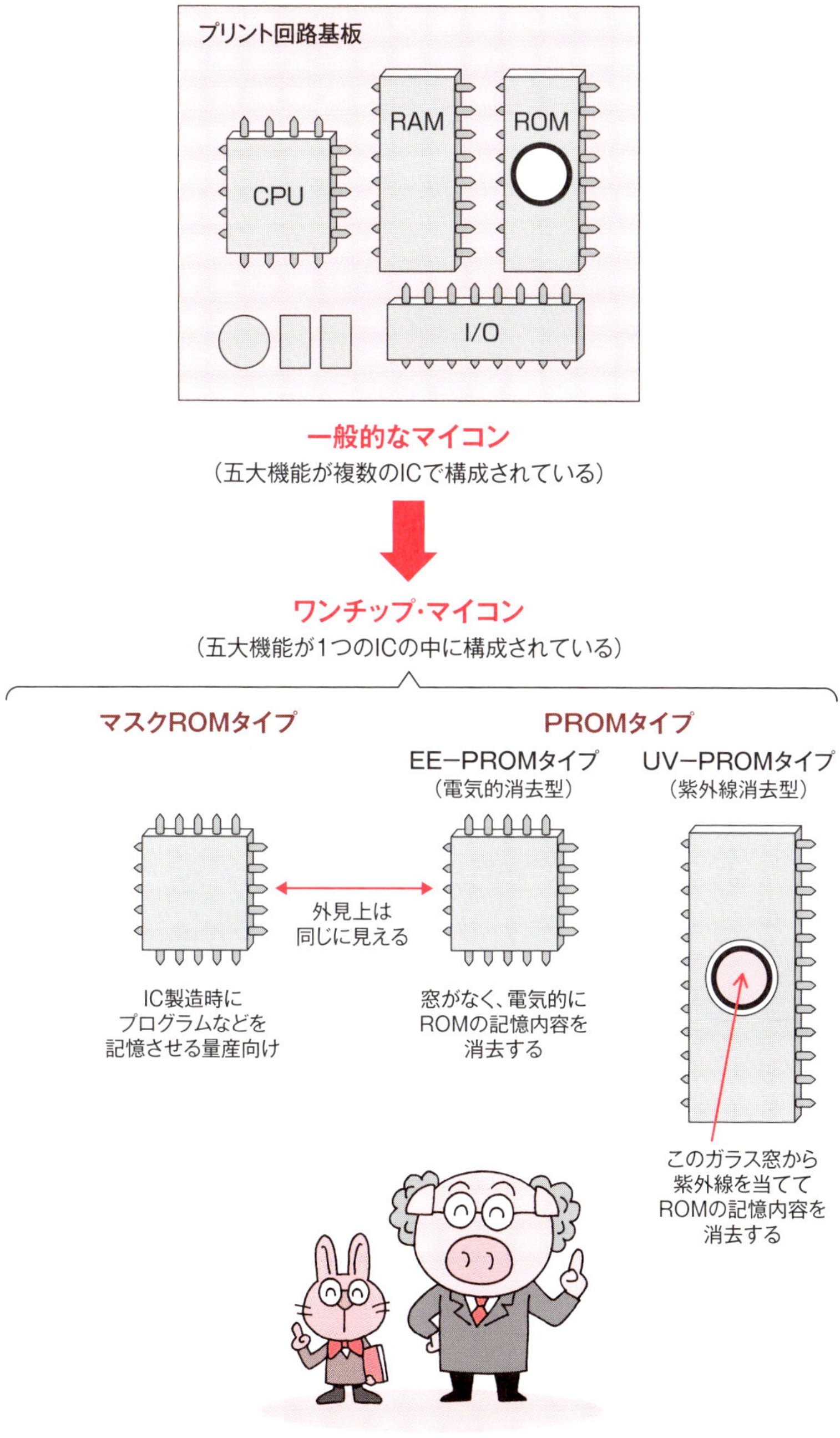

プリント回路基板
CPU
RAM
ROM
I/O
一般的なマイコン
（五大機能が複数のICで構成されている）
ワンチップ・マイコン
（五大機能が1つのICの中に構成されている）
マスクROMタイプ
PROMタイプ
EE−PROMタイプ
（電気的消去型）
UV−PROMタイプ
（紫外線消去型）
外見上は
同じに見える
IC製造時に
プログラムなどを
記憶させる量産向け
窓がなく、電気的に
ROMの記憶内容を
消去する
このガラス窓から
紫外線を当てて
ROMの記憶内容を
消去する

6 自分専用のマイコンだって自作できる！

回路を記憶するICの登場

FPGA（Field Programmable Gate Array）という変わったICが登場しました。一般には回路を記憶するICと説明されていますが、回路のあらゆる動作状態を記憶している、メモリのお化けのようなICです。プログラムを書くように回路の動作仕様をHDL（ハードウェア記述言語）という専用の言語で記述し、翻訳ソフトで変換したデータをFPGAに書き込むと、希望した仕様通りに動作するICができあがります。

さらに最近では、組込みシステムの開発によく採用されているプログラミング言語のC言語で記述した内容が、いきなりFPGA用の回路データ（IPという）になってしまうという便利な翻訳ツールも登場しています。プログラムでは実行時間が長くて困ったという場合に、FPGAで動作する回路に置き換えてしまえば、即解決です。便利な時代になったものです。

このFPGAを用いて、自分専用のデジタル回路はともかく、マイコンだって自作が可能です。それほど入れ込みたくないという場合には、FPGAメーカーからプロセッサ回路のIPが提供されています。簡易版のワンチップ・マイコンレベルから、32ビットのかなり本格的なものまで何レベルかがあります。しかも、無料版さえあると言いますから『え～っホント！びっくりー』といった状況です。

当然のことですが、全てを自分で作ることもできます。ちょっと勉強すれば、簡単なモノならすぐできます。私も、譜面データを読み込んで演奏するというマイコンを作ったことがあります。電子オルゴールだ！と言われてしまえばそれまでですが、音の高さ（音階）と長さ、それと休符や繰り返しなど、いくつかの命令で動作します。そのマイコンに1サイクル分の波形データをセットすれば、それを基にした楽器になります。たとえば、犬のワン！という音で曲を演奏します。どんな回路でもできるので、アイデアさえ湧けば、はまりますよ。きっと！

要点BOX

- ●FPGAの登場でマイコンの自作ができる時代
- ●HDL（ハードウェア記述言語）で仕様を書くと希望する動作をするICができる

ROMとFPGAの比較

プログラムを記憶する

```
#define NOT_FOUND (-1)
#define N 128
#include <stdio.h>
#include <stdlib.h>
int strcmp(char *x, char *y)
{
    int i;
    i = 0;
    while (x[i] != '¥0'){
        if (x[i] < y[i]) return 1;
        if (x[i] > y[i]) return -1;
    i++;
    }
    if (y[i] != '¥0') return -1; else
return 0;
}
```

どちらも
メモリIC
（記憶するIC）

回路を記憶する

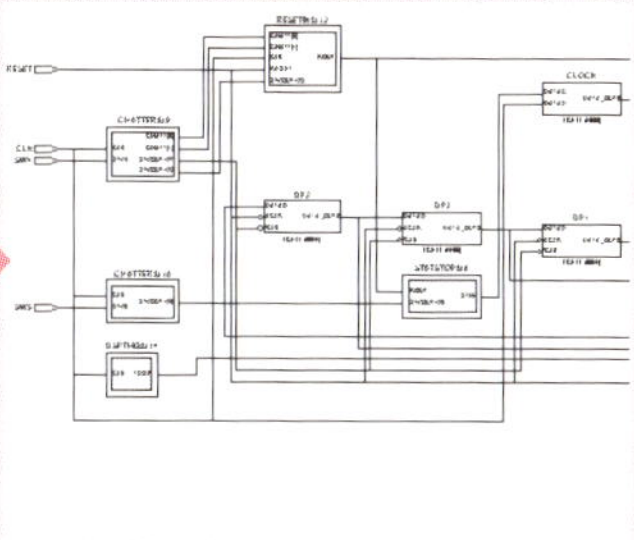

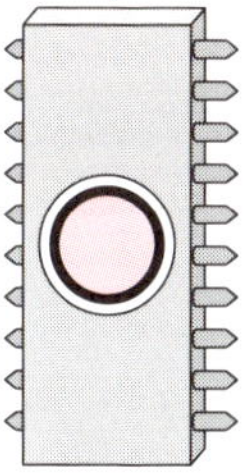

ROM

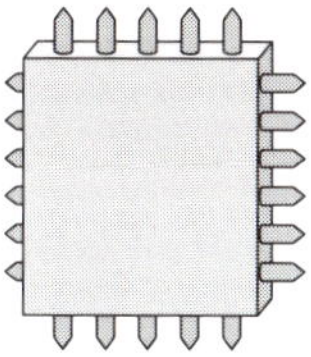

FPGA

ICは自分で作る時代！

FPGA

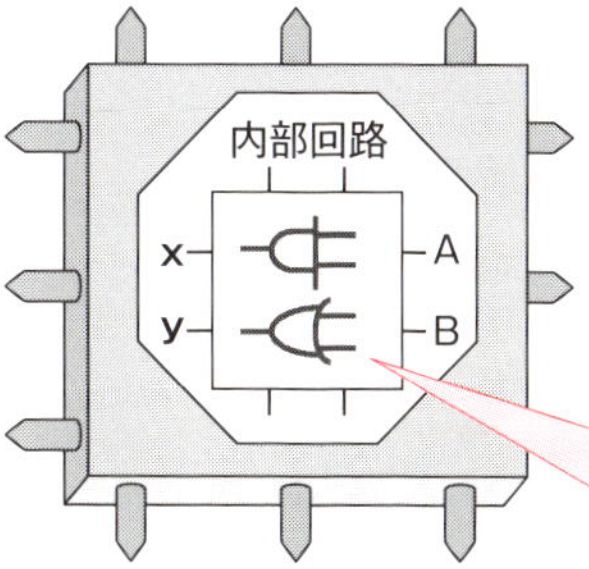

ARMコアを内蔵した
FPGAもある

HDLで仕様を書く

entity部（入出力信号の定義）

```
entity SAMPLE is
port(A,B : in std_logic ;
     X,Y : out std_logic) ;
end SAMPLE ;
```

architecture部（内部回路の定義）

```
architecture RTL of SAMPLE is
begin
X <= A and B ;
Y <= A or B ;
end RTL ;
```

Column

二進数の表し方のいろいろ

組込みシステムのハードウェアを担当するにしても、ソフトウェアを担当するにしても、二進数に関する知識は常識の範囲です。そこで、再確認を含め、改めて説明しておくことにします。

まずは、十進数「181」を例にして、二進数に変換する仕方、そしてその逆変換の仕方を見てください。ここでの割り算は、下から上に向かって計算するという、ちょっと変わった方法です。

また、二進数は桁数が多くなると、読みにくかったり、書きにくかったりと面倒です。そこで、4ビットずつまとめて、十六進数として表すことが一般的となっています。図中のBは、十進数の11のことで、二進数では1011です。

二進、十進、十六進数の表し方と相互変換

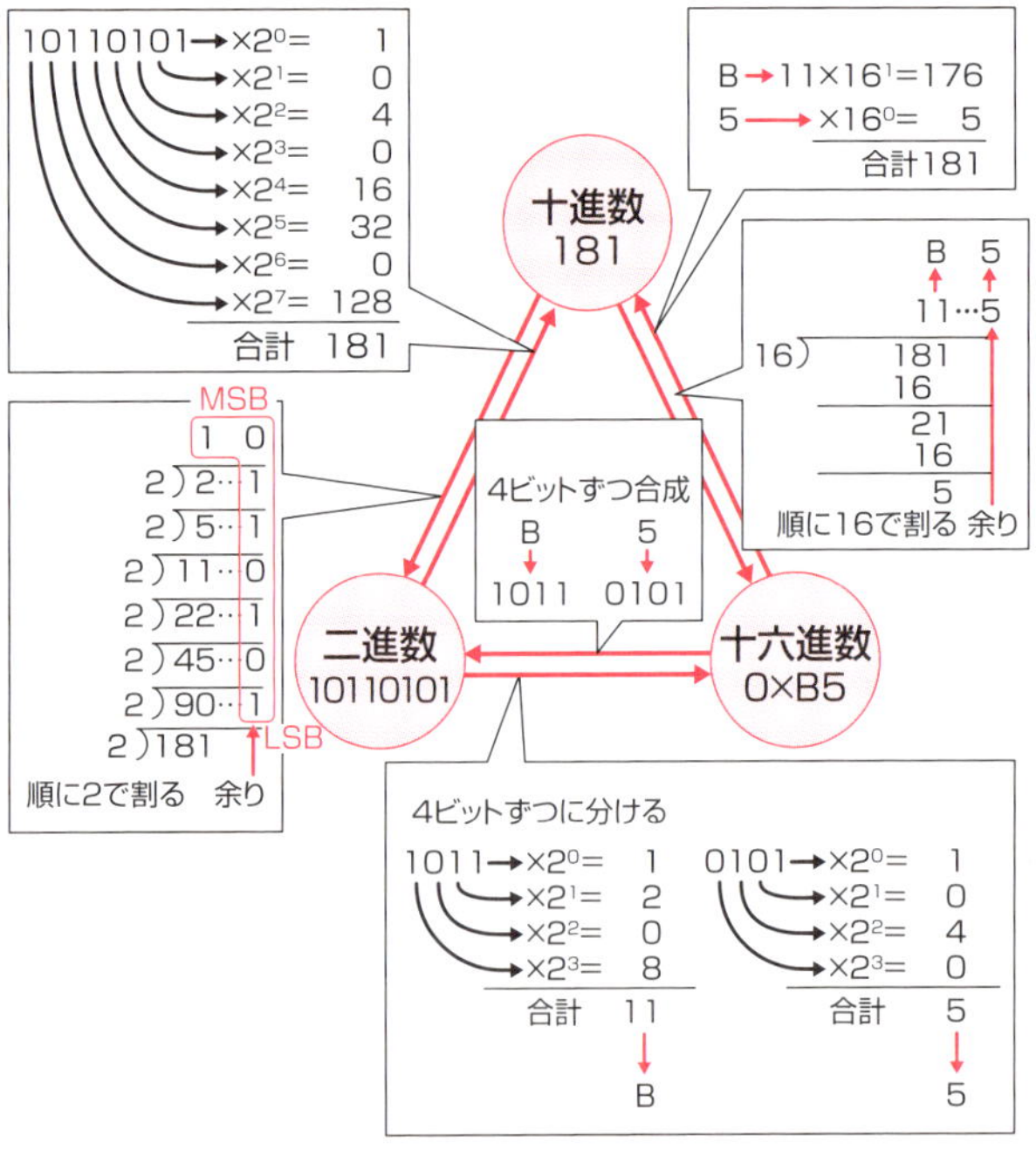

第2章

マイコン回路とデジタル回路

7 コンピュータに必須の五大機能とは？

「入力」「記憶」「演算」「制御」「出力」

〝コンピュータ〟と呼ぶためには、ハードウェア構成に条件があります。まずハードウェアとは、コンピュータに限らず、一般に機械装置のことを指します。「ハード」とは「硬い」という意味なので、よく「金物」と訳されますが、〝手でさわって存在を確認できる物のこと〟とでも考えて下さい。機械装置をハードウェアと呼ぶのに対して、その使い方のように〝手ではさわれない物のこと〟をソフトウェアと呼びます。

さて、コンピュータのハードウェアには、図に示すような5つの機能が揃っていなければなりません。それらのことを「コンピュータの五大機能」と呼んでいます。人間の機能に対比させてそれらを説明すると、次のようになるでしょう。

①入力機能……人間の目や耳・鼻といった、いわゆる五官の機能に相当し、コンピュータが外部から情報を受け取るための受付窓口

②記憶機能……脳に記憶して覚えている機能のことで、データやプログラムを記憶する

③演算機能……暗算や電卓を用いて計算する機能

④制御機能……目的を達成するために各部の動作を調整する機能で、プログラムに従って処理を進めるために、他の4つの機能をコントロールする

⑤出力機能……口で話したり、手足を動かしたりする機能に相当し、コンピュータから外部へ情報を提供するための結果出口

コンピュータの場合には、それらの機能の内、記憶、演算、制御の3つを1つの匡体に入れて、中央処理装置（CPU：Central Processing Unit）と呼んでいます。マイコンの場合には、演算と制御の2つの機能だけを1つのICとし、マイクロプロセッサと呼んでいます。CPUやMPU（Micro Processing Unit）などと呼ぶこともありますが、コンピュータとは包含する機能の範囲がちょっと違っています。情報処理試験では、MPUを採用しているようです。

要点BOX

- コンピュータのハードウェアには五大機能が揃っている必要がある
- コンピュータとマイコンのCPUはちょっと違う

コンピュータの五大機能

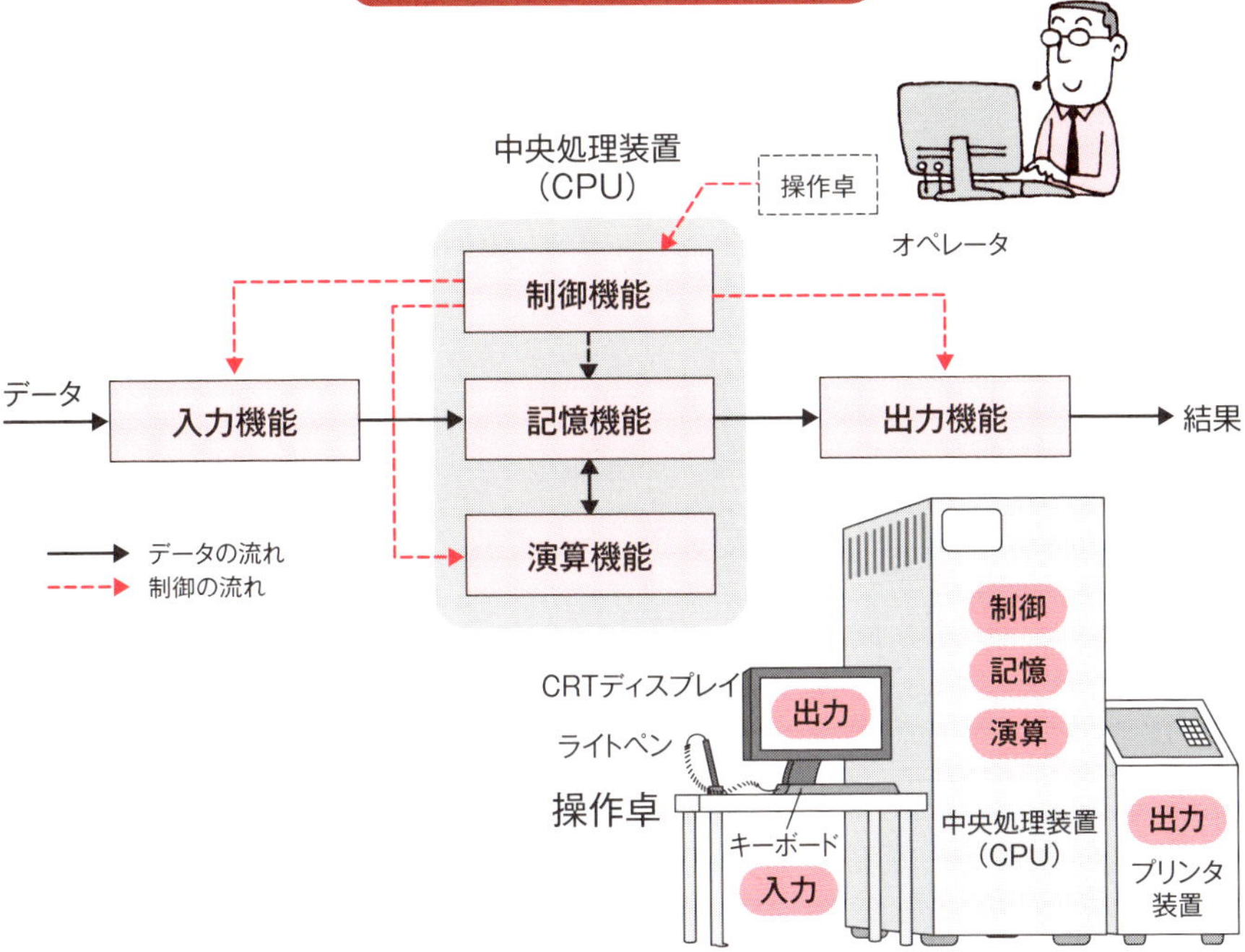

人間の機能と五大機能の対応

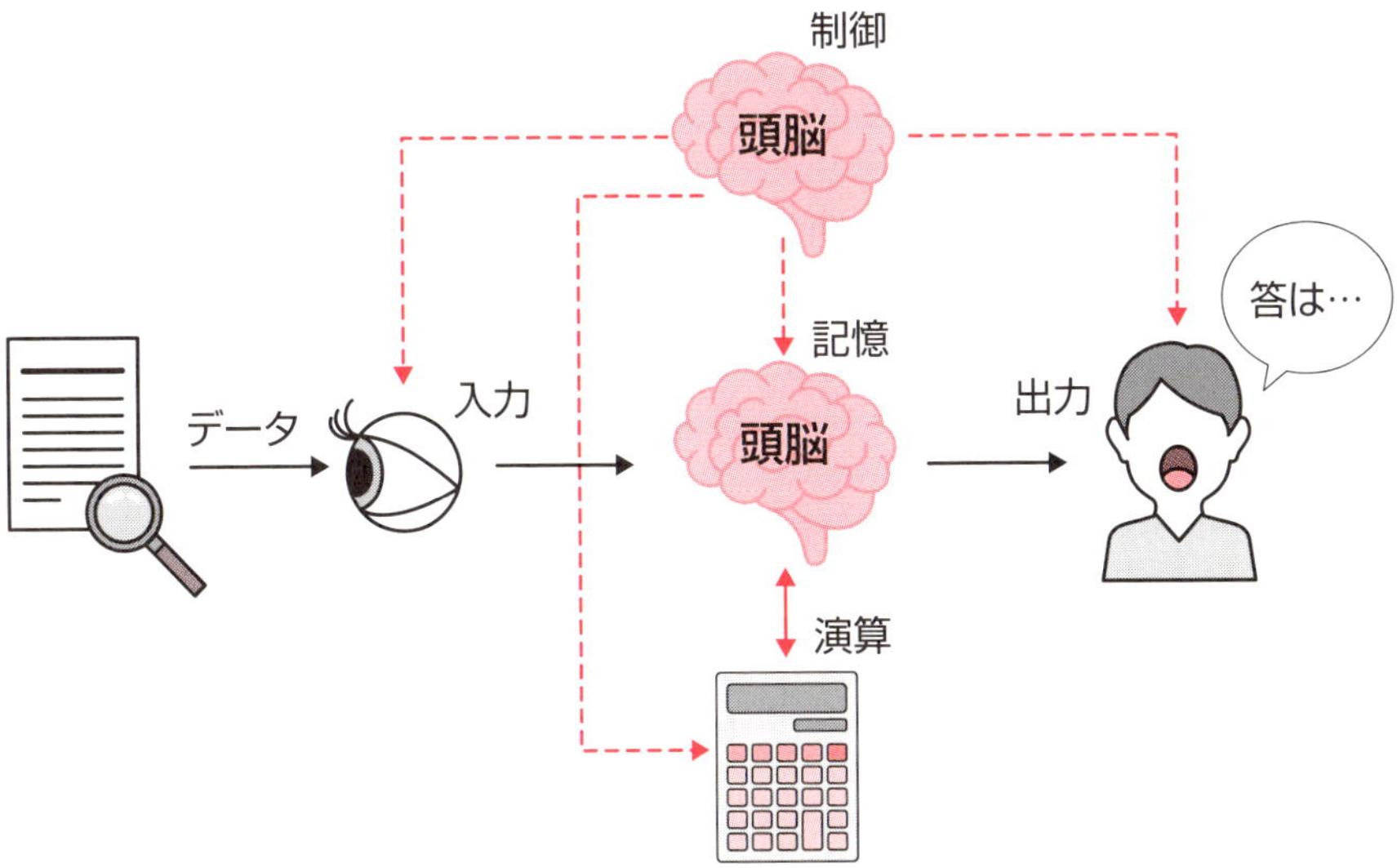

8 コンピュータとマイコンの違い

組込み用マイコンの構成

マイコンも〝コンピュータ〟と呼ばれるからには、「コンピュータの五大機能」の全てを備えていなければなりません。ただ、マイコンの場合には、それらの機能の持ち方に特徴があります。コンピュータの場合には、各機能毎が装置となっていたのに対し、マイコンの場合には、ICとして実装していることです。マイコンは、〝小さなコンピュータ〟なのですから、小型化されているのは当然のことでしょう。

汎用コンピュータの構成に関しては、そのほとんどにおいて標準仕様となっているものが揃っていると言えるでしょう。そのため、あまり変わったシステム構成や特徴のある使い方はできません。それに対して、マイコン、特に組込みシステムでは、その都度最適な仕様を考えることになるという違いがあります。

マイコンの記憶には、「RAM」と「ROM」という二種類のメモリICが採用されています。RAMは記憶（書くという）したり、読み出し（読むという）したりが自由にできるメモリICです。ROMは読み出し専用のメモリICです。ROMに記憶された内容は、電源を切っても消えません。そのため、機能が固定となっている組込みシステムでは、その専用プログラムをROMに記憶させておいて、電源が投入されたら直ちに目的とする動作を開始することができるというわけです。

さらに、組込み用マイコンの特徴は、入力と出力の種類が豊富ということでしょう。いろいろなアナログ情報がデジタル情報となってマイコン内に取り込まれて演算処理され、その結果が、いろいろなアナログ情報となって再びマイコン外へと出力されます。このように、組込みシステムに用いられるマイコンは、入力と出力にこそ多種多様な特徴があって、この部分の研究開発が大いに求められています。

マイコンは小さくなったコンピュータなのです。だからこそ、いろいろな場所やモノの中に組込まれて活躍できる可能性があるのです。

要点BOX
- 組込み用マイコンのメモリには「RAM」と「ROM」が採用されている
- 組込み用マイコンは入力と出力が豊富

マイコンの構成

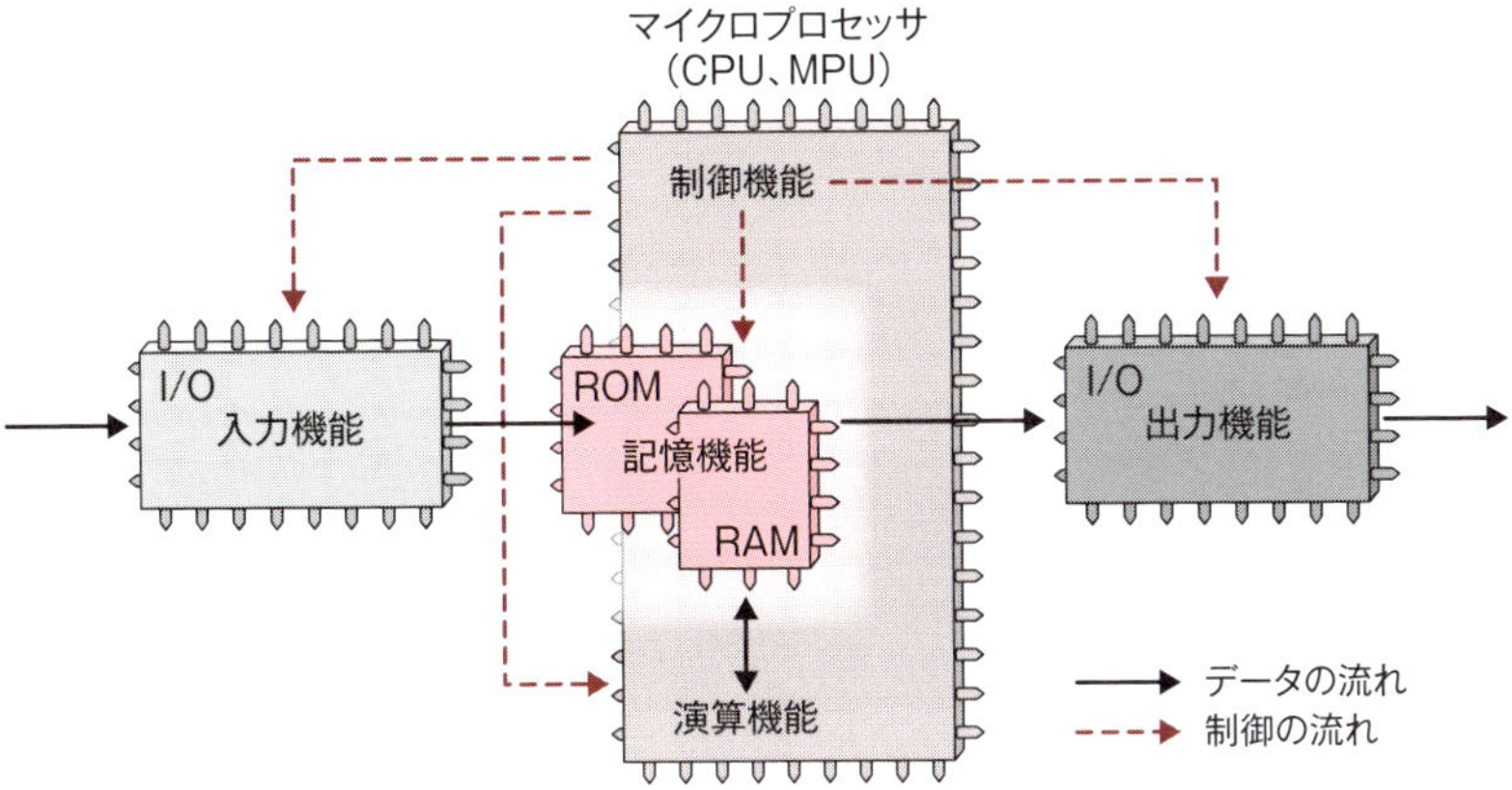

汎用コンピュータと組込み用マイコンの比較

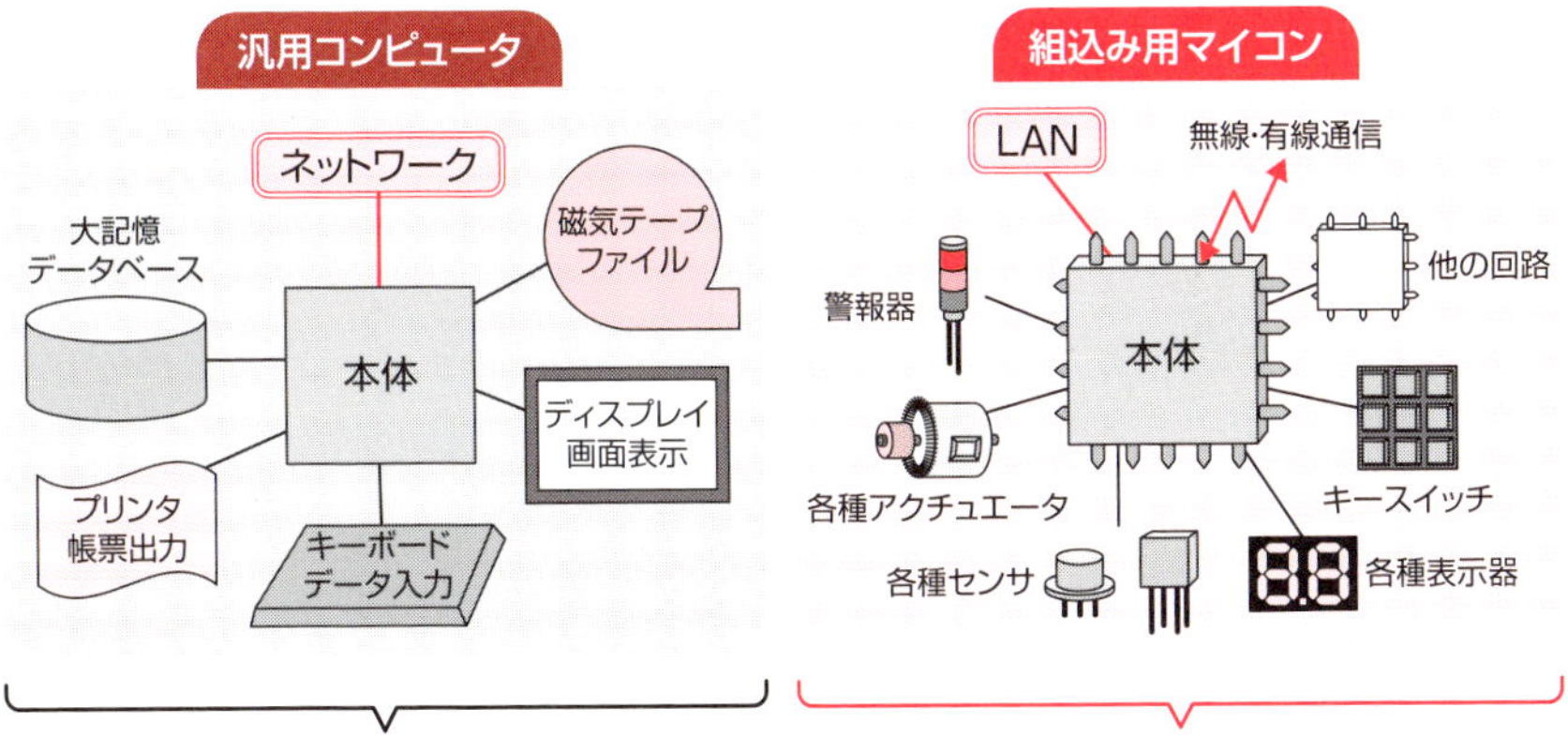

全てが標準

・ハードウェアは汎用品や標準品が揃っている
・プログラムもライブラリがサポートしている
・すぐに呼び出して使用できる状態で提供される

▶給料計算=計算処理+ファイル入出力
▶データベース=データ操作・+大記憶入出力
▶HP作成=画面表示+通信

全てが非標準

・要求に応じて、ハードウェアやソフトウェアを、その都度考える

▶○×製造装置=センサ入力+キー入力
+LED表示+データ処理
+モータ制御+通信+…

9 マイコン回路は鯉のぼり

バス接続による構成

マイコン回路の構成をもう少し説明しましょう。マイクロプロセッサ（以下プロセッサ）を中心にして、プログラムやデータを記憶するメモリIC、外部とのデータのやりとりをしたり、種々の周辺装置を接続するための各種インタフェースICなどが、基本的な構成要素です。そして、それらのICが、プロセッサから伸びる次の3種類のバスと呼ばれる信号線の束によって接続されているところが、マイコン回路の特徴です。

①アドレスバスは、データのやりとりをする相手を特定するための情報（アドレスという）を伝えるための信号線の束です。データをやり取りする片方は、原則としてプロセッサに決まっているので、もう片方を指定するための情報を伝えます。

②データバスは、その名の通りデータを伝えるための信号線の束です。データの伝わる方向には双方向あり、プロセッサからデータを送り出す場合を〝書き込み（write）〟または〝出力（out）〟と呼び、その逆の方向にデータが伝わる場合を〝読み込み（read）〟または〝入力（in）〟と呼びます。

③コントロールバスは、データのやりとりをうまく行うために必要なタイミング信号を伝えます。このバスは、それぞれに違った機能を持った複数の信号線の束で、伝わる方向もそれぞれに決まっています。

これ以上の細かな話は、ここでは省略しますが、マイコン回路について覚えておいて欲しいのは、3種類のバスという信号線の束があって、入出力回路などを追加接続する場合には、必ずこの3種類のバスに接続しなければならないということです。

図を見て下さい。まるで5月の空に舞う鯉のぼりのような格好に、各ICが接続されているとは思いませんか？この場合、上下の順には意味がなく、とにかく3種類のバスに接続されてさえいればよいのです。これに対して、従来のアナログ回路では、信号が常に串刺し状に流れるため、それぞれの順番は固定です。

要点BOX

- 三種類のバス「アドレス」「データ」「コントロール」が特徴
- 各回路は三種類のバスに接続されていればよい

具体的な組込みシステムの構成例

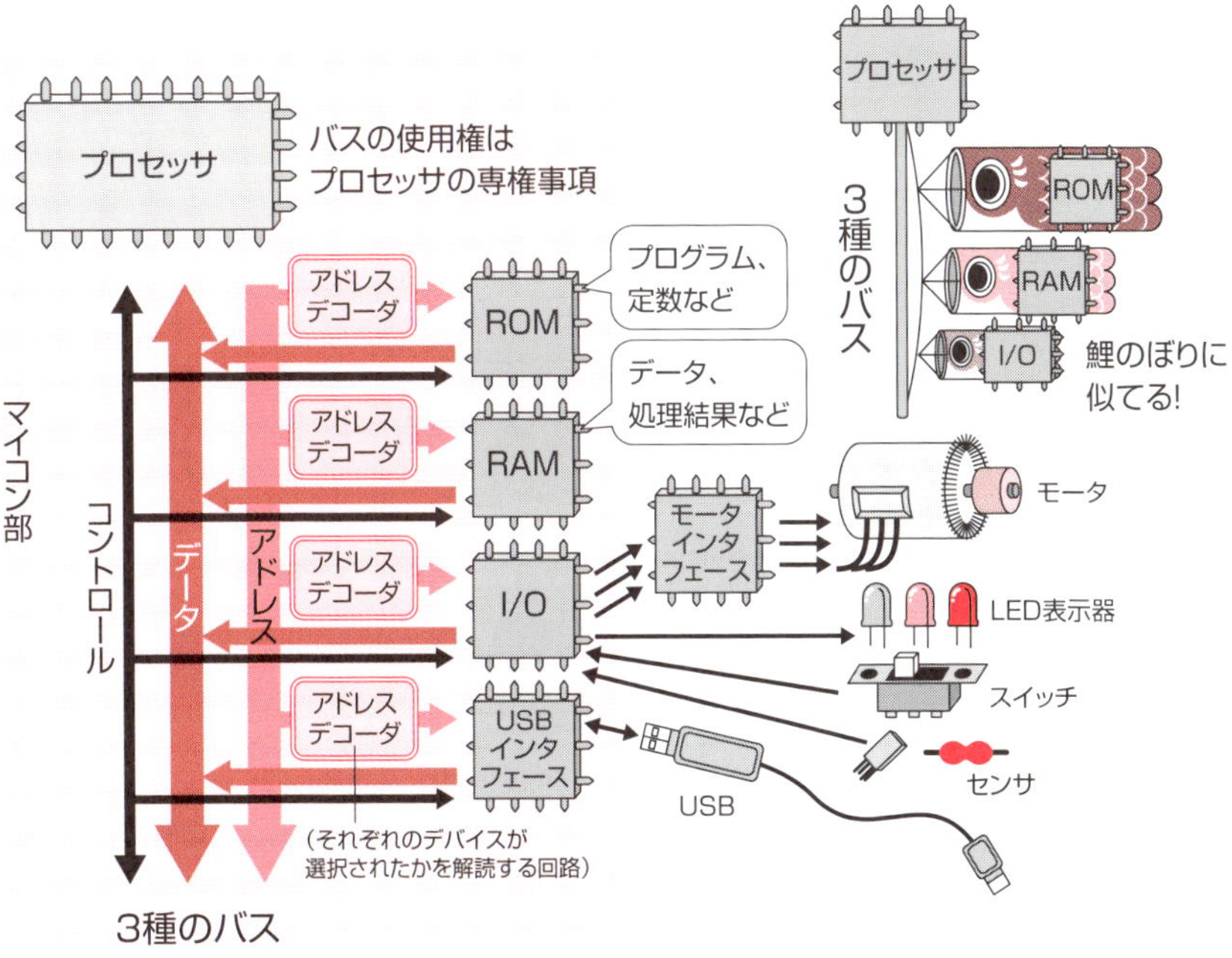

従来のアナログ回路(ラジオの例)

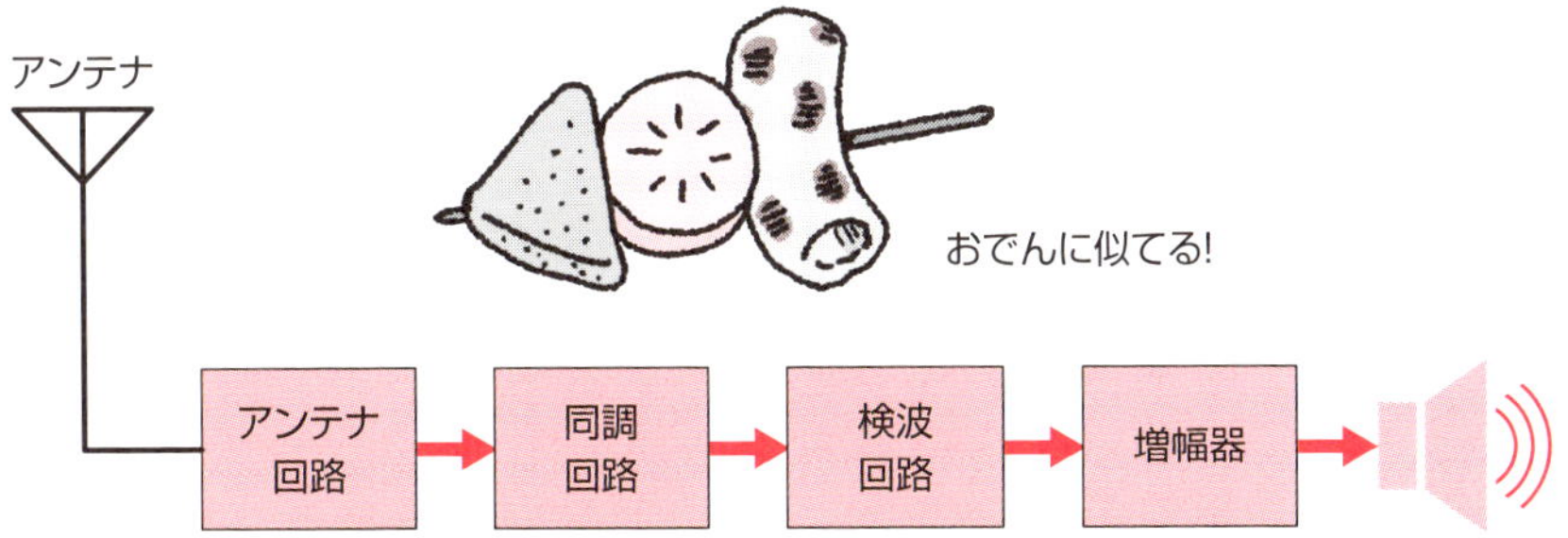

10 マイコン回路の実行は軍隊式

マイコン回路は、プロセッサを中心に複数のICによって構成されていて、それらがバス接続という方式によって、鯉のぼりの鯉のように各回路が接続されているということについては、すでに説明した通りです。

それでは、バスという共通の配線を用いて、どのようにしてIC間がデータのやりとりを行っているのかについて、説明しましょう。

まずその前に、各ICが勝手に動作しないように、クロックが号令をかけるという仕組みになっています。各ICは、クロックのタイミングに従って、一糸乱れずに行動する回路になっていることが求められます。まるで、映画で見た軍隊の行進のようです。このクロックの速さ、つまり周波数が高ければ高いほど、動作速度が速い高性能のマイコンということになります。

では、いよいよマイコン回路の動作について紹介しましょう。基本的に、次の3つの動作を、クロックのタイミングに合わせて、それぞれの動作に決められたクロック回数で処理を続けます。

①フェッチ：メモリに記憶されているプログラムを構成している命令を1個読み出す

②デコード：読み出した命令を解読する

③エグゼキュート：解読した結果に従って処理する

といった具合です。

フェッチするためには、プログラムが記憶されている場所を特定する必要があります。その情報を伝えるのがアドレスバスの役目です。そして、読み込むタイミングを知らせるのがコントロールバスの役目です。さらに、読み出された命令は、データバスを経由してプロセッサへと伝わります。

命令はプロセッサ内で解読され、その処理に必要な準備が行われます。そして、次の実行段階となります。この実行には、いろいろな処理があって、それぞれの命令によって異なります。

要点BOX
- ●各ICにはクロックが号令をかける
- ●基本的な3つの動作は「フェッチ」「デコード」「エグゼキュート」

バス接続による動作

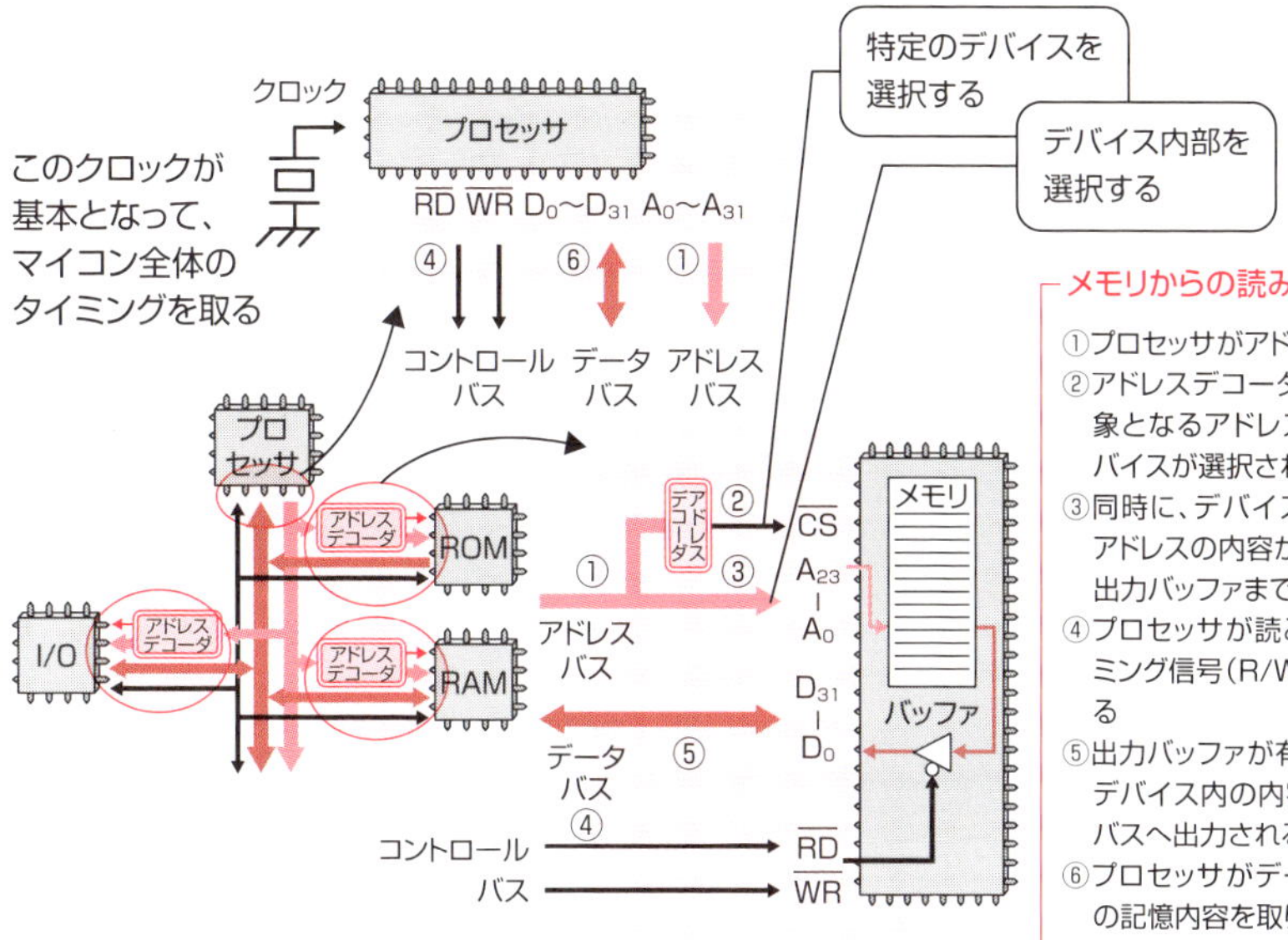

メモリからの読み込み動作

①プロセッサがアドレスを出力
②アドレスデコーダにより、対象となるアドレスを含むデバイスが選択される
③同時に、デバイス内の特定アドレスの内容が選択され、出力バッファまで到達する
④プロセッサが読み込みタイミング信号(R/W)を出力する
⑤出力バッファが有効になり、デバイス内の内容がデータバスへ出力される
⑥プロセッサがデータバス上の記憶内容を取り込む

マイコン回路の基本動作

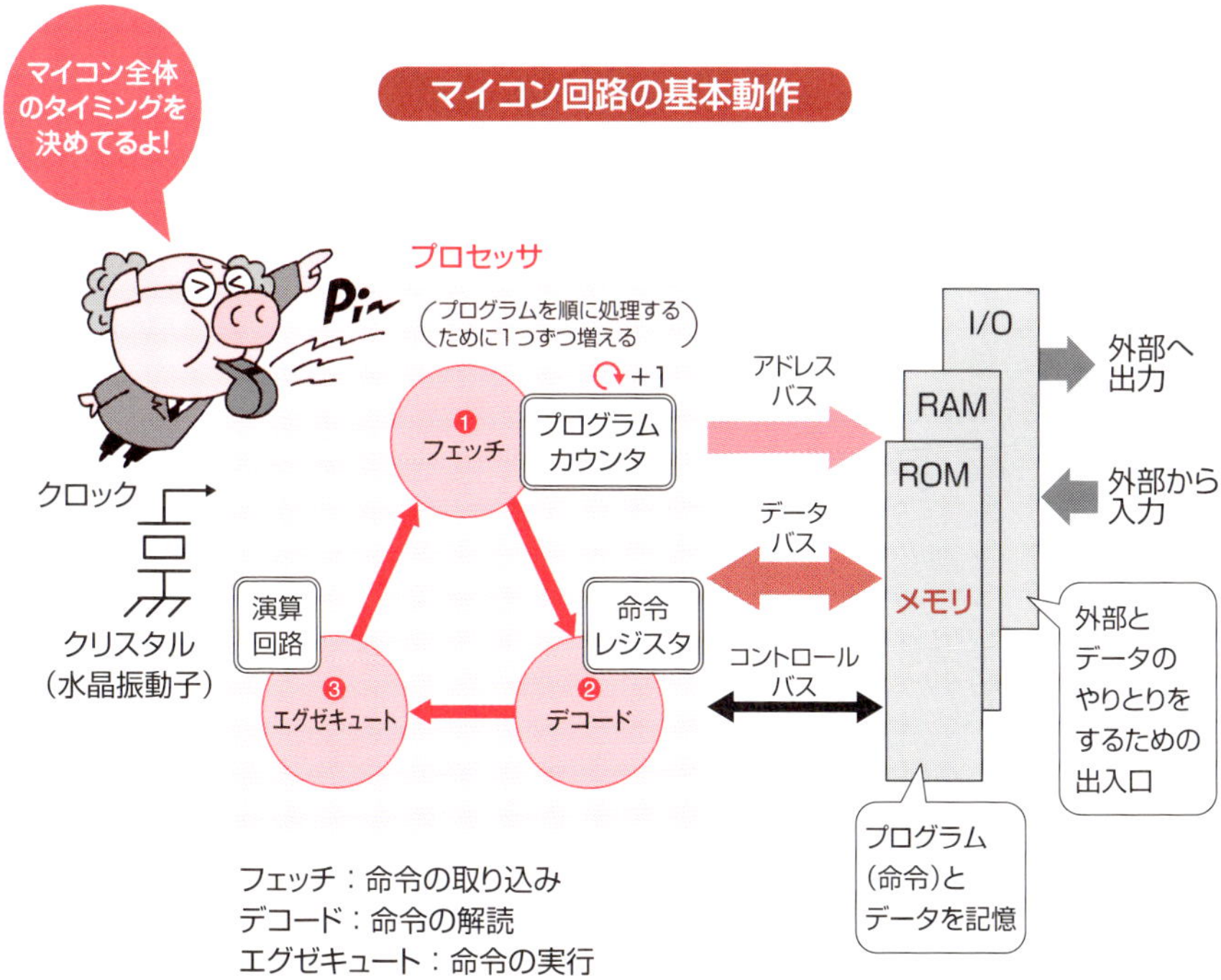

フェッチ：命令の取り込み
デコード：命令の解読
エグゼキュート：命令の実行

11 ‘H’‘L’と‘1’‘0’って何?

正論理と負論理

マイコンや組込みシステムの説明文の中に‘H’‘L’や‘1’‘0’が混じって登場しますが、訳がわからなくなっていませんか? どちらもデジタルの表し方なので、今後のためにもここで明確に区別して理解しておきましょう。

‘H’‘L’はデジタル回路などのハードウェアの動作状態を、電圧で表すときに使う表記法です。回路の電源電圧に近いときを‘H’、シグナル・グランドの0Vに近いときを‘L’と表し、それぞれのICの特性として決まっています。

‘1’‘0’は、プログラムなどのソフトウェアで希望する動作や、条件判断の結果が真(正しい)のときは‘1’、希望しない動作や偽(誤り)のときは‘0’のように使用します。

マイコンや組込みシステムは、ハードウェアとソフトウェアが一体となったシステムのため、両方の表記が混在した説明になってしまうのです。そこで、両者の対応関係を、次のように対応させて表します。

まず、‘1’という状態に‘H’を割り当て、‘0’という状態に‘L’を割り当てる場合を「正論理」と言います。これに対し、‘1’のときに‘L’、‘0’のときに‘H’のように、逆に割り当てる場合を「負論理」と言います。

なんで、そんなややっこしいことをするんだ! と怒っていませんか? これは、ハードウェアとソフトウェアの考え方の違いを、すりあわせるために大事なことなのです。

たとえば、‘H’入力のときに回転するモータ回路があったとします。このとき、「モータを回したい!」と希望(真)するプログラムの場合には、‘1’と‘H’が対応することになるため「正論理」になります。もし、「モータを止めたい!」ということを希望(真)するプログラムなら、‘1’と‘L’が対応することになるため「負論理」となってしまうのです。

要点BOX

- ‘H’と‘L’はハードウェアの状態を電圧で表し、‘1’と‘2’はソフトウェア結果の真偽を表す
- 正論理と負論理はハードとソフトのすりあわせ

デジタルICの電圧特性

（CMOS−IC、電源電圧=5Vの場合）

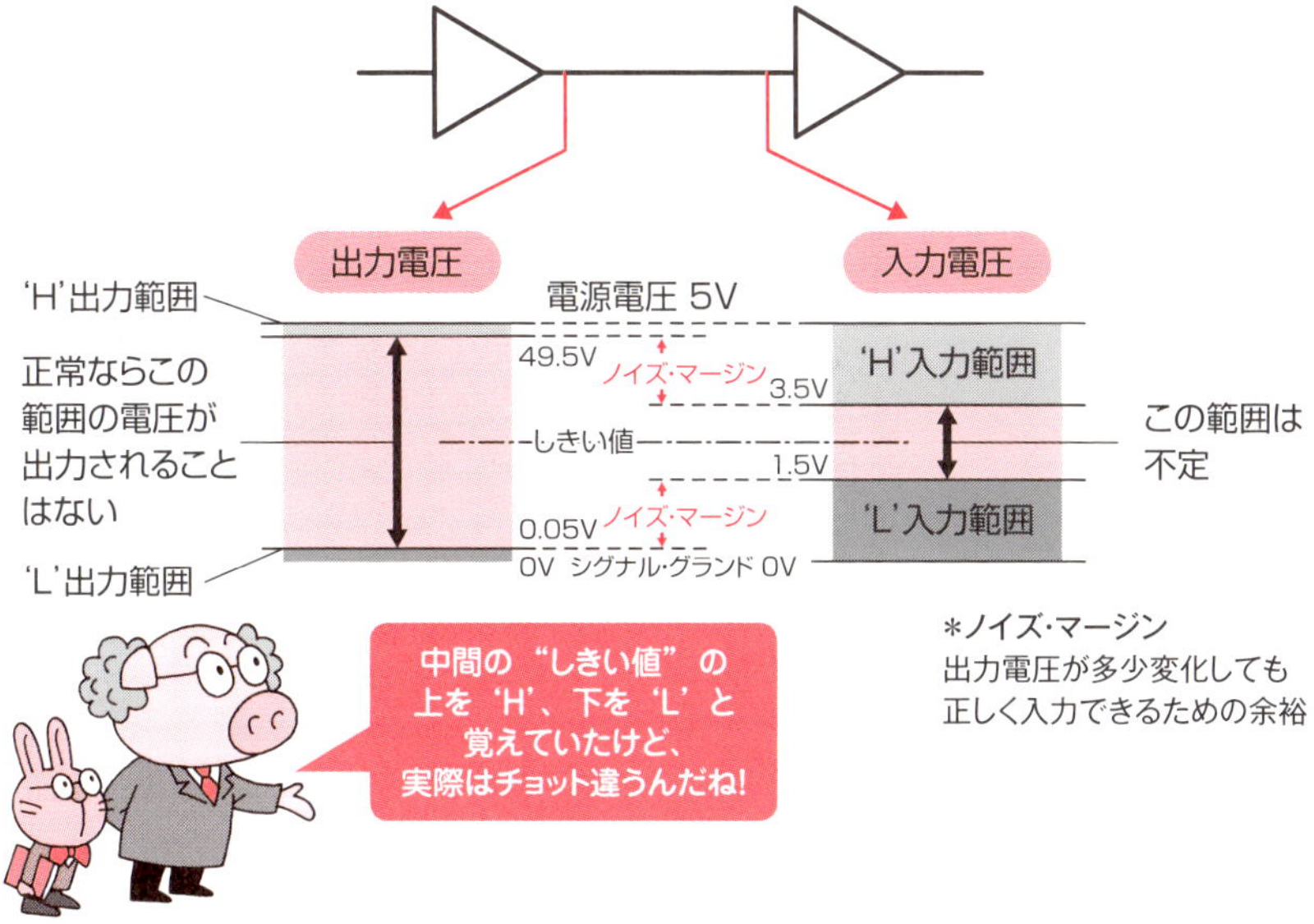

＊ノイズ·マージン
出力電圧が多少変化しても正しく入力できるための余裕

ソフトウェアとハードウェアの関係

ソフトウェアの論理

スイッチを押したらモータが回る

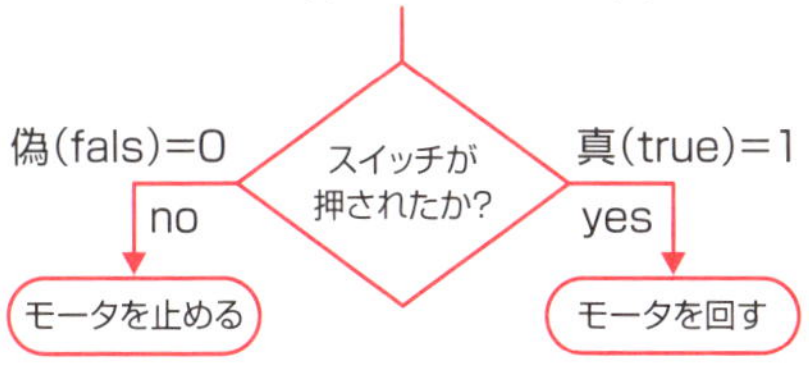

ハードウェアの論理

'H'で回転、'L'で停止する

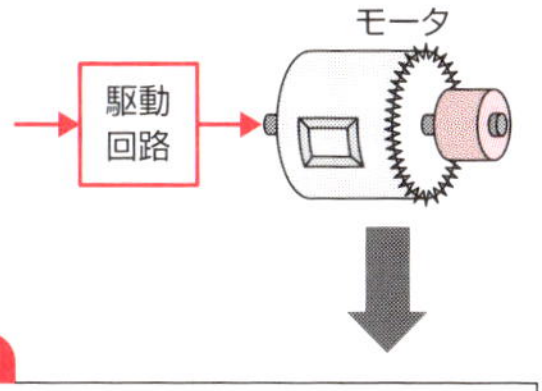

論理では、真=1、偽=0と決まっている ➡

正論理

スイッチが				モータが
押された	1	⇒	H	回転
離された	0	⇒	L	停止

◆ソフトウェアの論理が反転した場合
スイッチを押したらモータが止まる ➡

負論理

スイッチが				モータが
押された	1	⇒	L	停止
離された	0	⇒	H	回転

◆ハードウェアの動作が反転した場合
'L'で回転、'H'で停止する ➡

負論理

スイッチが				モータが
押された	1	⇒	L	回転
離された	0	⇒	H	停止

12 デジタルICの出力回路に関する豆知識

ソース電流とシンク電流など

デジタルICの出力端子の内部回路について、ちょっと知っておかなければならない事柄があります。まず出力回路は、一般的にトランジスタが上下二階建てで構成されていて、その中間位置から出力が取り出されています。それぞれのトランジスタの動作は、スイッチに譬えられ、どちらか一方だけがONすることによって"H"と"L"の状態を作り出しています。

一部のICには、両方のスイッチともOFFという状態があって、この場合には、出力端子は内部回路のどこにもつながっていない"ハイインピーダンス"という宙ぶらりん状態になります。これら3つの状態を合わせ持つ回路を、「スリーステート」と呼んでいます。データバスに複数のメモリICが接続されていても、出力信号同士が衝突しないのは、アドレスデコーダによって選択されていないときのICの出力が、どれもハイインピーダンス状態になっているからなのです。

また、上段のトランジスタは電源に、下段はグランドにつながっています。したがって、"H"のときには、電源から出力端子方向へと電流が流れ出します。この方向に流れ出る電流のことを「ソース電流」と言います。一方、"L"のときには、IC外部から出力端子を経由して電流が流れ込んできて、ICのグランド端子へと流れます。その方向に流れる電流を「シンク電流」と言います。

ちょっと変わったICの出力回路に、上段のトランジスタがないという形態（「オープンコレクタ」という）があります。この場合には、出力端子に接続される負荷を介して電源に接続するという使い方をします。このメリットは、この種のICの複数の出力をそのまま束ねて接続しても衝突しないことと、どれか1つ以上のICの出力が"L"となったときに、負荷にシンク電流が流れます。この動作が、負論理のOR動作になっていることから「ワイヤードOR」（配線だけでできるOR接続という意味）と呼ばれます。

要点BOX

- ●出力端子の内部回路動作には三つの状態がある
- ●出力端子における電流の方向は「ソース電流」と「シンク電流」に分かれる

一般的なデジタルICの出力回路の状態

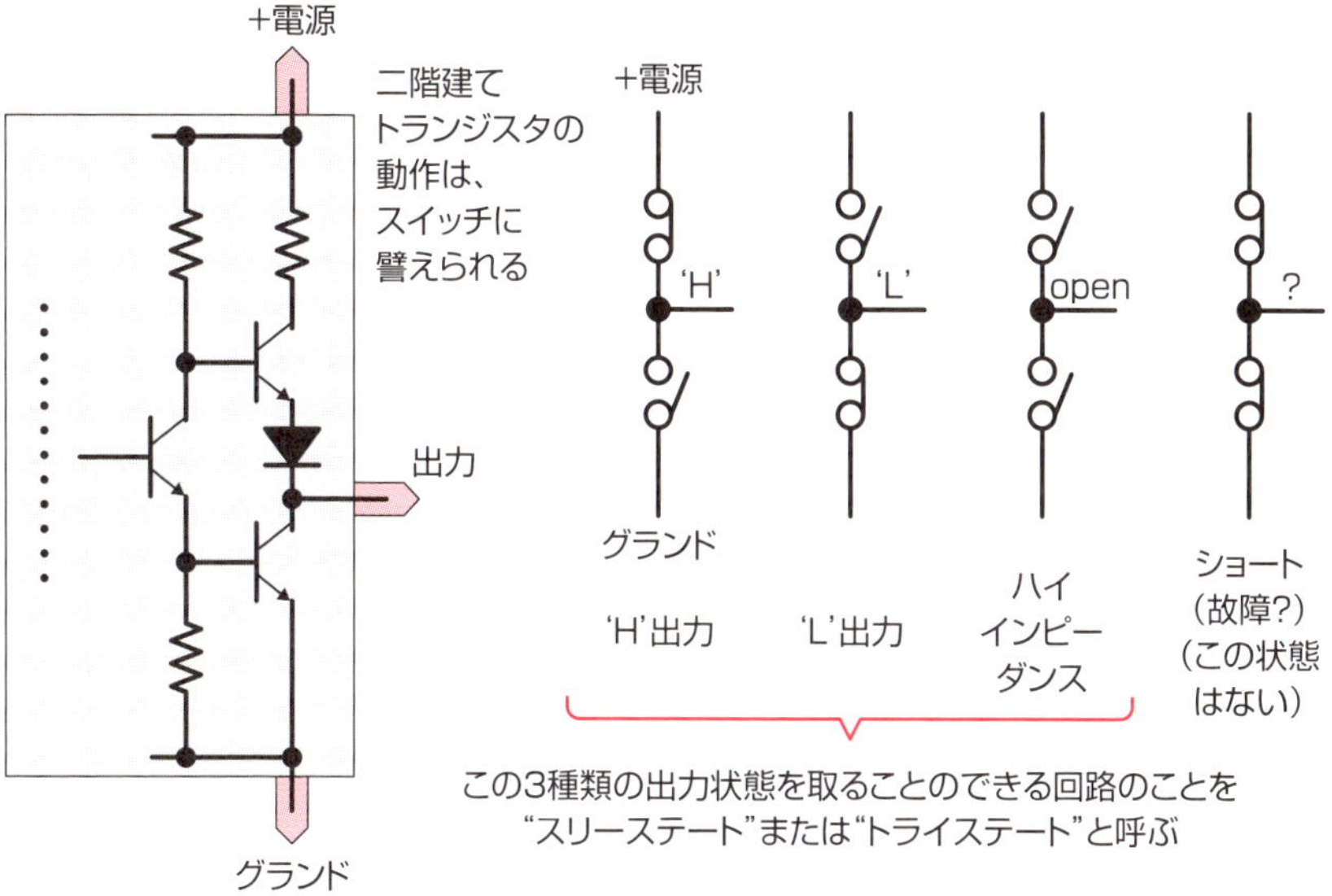

電流の流れる方向と呼び方

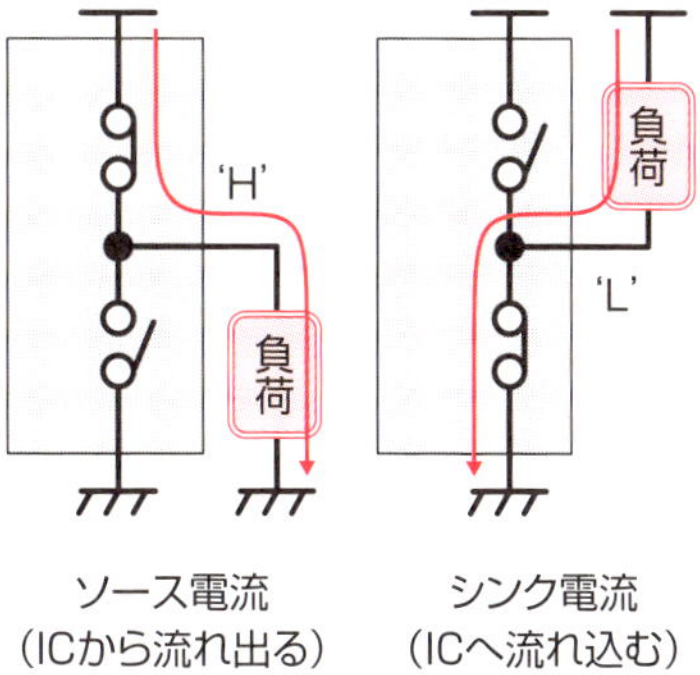

オープンコレクタ型出力回路によるワイヤードOR

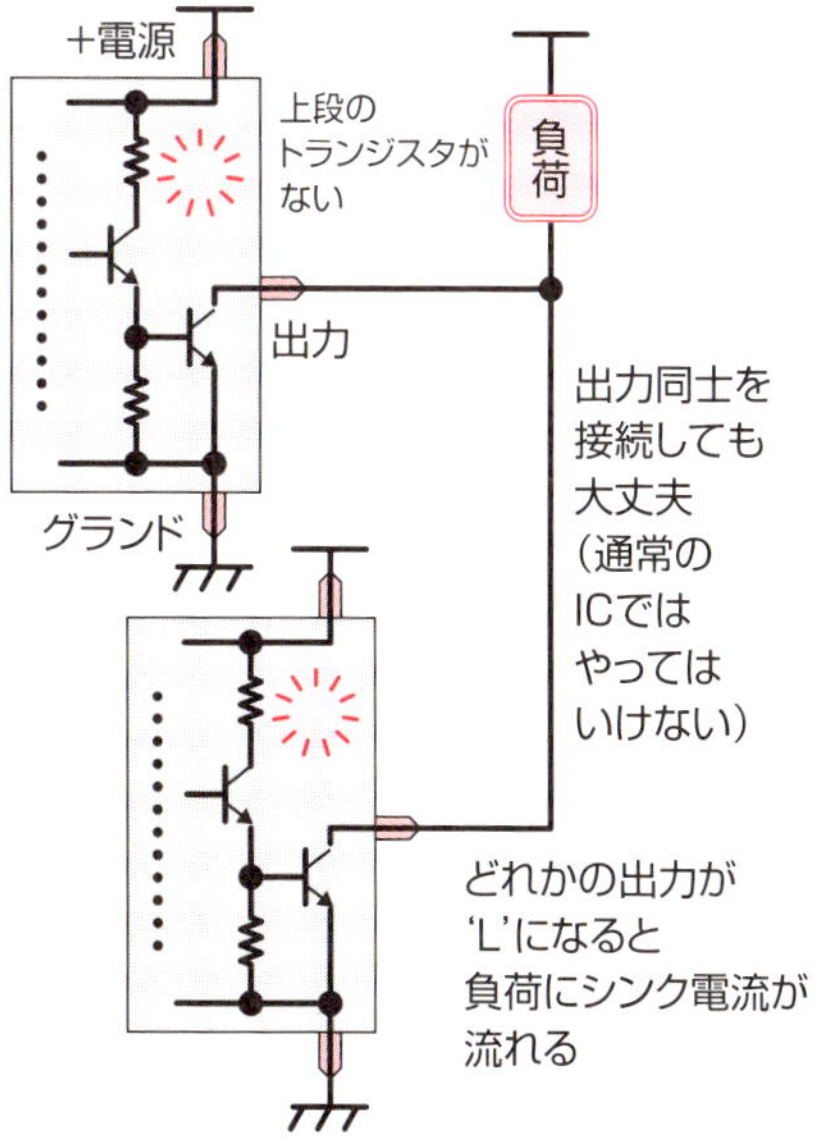

13 デジタル信号の入出力は比較的容易

デジタル信号の入出力回路

マイコン回路がデジタル信号で動作していることは、今や常識でしょう。そして、クロックというタイミング信号に従って規則正しく、高速に動作しています。我々の人間社会にも、デジタル的に変化するものがありますが、それらはマイコンのクロックに従った動作をしていないため、そのままでは取り込めません。

マイコン関連で身近な入力センサに、スイッチがあります。スイッチはONまたはOFFの状態を機械的に保ち続けているので、プロセッサが必要とするときに必要な時間だけ、その状態をデータバスから確認できるようにする必要があります。そのための回路をDIポートと呼び、バッファ回路で構成されています。

さてその前に、スイッチの機械的なONとOFFの状態を電圧の状態、つまり'H'と'L'に変換することが必要になります。回路図を見てください。スイッチの接点が開いているOFFの状態では、バッファへの配線が抵抗で電源電圧まで引き上げられ'H'になります。スイッチをONすると接点が閉じ、バッファへの配線はグランドへ直結されるので、いくら抵抗で引っ張り上げようとしても0Vのまま'L'となります。ちなみに、スイッチを押すという行為（これもソフトウェア）に対して'L'になるということなので、この関係は「負論理」と言うことができます。

次に、身近な出力デバイスにLEDがあります。プロセッサからの出力信号はデータバスにほんの一瞬しか乗らないため、コントロールバスからのタイミングに従って取り込んで記憶し、その状態をLEDへ出し続けるDOポートが必要となります。DOポートは、ラッチという記憶回路によって構成されています。

組込みシステムにおいては、多くのデジタル信号を入出力する要求が強く、そのため複数のDIポートとDOポートが必要です。そこで、これらを1つの専用ICとしてまとめたI／O（またはDI／DO）が、マイコン構成用として用意されています。

要点BOX
- ●デジタル信号の入力にはバッファ回路、出力にはラッチ回路がある
- ●組込み用では入出力専用ICが使われている

押しボタンスイッチ入力回路

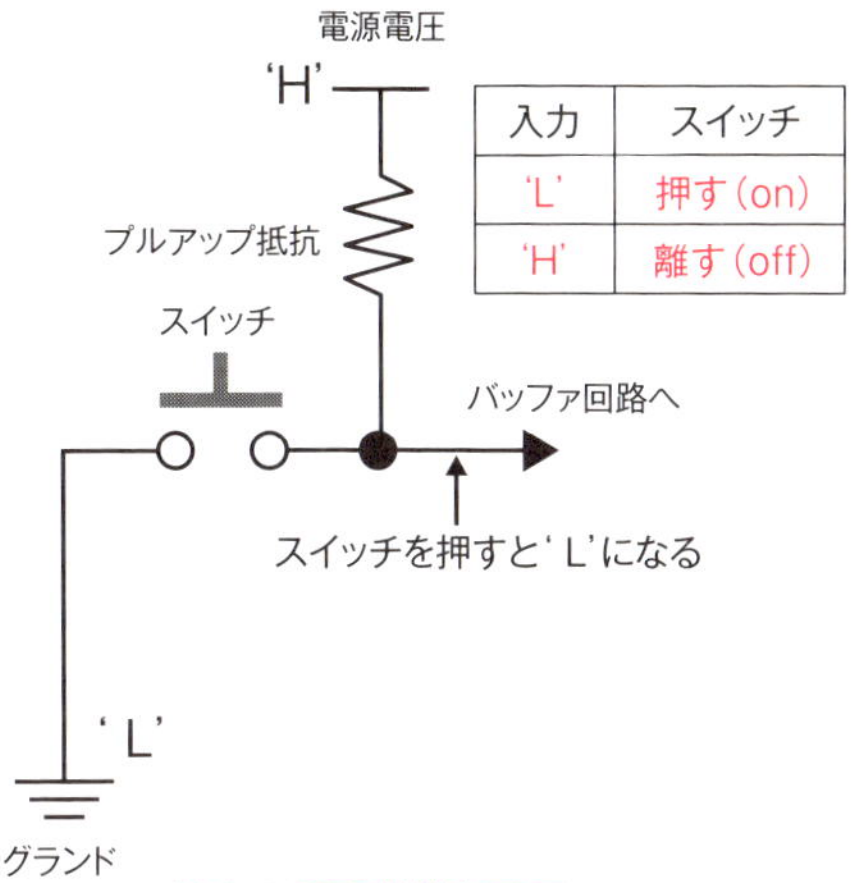

接点の開閉状態を電圧の
'H' 'L'に変換する回路

D／Iポートの動作

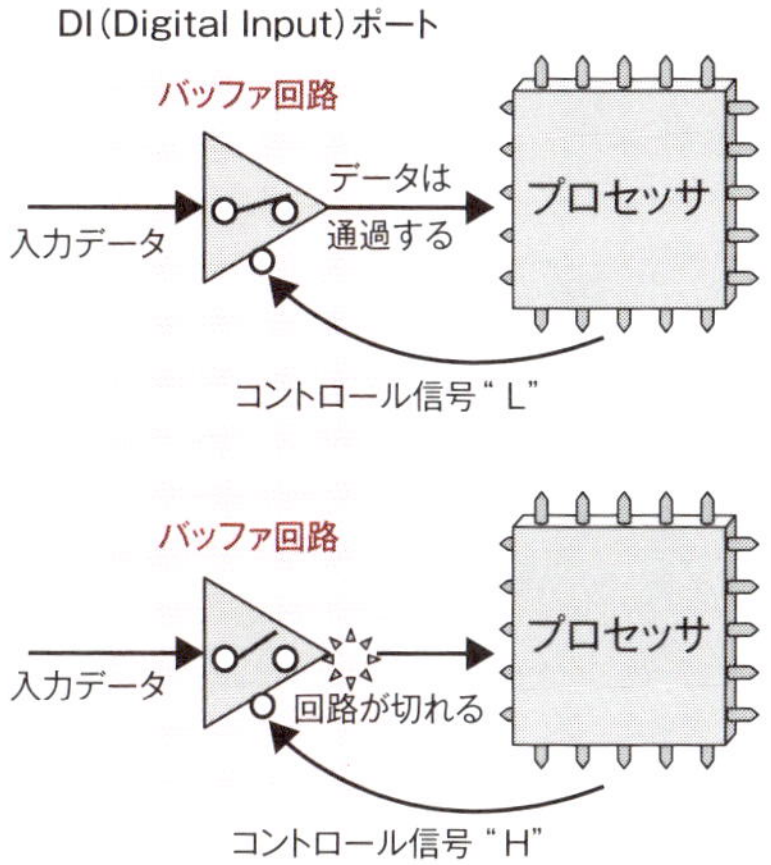

プロセッサが必要なタイミングで必要な
時間だけデータを入力するための回路

DOポートの動作

（LED表示回路）

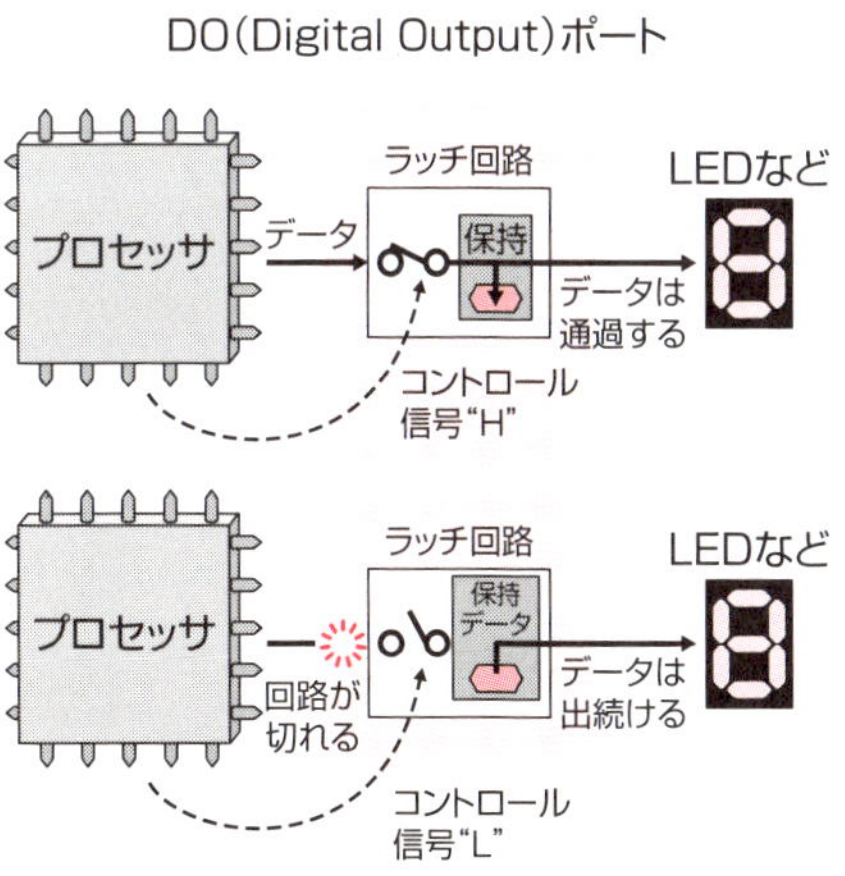

プロセッサが一瞬間しか出力しないデータを
ラッチ回路が保持して出力し続ける

デジタル信号の入出力専用IC

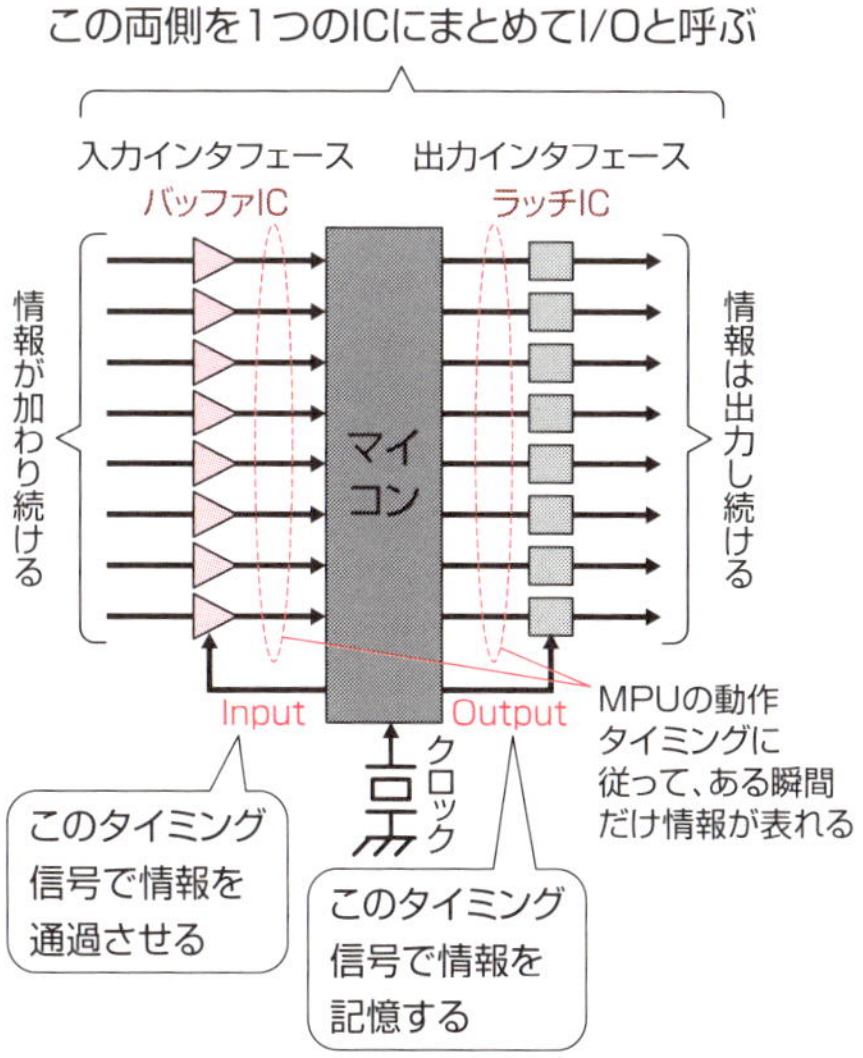

14 アナログ信号の入出力には工夫が必要

A/D変換とD/A変換

組込みシステムで処理したい情報の多くは、私達人間社会でアナログ的に変化する情報がほとんどです。たとえば、気温の情報で『今朝はめっきり冷えた！』といっても、昨夕から徐々に低下したのであって、ある時間に突如として低下したのではありません。最近、車の急発進する事故が増えているようですが、高速カメラで撮影すれば、徐々に変化していることがわかります。このように、身の回りのあらゆる変化は、徐々に起こっているのです。このような連続して滑らかに変化する信号をアナログ信号と言います。

アナログ信号をマイコンで扱うには、単なる〝H〟と〝L〟ではできません。何桁かの2進数を用いて表すことになります。この変換をA/D（アナログ/デジタル）変換と言い、いろいろな方式の専用のIC（A/D変換器）があり、目的によって使い分けます。

組込みシステムで扱うアナログ信号は、センサなどで検出した微弱な信号の場合が多く、そのままではA/D変換できません。そこで、信号を増幅し、かつ不要部分を取り去ってから、A/D変換器でデジタル信号に変換します。

2進数で表されたデジタル情報を、アナログ信号に変換して出力する場合にも、D/A（デジタル/アナログ）変換という専用のIC（D/A変換器）があります。D/A変換しただけでは、階段状のガタガタした波形になるので、ローパスフィルタという回路を通して滑らかにします。

ちょっと変わったD/A変換方式に、PWM（パルス幅変調）という方式があります。直流モータの速度を制御する組込みシステムなどに、多く採用されています。これは、デジタル回路だけでアナログ的な量を出力することができます。原理は〝H〟と〝L〟の切換を高速に行い、単位時間当たりの両者の時間的な比率を変えるという方式です。つまり、〝H〟と〝L〟の幅が同じなら、アナログ量としては50％になるのです。

要点BOX
- 微弱な信号は増幅してからA/D変換する
- D/A変換した後にローパスフィルタで滑らかにする

アナログ信号を入力するには

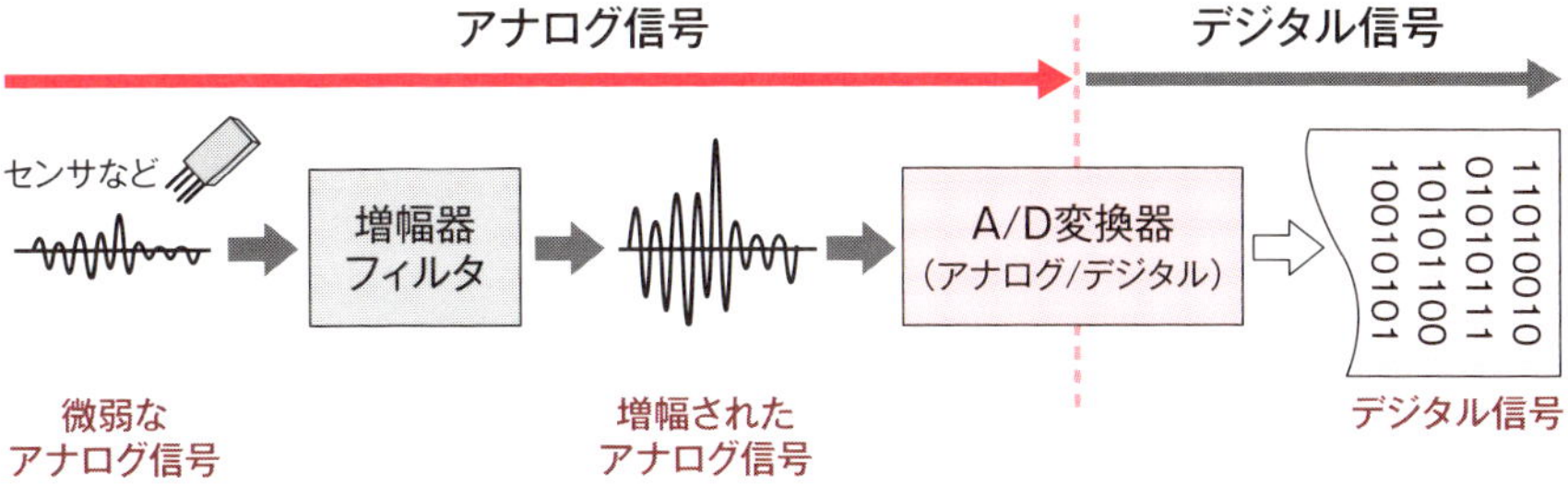

アナログ信号を出力するには

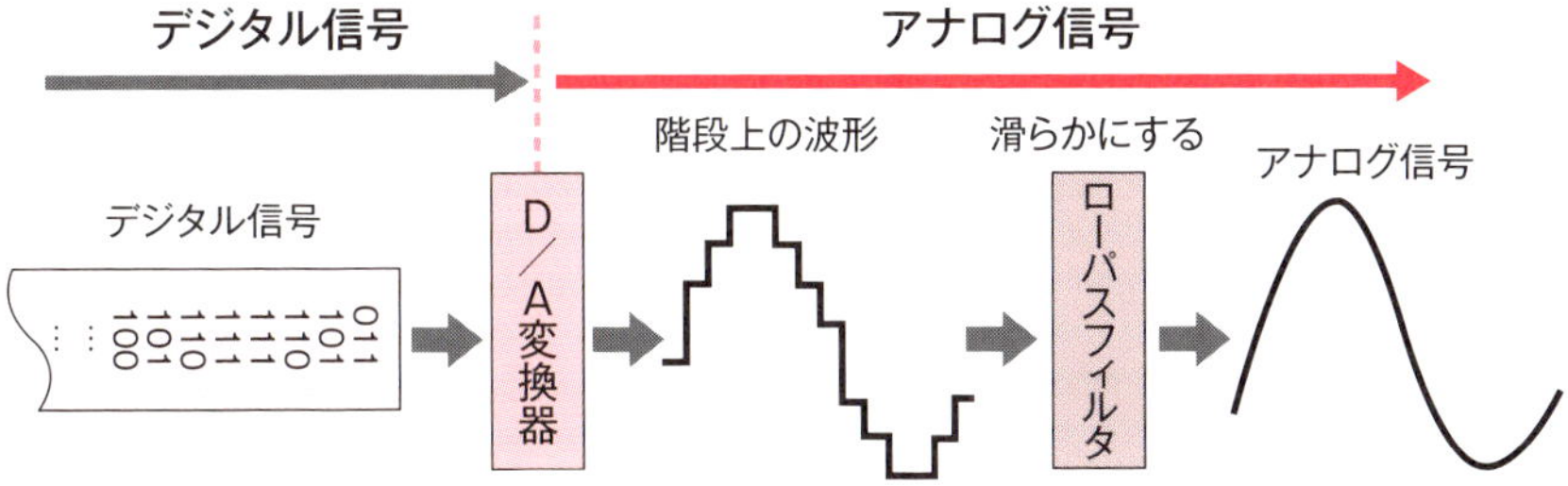

PWMという変わったD/A変換

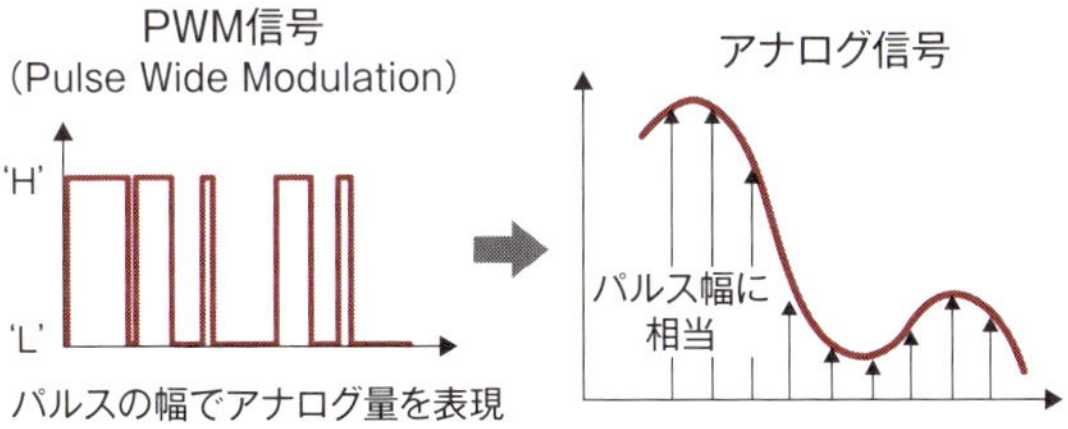

15 組込みシステムに採用される便利なIC

専用ICの種類と機能

マイコンを構成しているICは、五大機能ばかりではありません。共通して利用することの多い回路については、それぞれ専用のICが開発されています。

組込みシステムで多く採用されている専用ICとしては、I／O（アイオー）、タイマ／カウンタ、通信、電源など、いろいろあります。

まずI／O（DI／DOとも言う）ですが、これは前に説明したデジタル信号を入出力する際に必須だったバッファとラッチを複数個ずつまとめたもので、五大機能の一部を構成する重要なICの1つです。

タイマ／カウンタは、マイコンのクロック信号を基準時間信号として用い、必要な時間を任意に作り出せる専用ICです。一定時間ごとに繰り返し出力するタイミング信号が作れます。また、クロック信号の代わりに外部からのデジタル信号を入力すれば、その信号の変化を数えるカウンタになります。

今や組込みシステムに通信機能は欠かせません。リモコンなどに採用されているIrDA（赤外線通信）、ウェアラブル機器や近い距離間での通信用にBluetooth（ブルートゥース）、Wi-Fi（ワイファイ）などの無線LANなどは、モバイル機器になくてはならない機能のため、専用ICが用意されています。

インターネットなどの有線通信、周辺機器やメモリスティックなどを接続するためのUSB、ちょっと古いシリアル通信のRS232Cなどが、便利で多用されているICと言えるでしょう。

縁の下の力持ち的な存在のICに、電源用があります。これは、電源アダプターから供給された電圧を、機器に最適な電圧に調整するものや、電圧の違う複数の電源を作り出すものまでいろいろです。中には、電圧の変化を常に監視していて、停電などの異常をいち早く検出してマイコンに知らせ、システムが完全に動作を停止するまでの僅かな時間での、処理再開に必要なデータなどの退避を可能にしています。

要点BOX
- ●組込みシステムではマイコンを構成するICとして、五大機能のほかに便利なICがある
- ●I／O、タイマ／カウンタ、通信、電源の専用IC

タイマ／カウンタICの機能

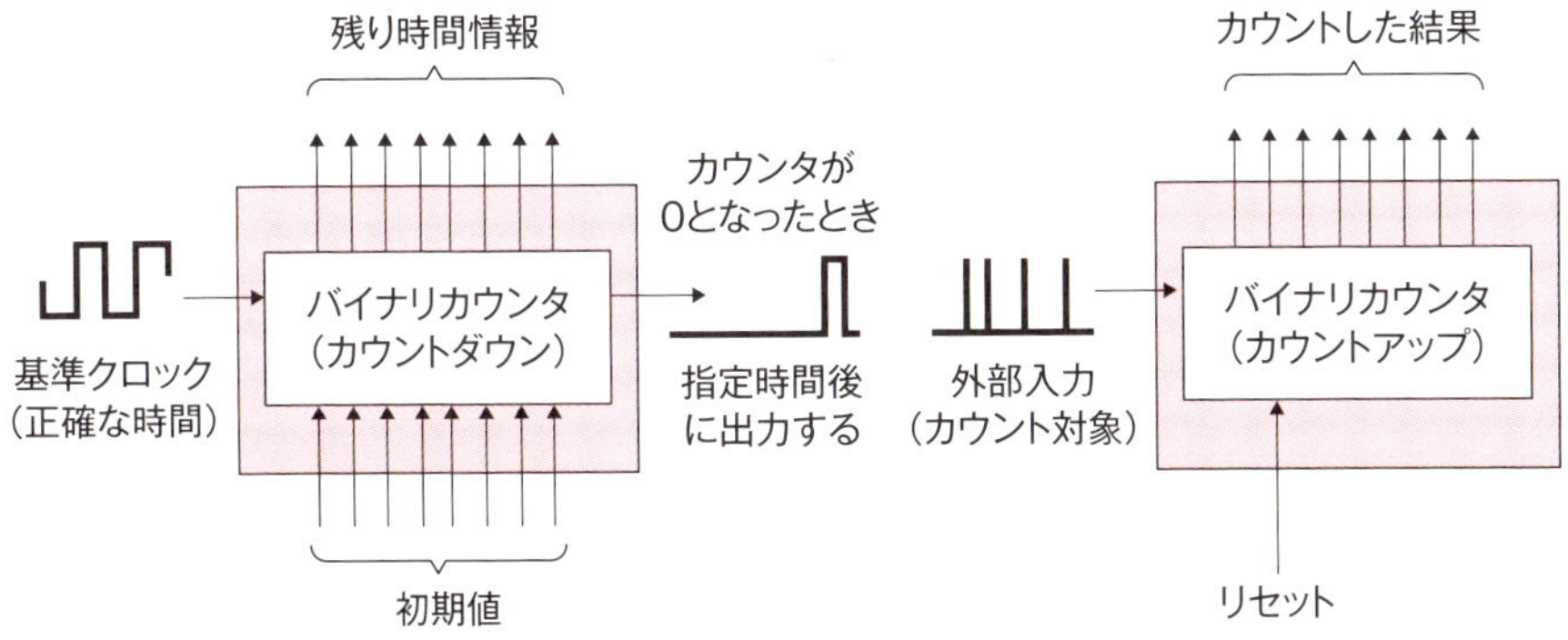

タイマ機能

・正確な時間情報を作る
・実際の日付・時刻を扱うものではない
　→その目的には、リアルタイムクロックICがある

カウンタ機能

・入力パルスの数を数える
・ダウンカウントとアップカウントがある

電源監視ICの機能

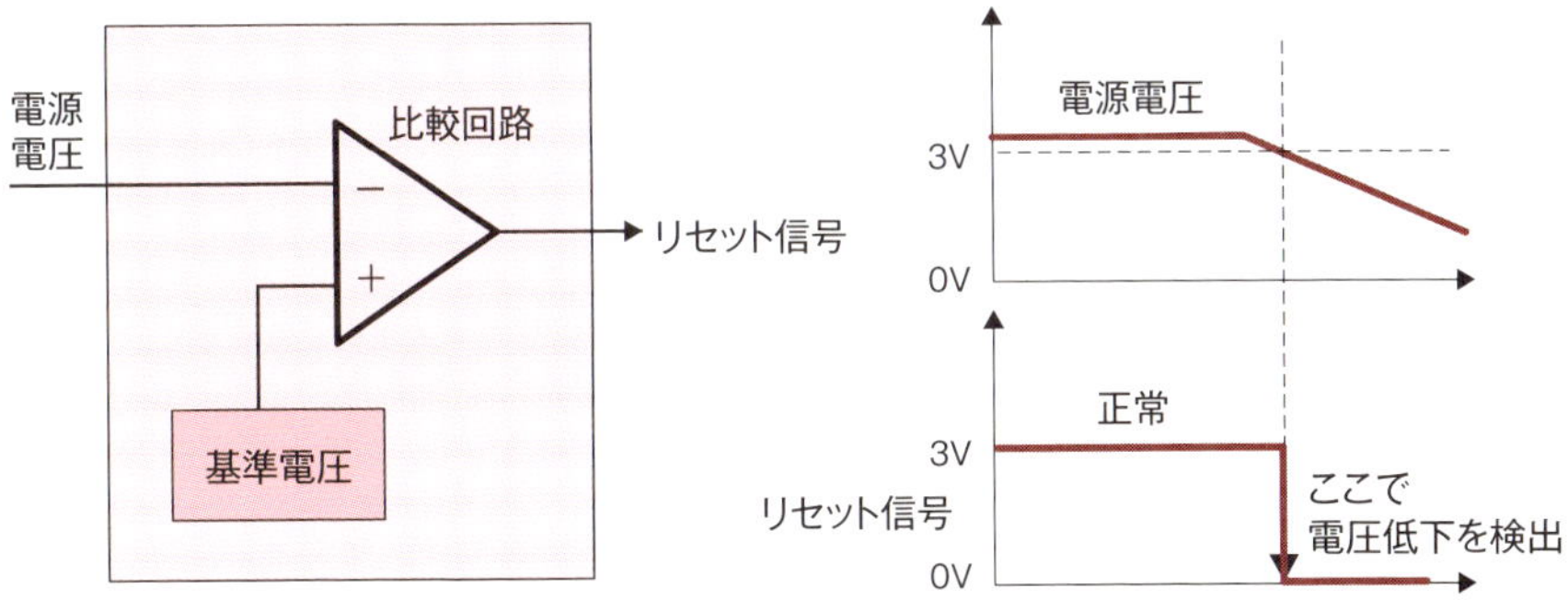

電源監視IC

電源電圧が決められた値以下に
下がったとき、リセット信号を出す

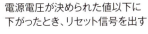

Column

フィルタの種類と特性

組込みシステムでは、アナログ信号を扱うときを中心にして「ローパスフィルタ」を多く採用します。フィルタにはその他にもいくつかの種類がありますので、整理しておきましょう。これらの特性を持ったフィルタは、オペアンプを用いたハードウェアとして組み込んだり、ソフトウェアによる信号処理として実装したり、どちらでも可能な時代となりました。

フィルタの種類としては、ローパス、ハイパス、バンドパス、バンドエリミネーションなどが代表的です。それらの周波数特性をイメージ図として紹介します。

ローパスとハイパス、バンドパスとバンドエリミネーションは、周波数特性がそれぞれ逆の関係になっています。

代表的なフィルタの周波数特性

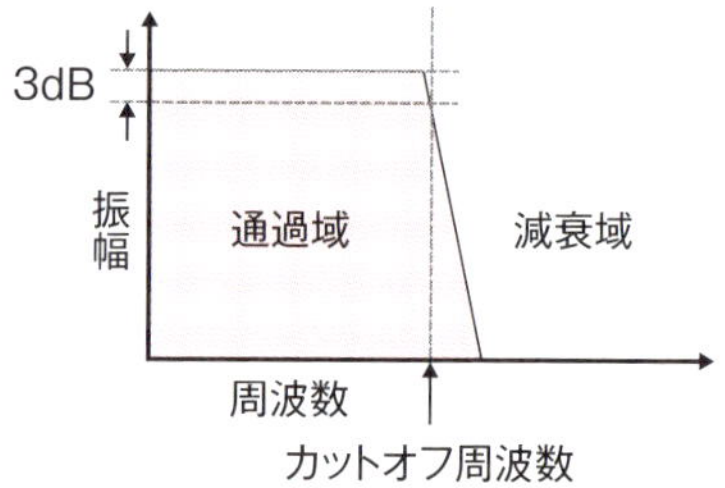

(a)ローパス・フィルタ
(低い周波数成分だけ通す)

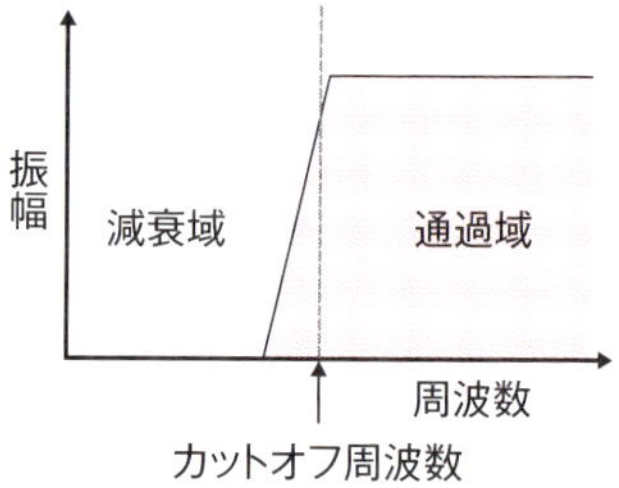

(b)ハイパス・フィルタ
(高い周波数成分だけ通す)

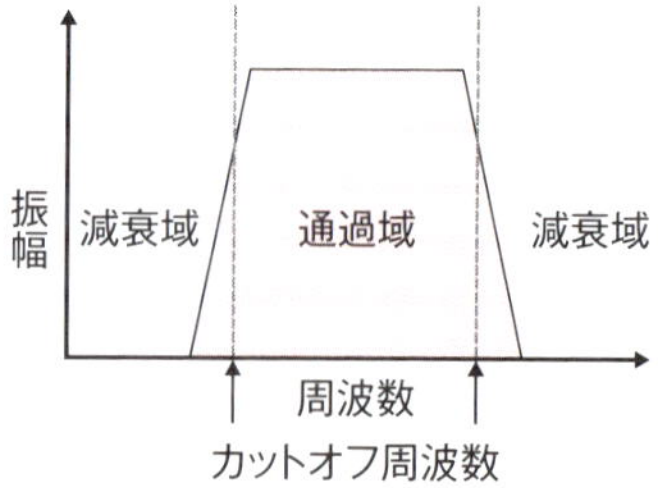

(c)バンドパス・フィルタ
(中間の周波数成分だけ通す)

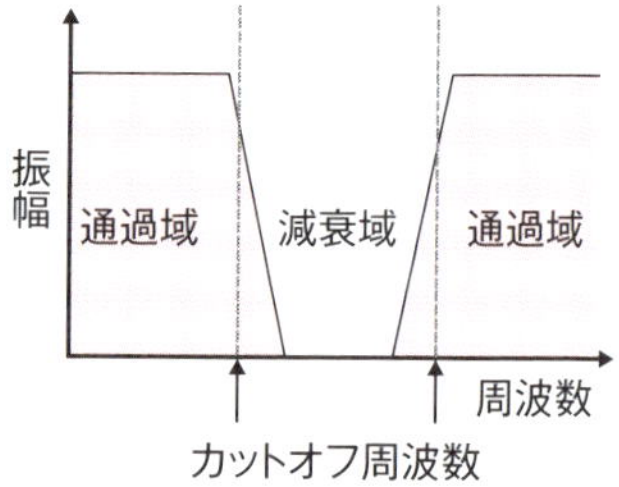

(d)バンドエリミネーション・フィルタ
(中間の周波数成分だけ阻止する)

第3章

そろそろ組込みシステムについて

16 あらためて組込みシステムとは何だ？

特定の用途機能を実現

『組み込みシステムとは何か？』には、いろいろな見解があると思います。そこで、本書では、筆者の独断と偏見で、次のように定義したいと思います。

①特定の用途の機能を実現する目的で
②機械や装置等に組み込まれ
③一体となって動作するコンピュータシステム

つまり、パソコンのように、汎用的な使い方のできるコンピュータではないということです。ただし、パソコンの中に組込まれているコンピュータシステムそのものも、「個人用のコンピュータ」を実現するという目的のために組込まれているので、見方を変えれば組込みシステムと言えるでしょう。

ただ、製品としてのパソコンは汎用になっているので、組込み用コンピュータではないということになります。しかし、特定の機械や装置を制御するための専用ソフトウェアを実行させるようにした限定した使い方は、組込み用コンピュータと呼べるでしょう。なんだかややこしくなってしまいましたね。

次に組込みシステムのソフトウェア（ここではプログラムのこと）は、ソフトウェア単独ではなく、組込まれた機械や装置と一体化して動作するというところが最大の特徴です。つまり、ハードウェアとソフトウェアがタイミングを取り合って、協調動作することが必須要件となります。この辺のでき具合こそが、組込みシステムの性能を左右する難しいところです。

そして、最近ではさらに、組込みシステム同士が通信で結ばれるようになりました。ローカルにはブルートゥースや赤外線で、広域にはインターネットに接続するシステムが登場してIOTなどと呼ばれています。これまで孤だったシステムが、通信によって結ばれ、さらなる高度で有用な活用に向けて進化し続けているのです。一時も目を離せませんし、これが組込みシステムだ！などと言っていられません。アッと言う間に、常識が変化してしまうほどの進化の速さなのですから。

要点BOX
- ●機械や装置などに組込まれて特定の機能を実現するコンピュータ
- ●ハードウェアとソフトウェアの協調動作が必要

組込みシステムってこんなもの

組込みシステムってこんなもの

- ◆メカトロより、もっと広い概念
  - メカトロ ＝ メカにトロを埋め込む
  - 組込み ＝ あらゆるモノにマイコンを埋め込む
- ◆コンピュータを部品として利用する
- ◆機能を特化させた専用システム
  - 一般的に何かの機器の中に埋め込んで使用する
  - 外部からの処理要求に従って必要な処理を実施する
- ◆処理は専門的かつメカ制御を含む場合が多い
  - 処理タイミングや処理速度に外部からの制約がある
- ◆組込みハードと組込みソフトで構成されている
- ◆今後、ますます需要が拡大することが予想される
- ◆技術者育成が急務

単独装置からネットワークで接続されたシステムまで

（農業のIT化を例にしてみると…）

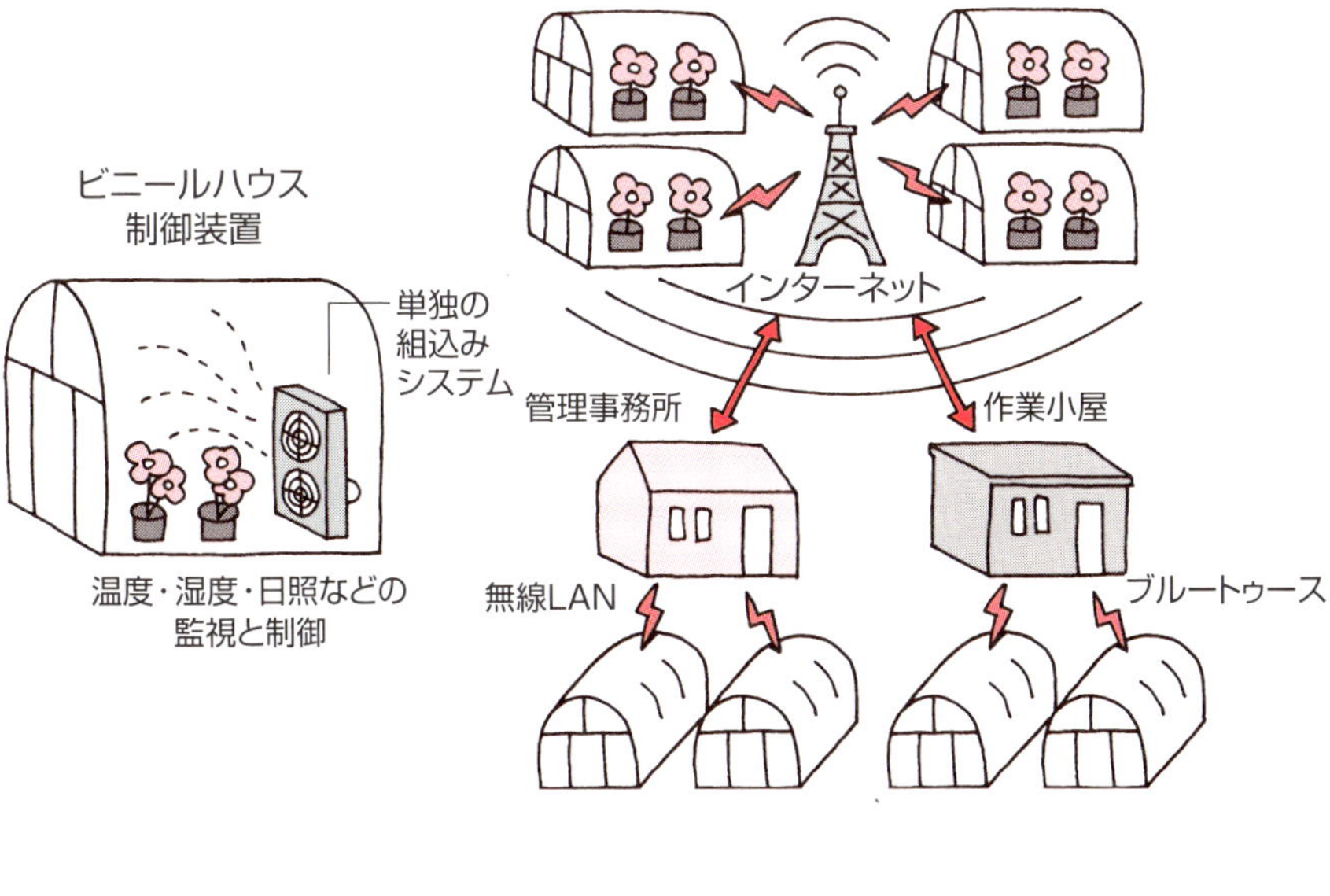

17 組込みは既存製品のマイコン化から始まった

マイコン組込みによる自動化

組込みシステムは、既存の製品をマイコン化することから始まりました。私にとっては、カメラと炊飯器のマイコン化が画期的だったと記憶しています。

カメラは、全て機械式の手動から、電子回路による露出計（明るさを測る）が内蔵されるところまでは進んでいました。ファインダーを覗き込んで構図を決めると、その場合に最適な露出を、ファインダー内の針で示してくれました。あとは絞りを手で操作して、針の指示に合わせてシャッターを押せば、露出のピッタリ合った写真が撮れました。その後、絞りやピント合わせの自動化に向いた「超音波モータ」が登場し、マイコンとの組み合わせによって、今日の全自動カメラへと進化していったのです。

炊飯器においては、電気釜まで登場していました。ご飯が炊きあがって、釜の内部温度が設定温度以上になると、バイメタルが反り曲がってバチンとスイッチが切れるという、いたって単純な仕組みでした。しかし、これによって釜が吹き上がるのを監視しなくて済むようになったと喜ばれたのです。

ご飯焚きの極意は『始めチョロチョロ、中パッパ、ジワジワどきに火を引いて、赤子泣くとも蓋取るな！』として、昔から言い伝えられています。このアルゴリズムに従った制御が、マイコンを組込むことによって可能となりました。その結果、失敗のないおいしいご飯が食べられるようになりました。おかげで〝お焦げご飯〟が姿を消してしまったのが残念ではあります。

この他の製品にも、マイコン組込みによる自動化がどんどん進みました。そして、車の全自動運転までが実現しようとしています。このように、既存製品にプロのノウハウ、専門家の技などを組込み、人間の能力を超えた、便利で使いやすい製品へとレベルアップすることが可能となっています。今や、身の回りのほとんどの機器にマイコンが採用され、全てが組込みシステムになったと言っても過言ではないでしょう。

要点BOX
- ●既存の製品の特定機能をマイコン化
- ●組込みを前提とした機器が一般化した

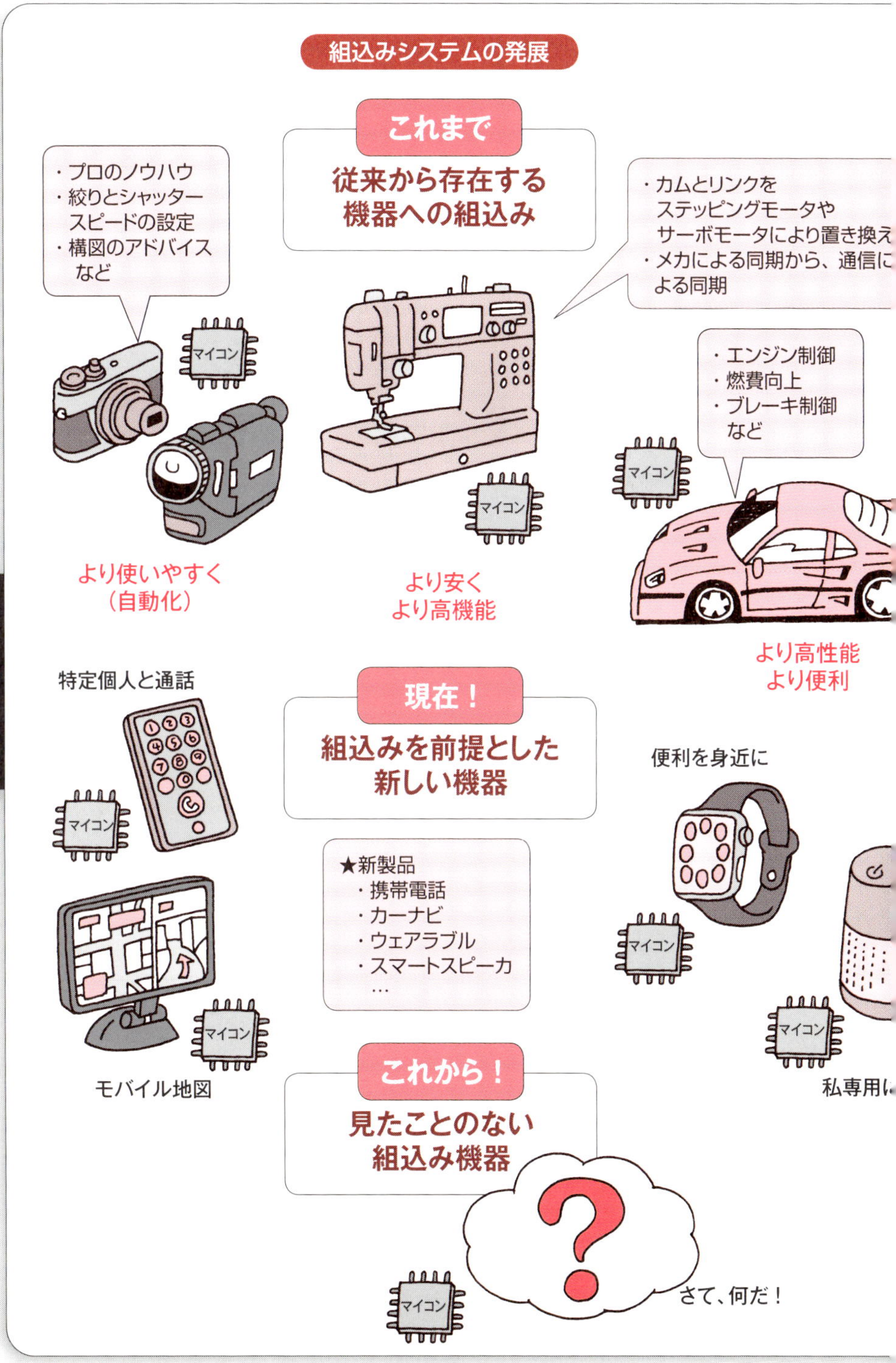
組込みシステムの発展
これまで
従来から存在する
機器への組込み
・プロのノウハウ
・絞りとシャッター
スピードの設定
・構図のアドバイス
など
・カムとリンクを
ステッピングモータや
サーボモータにより置き換え
・メカによる同期から、通信に
よる同期
・エンジン制御
・燃費向上
・ブレーキ制御
など
マイコン
マイコン
マイコン
より使いやすく
（自動化）
より安く
より高機能
より高性能
より便利
現在！
組込みを前提とした
新しい機器
特定個人と通話
マイコン
★新製品
・携帯電話
・カーナビ
・ウェアラブル
・スマートスピーカ
…
便利を身近に
マイコン
マイコン
マイコン
モバイル地図
私専用に
これから！
見たことのない
組込み機器
?
マイコン
さて、何だ！

18 組込みシステムは制御システムだ！

マイコンによるフィードバック制御

組込みシステムにもいろいろな分野の製品がありますが、多くの製品は制御システムとして考えることができると思います。つまり、制御対象の状態をセンサなどで捉え、入力機能を使って外部情報をマイコン内部に取り込み、演算機能を使って目的を達成させるための演算処理を行い、その結果を出力機能を使ってマイコン外部のアクチュエータなどを操作して制御対象に反映させます。そして、その結果制御対象がどう変化したのかを、再びセンサなどで捉え直し、目的との比較判断などを行い、さらに目的を達成させるための演算処理とアクチュエータなどへの結果出力を繰り返すという制御を行っています。

ここでは、電気ポットの沸騰制御で考えましょう。

①まずは、温度センサで水温を測る
②次に沸騰したか?を判断する
③まだだったらヒータをON状態にし
④沸騰していたらヒータをOFF状態にする
⑤その結果、水温が変化するので、①へ戻る

このように〝制御対象の変化を踏まえつつ、次の制御の仕方を決めて目的を達成させる〟という制御方式を「フィードバック制御」と言い、人間も普段から無意識で行っています。例えば、自動車を法定速度で運転する際には、次のようなフィードバック制御を行っています。

①まず、速度メータを見る
②法定速度を超えているか？を判断する
③超えていた場合にはアクセルを緩める
④超えていない場合にはアクセルを踏み込む
⑤速度が変化するので、①へ戻って繰り返す

目的地へ行くためには、信号や道路標識や道順などへの対処についても、同様な制御で処理していると思われます。マイコンの入力機能と出力機能が、人間と同等あるいは一部上回る能力を持つようになったために、自動運転が可能になろうとしているのです。

要点BOX
- ●制御することが目的の場合が多い
- ●対象の変化を踏まえて制御する「フィードバック制御」

電気ポット用の組込みシステム

（①〜⑤は本文を参照）

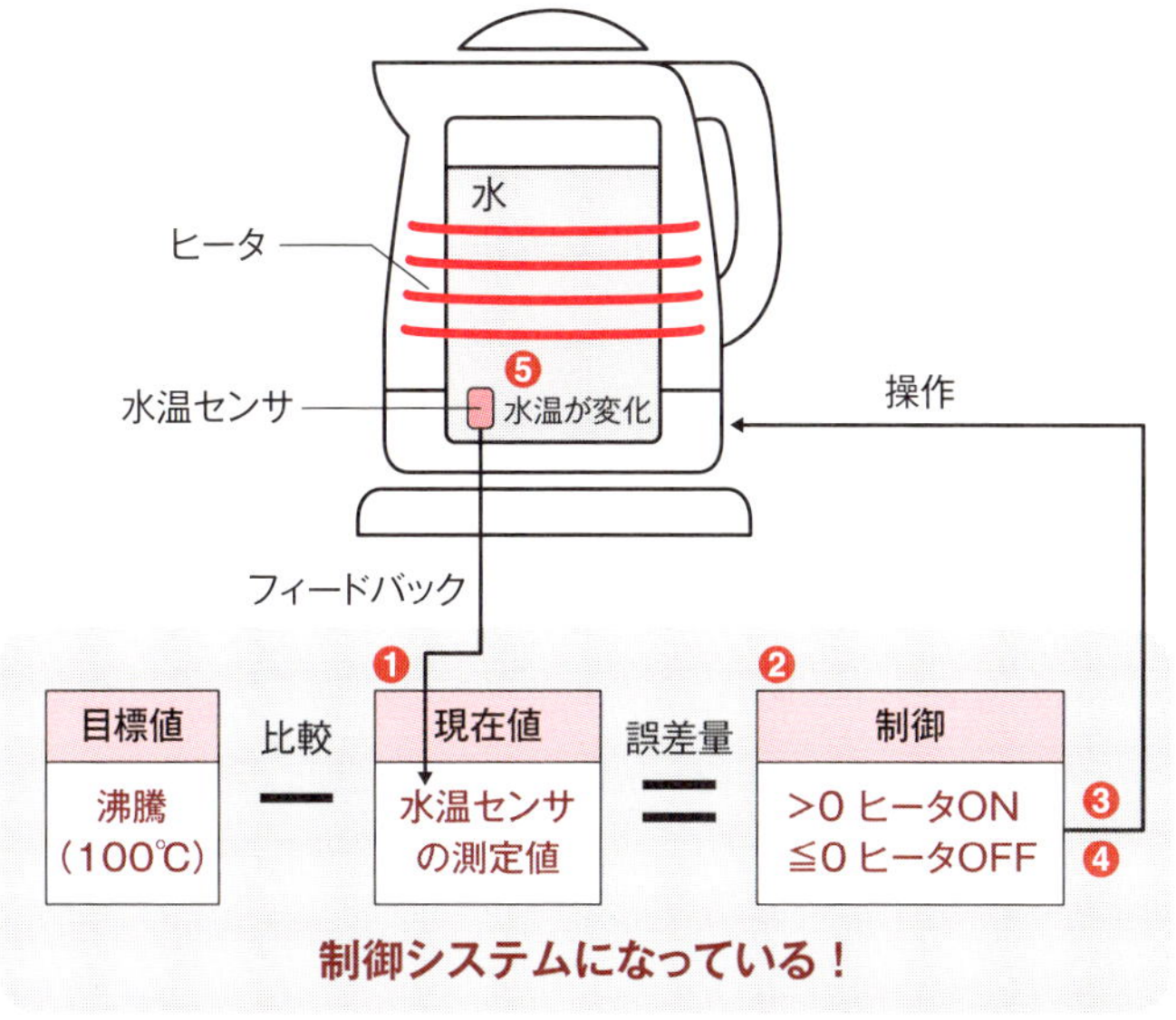

制御システムの構成と組込みマイコン関連技術

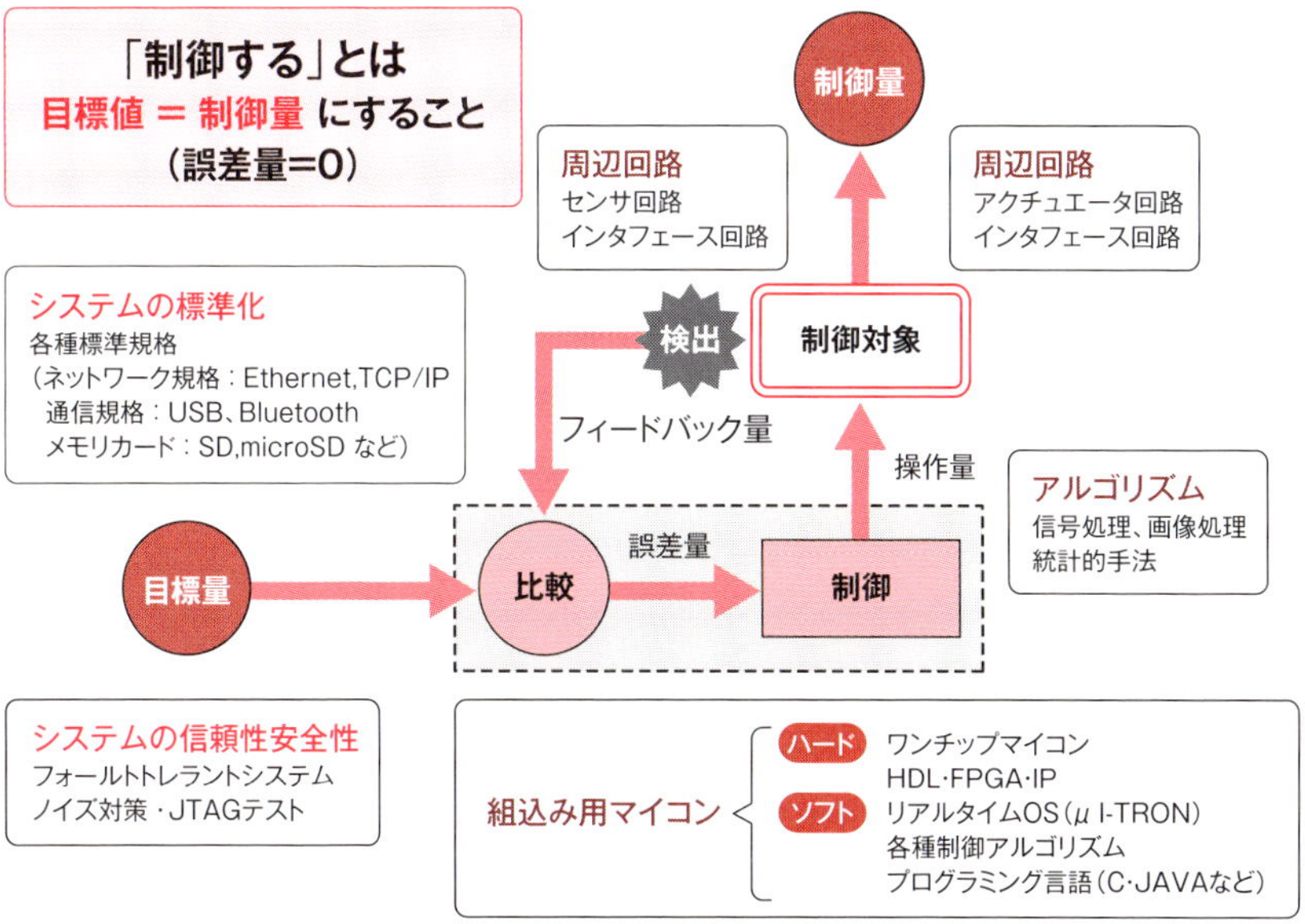

19 組込みシステムの開発可能性チェック

ハードとソフトの仕様を決める

組込みシステムはソフトウェアとハードウェアが一体となって目的を達成するシステムなので、両方の可能性を検討する必要があります。まずは、希望する機能を実現させるためのソフトウェア、つまりプログラムの開発可能性から考えてみましょう。

私は、次の二つがクリアできれば、プログラムの開発可能性がありそうだと考えます。

①処理させたい機能や目的を、箇条書にできるか？

②その箇条書きは、誰もが納得し、誰もが同じ意味に理解できるように書き表せているか？

つまり、ただ漠然とイメージしているような機能では、プログラムを作ることはできません。また、芸術作品の評価や美人の判別のように、人によって個人差のある内容では、誰もが納得できる文章として書き表すことが困難なため、プログラムを作ることにも困難が予想されます。

その点、数式による表現は、誰が見ても同じ意味に取れる表現手段として最適です。たとえ、微分や積分や方程式や…等と高度な数学を使った表現であったとしても、さほど心配する必要はありません。なにせ、コンピュータは計算するための機械なのですから。

また、統計的手法を用いれば、多少の不確定要素を含む事柄でも、扱うことができるかも知れません。さらには、人工知能という人間の思考を真似たような処理までもが、利用可能な段階になっています。

次にハードウェアの可能性チェックですが、実現したい仕様を満たす入出力回路を、揃えられるかにかかっていると言えるでしょう。希望する情報を検知するためのセンサ回路と、処理した結果に基づいて機械的な動きに変換するアクチュエータ回路が必須です。新規開発もありですが、そのためには関連情報の収集と、ある程度の専門的な知識を、日頃から展示会やカタログ誌などを利用して資料収集しておくことが有効です。あとは、努力次第でしょう。

要点BOX
- ●ソフトとハードそれぞれの可能性チェックが必要
- ●技術面以外にも多くのチェックポイントがある

技術的な問題点

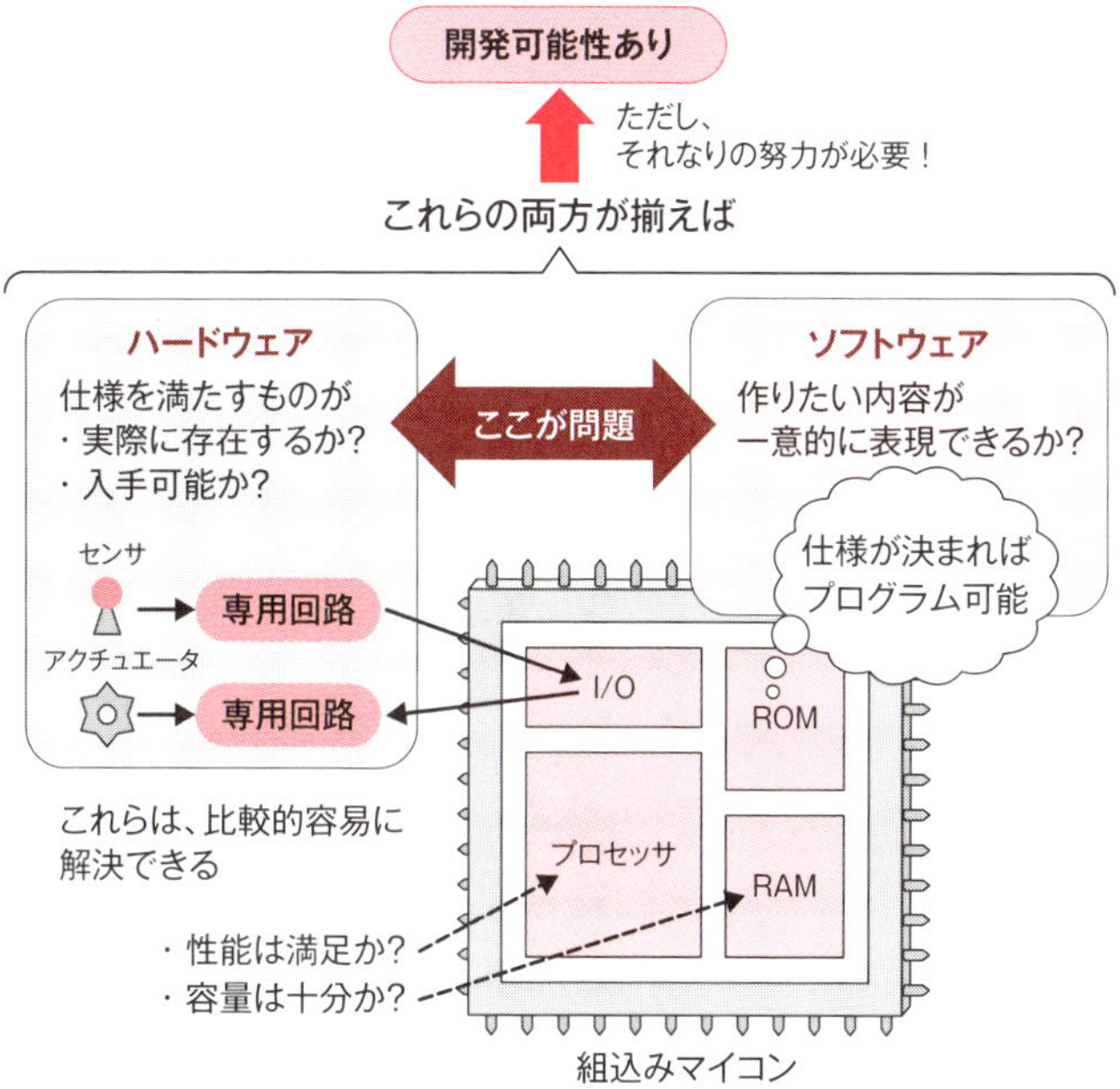

技術以外の問題点

人	技術者は揃うのか? 経理や契約担当は誰が行うのか? 協力企業や支援企業はあるのか?
取引先	部品等の発注先の当てはあるのか? 納期がかからずに手配できるのか? 外注できる企業は十分あるのか? 完成時の製品試験は何処へ依頼するのか?
資金	開発予算はあるのか?　どうするのか? 融資や借入金の可能性は大丈夫か? いろいろな助成金を検討したか?
期間	開発期間はどのくらいかかるか? 発売時期を逸していないか?
場所	開発場所はどうするのか? 深夜作業をした場合の仮眠室はあるか? 部品や製品などの置き場はあるのか?
特許 …	特許侵害の恐れは調査したか? 特許出願の可能性はないのか?

20 ハードウェアとソフトウェアの切り分け

ソフトウェアによるハードウェア機能の代替

　さて、組込みシステムがハードウェアとソフトウェアによって構成されていることについては、すでに何度も説明した通りです。ところが、組込み用マイコンの性能が向上し、ソフトウェアの処理速度が速くなるにつれて、これまでハードウェアで処理しなければ速度的に間に合わなかった機能を、ソフトウェアによっても代替できるようになりました。

　たとえば、押しボタンスイッチのチャッタリング除去処理があります。機械式接点の押しボタンスイッチでは、その構造上から接点が開閉する際の極めて短時間に、接点が何度か開閉を繰り返すという現象があり、チャッタリングと呼ばれています。そのため、一度しか押しボタンスイッチを操作していないにもかかわらず、複数回押したものと認識されてしまいます。

　この現象を抑えるために、従来はチャッタリング除去回路というハードウェアを採用してきました。しかし、キーボードはスイッチの数が多く、さらに量産品ともなると、その生産台数分の部品が必要となり、コストアップになります。そこで、定常状態を検出するプログラムによって代替させているのが一般的です。

　そのため、ハードウェアは、ソフトウェアではどうしても代替することができない部分で、かつ今後も変更する必要がなさそうな基本的な部分の最小限とし、個別な機能や性能はソフトウェアで代替させてしまうという傾向に進んでいます。

　ソフトウェアは開発コストが少し高めと言われていますが、一度完成してしまえば、いくらコピーしても費用はかかりません。事後においても、ハードウェアを変更することなく、機能変更やバージョンアップを自由に行うことが可能になります。そうすることによって、柔軟性とコストの両面で有利になります。

　このように、どの部分をハードウェアが受け持ち、またどの部分をソフトウェアが受け持つのかの切り分けについての検討は、再度7章でも説明します。

要点BOX
- ●ハードウェアの機能は最小限にする傾向にある
- ●柔軟性とコストを優先したソフトウェア代替

ハードウェアとソフトウェアの特徴

	ハードウェア	ソフトウェア
変更	× 作成した回路を変更するのは困難 →費用と日数が余分に必要となる	○ ROMやRAMの容量が間に合えば →プログラムの変更は可能
並列動作	○ 並列動作が基本 →高速処理が可能に	× 順番に処理を行うのが基本 →並列処理は難しい
デバッグ	○ 回路図で動作把握が比較的容易 →支援を得てのデバッグが可能	× チャートで可視化しても処理把握は困難 →他人の作ったプログラムは特に困難
コスト	× 部品数に比例してコストがかかる	○ プログラムはコピーするので数によらない
大きさ	× 部品数が増えると大型化する	○ ハードウェアの一部をソフトウエアで代替 →部品数を減らせるので小型化が可能

ハードウェアとソフトウェアの切り分け

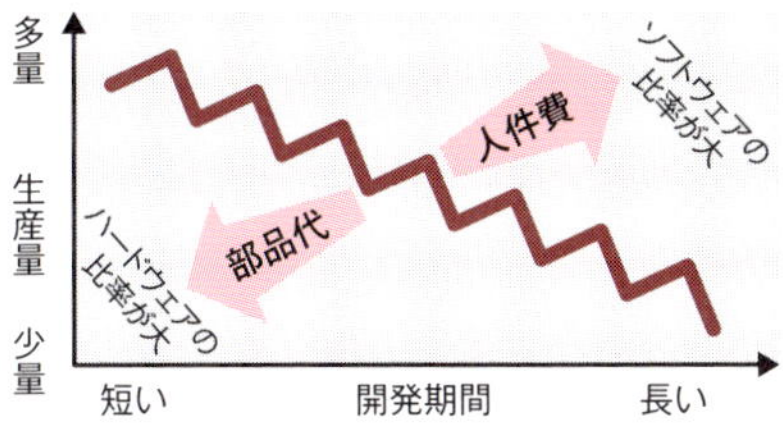

個別部品によるチャッタリング除去回路

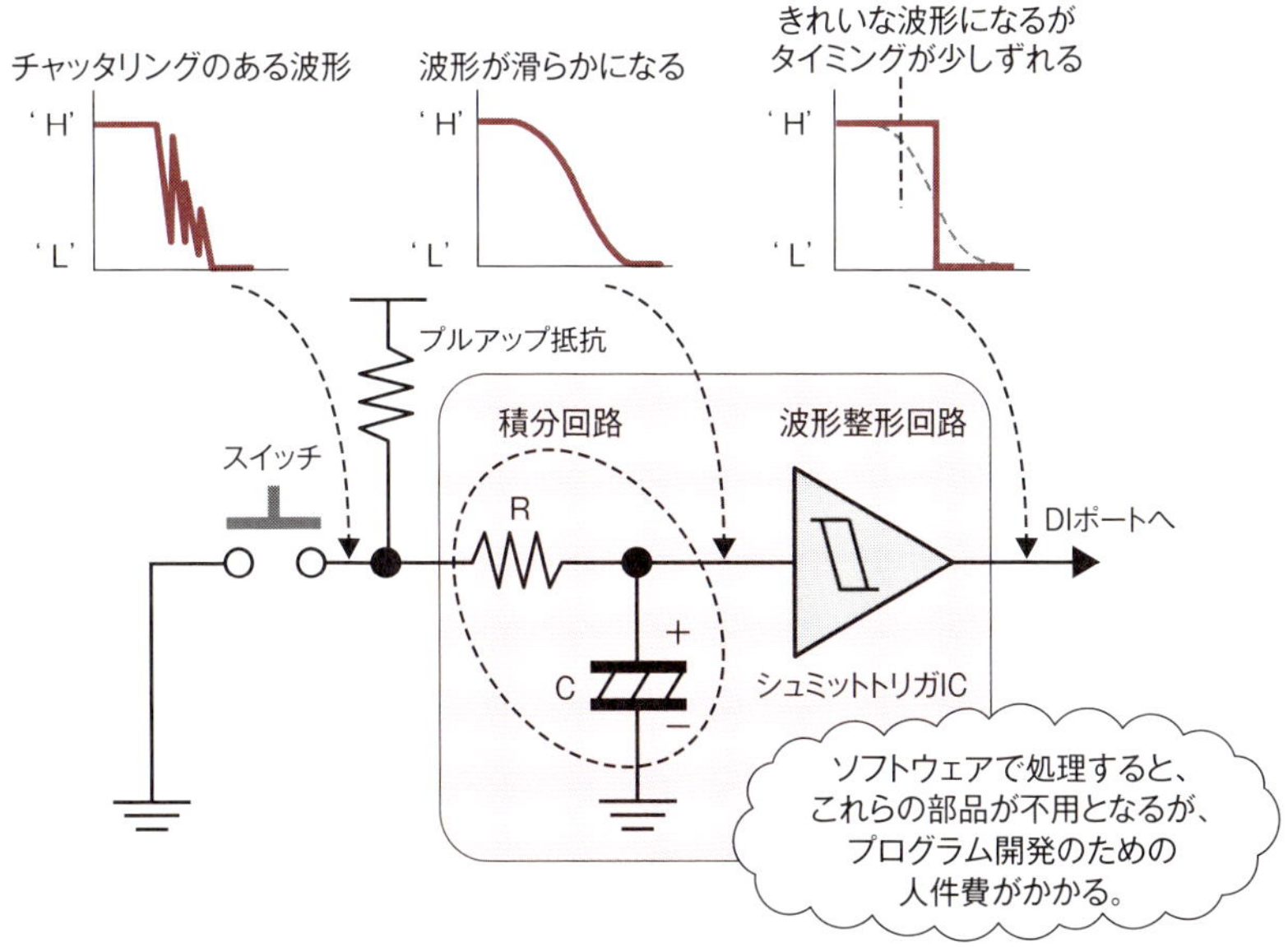

21 組込みシステムには厳しい時間制約がある

リアルタイム性とは

何度も同じことを書きますが、組込みシステムはハードウェアとソフトウェアが一体となって構成されています。さらにI／Oの先には、センサやモータ、通信回線などが接続されていて、それら全ての動作がタイミングをピッタリ合わせて動作する必要があります。

たとえば、自販機にコインを入れたとき、何の反応もしなかったとしたら、あなたは何秒間耐えられますか？　ある調査によると、平均で三秒だそうです。三秒たっても何の反応もないと、不安になって、あちこち叩いたり、返却レバーを操作したりするようです。

したがって、この場合、センサがコインの投入を感知しその情報がマイコンに伝わり、投入金額を表示するまでの時間制約としては、三秒となります。次に、商品ボタンが押されてから、指定された商品を排出するために、モータなどのアクチュエータを制御しつつ、お釣りの計算をし、返却口へ戻す制御をします。

これら一連の処理が遅いと、お客さんがイラついたり、お釣りを受け取り損なって帰ってしまうかもしれません。この例では、相手が人間のため、秒というオーダーの時間制約となり、開発は容易です。

デジカメの場合はどうでしょう。撮影ボタンを半押しすると、ピント合わせと露出調整を行います。続けて撮影ボタンを深く押し込むと、シャッターを一瞬開いて、イメージセンサ上に投影します。そして、その映像データをSDメモリへ転送して記録し、次の撮影に備えます。この一連の処理がどれだけ速く行えるかで、一秒間に連写できる枚数が決まります。

一連の処理が、時間制約の仕様内にすませることができる場合、そのデジカメには〝リアルタイム性がある〟と言います。細かく言うと、リアルタイム性には二種類あるのです。まず一つ目は、処理要求があったときに、どの程度の時間で処理に取りかかれるか？　そしてもう一つは、要求された処理をすませるのに必要となる処理時間はどのくらいか？　の二点です。

要点BOX

- ●ハードとソフトの動作タイミングにある時間制約
- ●一連の処理が制約時間内で行えることをリアルタイム性があると言う

リアルタイム性のある自販機とは?

自販機にコインを入れて、
欲しいもののボタンを押す

何も変化しないまま
3秒以上経過すると…

不安になり、不必要な
行動を誘発する

人間は、3秒以上の我慢ができないと言われている。
したがって、3秒以内に応答することができれば、
その自販機には“リアルタイム性がある”と言える。

組込みシステムに求められる二つの時間制約

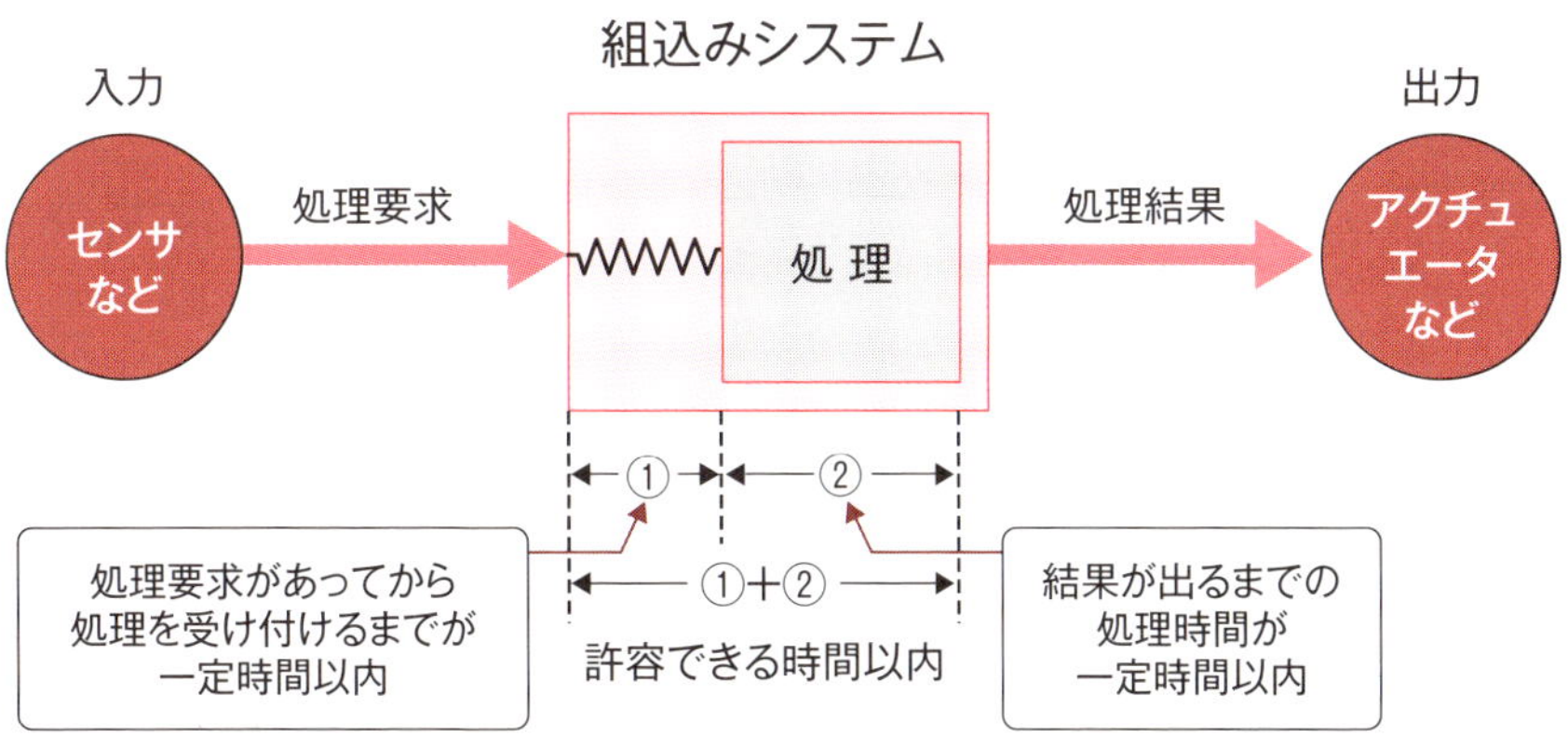

Column

オシロスコープの選び方

　今の若い技術者は測定器を使わない！とよく耳にします。測定器でちょっと測ってみれば、動作の状況が明らかになるというのに、いつまでもキーボードにしがみついて離れない、などとも聞こえてきます。たぶん、学校ではシミュレーションが中心になっていて、実回路を触っていないのでは？と思われます。

　そこで、先輩に怒られないように、一つだけ大事なことをお教えしましょう。それは、オシロスコープの選び方についてです。

　100MHzの方形波の波形を観測するのに適したオシロスコープの周波数帯域として適当なのは、次のどれでしょう。

①100MHz、②300MHz、③500MHz

　ここで、方形波を構成している周波数成分の知識があるかどうかで、当落が分かれます。方形波をフーリエ変換すると、〝多数の「奇数次の高調波成分」によって構成されている〟という特徴があります。つまり、100MHzの方形波には、100MHz＋300MNHz＋500MHz＋700MHz……のように、含まれる割合は徐々に減ってはいきますが、多くの高調波によって構成されているのです。

　そのため、波形を観測するためには、多くの高調波成分についても扱える必要があります。それでは、『どこまでの次数の高調波成分とするのか？』ですが、一般的には「第5高調波程度までは最低限必要」と言われています。したがって、今回の問題の答えは、③が妥当ということになります。

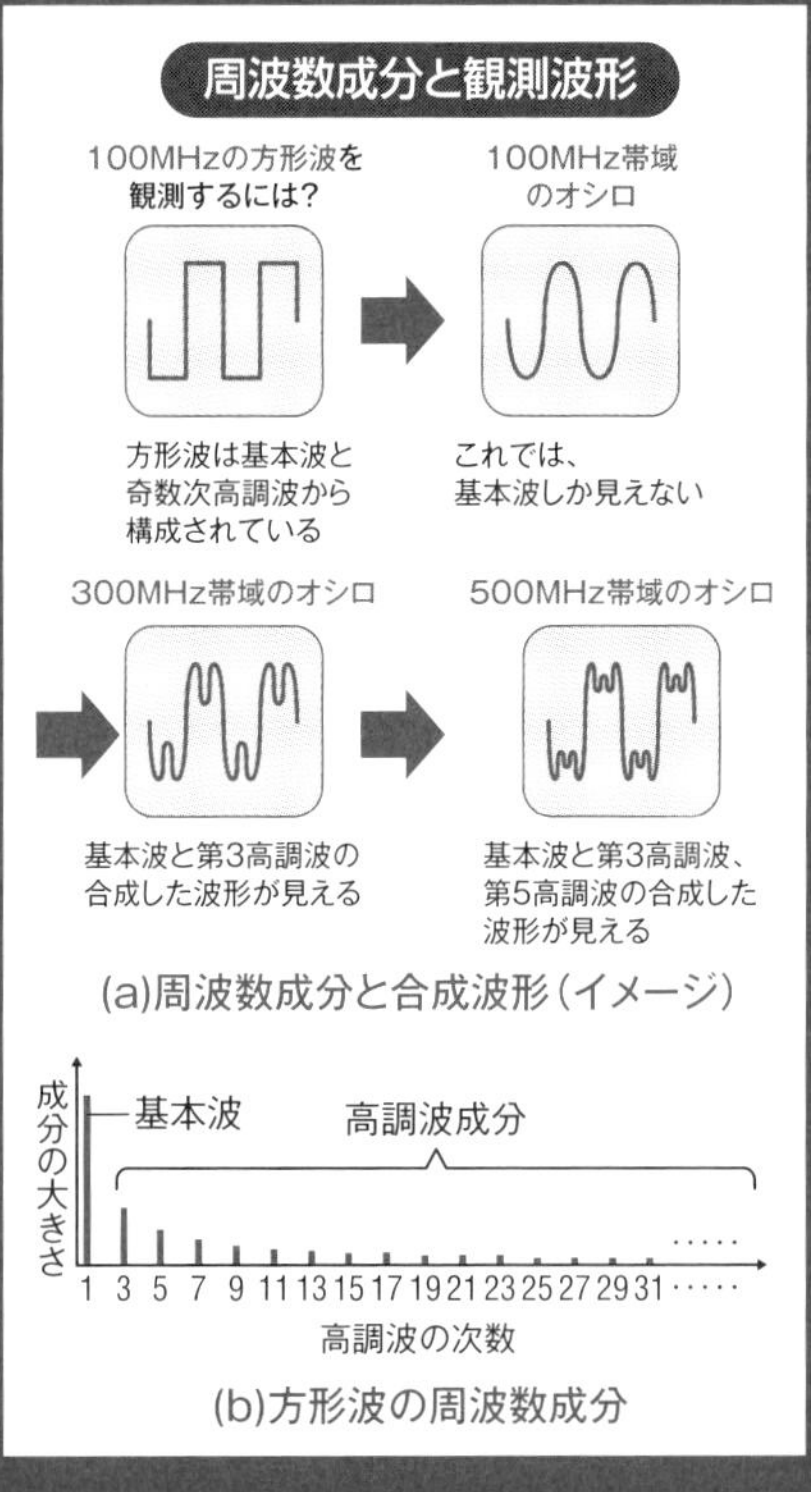
周波数成分と観測波形
100MHzの方形波を観測するには？
100MHz帯域のオシロ
方形波は基本波と奇数次高調波から構成されている
これでは、基本波しか見えない
300MHz帯域のオシロ
500MHz帯域のオシロ
基本波と第3高調波の合成した波形が見える
基本波と第3高調波、第5高調波の合成した波形が見える
成分の大きさ
基本波
高調波成分
1 3 5 7 9 11 13 15 17 19 21 23 25 27 29 31 ……
高調波の次数
(a)周波数成分と合成波形（イメージ）
(b)方形波の周波数成分

第4章

組込みシステムの設計手法いろいろ

22 一人だけで開発できる時代は終わった！

全てを新規開発するのは不可能

組込みシステムが登場し始めた頃は、一人の技術者の頭の中だけで、ハードウェアとソフトウェアの両刀遣いして、システム全体を設計し開発するということが可能でした。しかし今日に至っては、開発する製品の規模が大きくかつ複雑になってしまったため、一人の技術者の知識やスキルだけでは、到底カバーできる範囲を超えてしまいました。また、ハードウェア、ソフトウェアいずれにしても、全てを一から開発することなど、期間的にも不可能と言えるでしょう。

ハードウェアには、専用ICや機能モジュールを積極的に採用し、新たに開発する部分を極力少なくします。ソフトウェアも同様に、ミドルウェアを組み合わせたり、過去に開発したプログラムを再利用して、新規開発はできるだけ少なくするように考えます。その際にも、一人ではとても探し切れるものではありません。そこで、それぞれに分担して、チームで製品開発を行うのが一般的になっています。

特に、技術者一人だけで設計開発した製品は、とかくオーバースペックになりがちだと言われています。たとえば、テレビやビデオのリモコンのボタンが多すぎると思いませんか？ 使ったことのないボタンはありませんか？ これは、技術者が考えついたアイデアの全ての機能に、ボタンを割り付けてしまったからではないでしょうか。エアコンのリモコンなどでは、たくさんのボタンが並んでしまったために、本体の上にさらに蓋をつけて一部を隠して、見えなくしていると思いたくなるような外観をした製品さえ見受けます。

話が少し逸れますが、ネットショッピングの口コミ欄には、いろいろな製品への評価や批判などの書き込みがたくさんあって、結構参考になりますよ。新製品開発を始める前に、開発技術者は、類似品の口コミをネット検索して、現在のユーザーが何を求めていて、何を不要と思っているのか？ などを調査してみるのも有効だと思います。

要点BOX

- ●積極的に専用ICや機能モジュールを採用する
- ●ソフトウェアはミドルウェアの組み合わせや過去プログラムの再利用を検討する

かつては一人の技術者で設計開発ができた

今はチームで開発する

新規開発部分はできるだけ少なくする

23 組込みシステムへの制約とプロジェクト管理

開発計画で重要なこと

気がつけば、組込みシステムに囲まれる生活が当たり前になりました。もしそれらの製品に欠陥が発見されたとしたら、製品の回収や返品、クレームの電話対応などで大変なことになるでしょう。しかし、その一方で、組込みシステムの更なる高度化が望まれています。メーカーでも、組込みシステムを複雑化し、大規模化することで、要求に応えようと頑張っています。

組込みシステムの開発は、ハードウェアとソフトウェアが有機的に結合されているため、製品化後の改修には、多大の労力と費用が発生します。そのため、欠陥（バグという）の許されない高品質と高信頼性が要求されることになります。さらには、開発期間やコストに関しても、厳しい制約が多く求められることになります。したがって、組込みシステムの開発計画（プロジェクトという）を円滑に推進させるためには、プロジェクトを管理することが必要になるのです。

組込みシステム開発で特に重要なのは、製品の要求仕様をどのように実現させるのかを検討する際の、ハードウェアとソフトウェアの役割分担の切り分けです。どの機能をハードウェアで実現し、どの機能をソフトウェアに任せるのか？　これらを決定するには、性能に求められる時間制約（リアルタイム性）、コスト、開発期間、そして単発製品かシリーズ化するのか？　といった製品開発戦略なども関わってくるでしょう。

特に、大規模な製品のプロジェクトとなると、ハードウェア技術者、ソフトウェア技術者、開発の依頼側と受託側、協力会社など、多くの関係者が絡むことになります。そのため、プロジェクト管理の担当者（プロジェクトマネージャ）には、技術の管理とともにプロジェクトの進捗状況を関係者から的確に聞き出す「コミュニケーション能力」が求められることなります。

しかし現段階では、組込みシステム用のプロジェクト管理手法が定まっていないため、製品ごと、担当者ごと、会社ごと、に試行錯誤中と言えるでしょう。

要点BOX
- ●欠陥の許されない高品質と高信頼性が要求される
- ●種々の制約を満たすプロジェクト管理が重要

組込みシステム開発に求められる制約とは

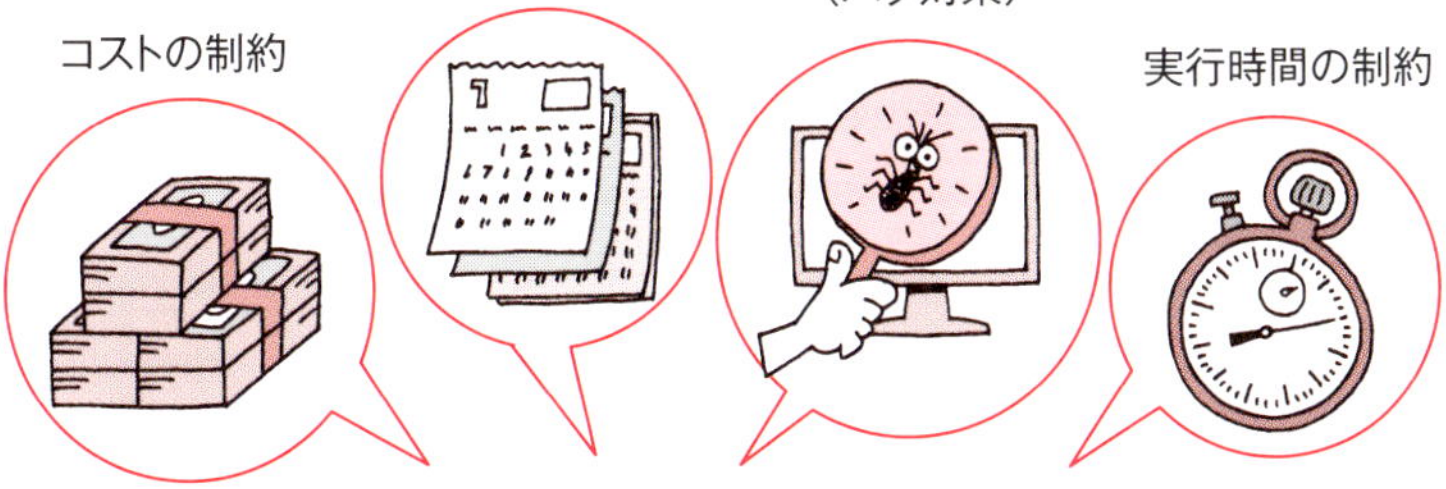

ソフトウェアとハードウェアの役割分担

ハードウェアで
機能実現

ソフトウェアで
機能実装

複雑化・大規模化

製品開発にはプロジェクト管理が必要

プロジェクト・マネージャ

コミュニケーション能力が必要

プロジェクト・マネージャの役割

① プロジェクトの目的とゴールをチームに明示する
② プロジェクトの計画を立案し明示する
③ プロジェクトの状況把握と調整を行う

24 組込みシステムの開発はこうやる

仕様書と製品開発サイクル

ここでは、組込みシステムの開発の流れを、ザーッと説明しましょう。まずは、何を（どんな要求を）、どのように（ハードウェアとソフトウェアに役割分担して）開発するのかを仕様書にまとめます。その後は、まとめた仕様書に従って、ソフトウェア開発とハードウェア開発（電子回路とメカを含めた筐体）に分かれて、同時並行して進行します。途中で、それぞれ単体での機能テストを行い、仕様に合っているかを確認します。その後に、両者を統合してテストを行い、システムとしての動作確認を行い、仕様を満足したら製品が完成したとして出荷します。

製品開発サイクルとしては、ここでは終わらず、メンテナンスという大切な工程がまだ続きます。製品を作って販売したからには、その後の修理や、クレームや、改良などといったユーザーからの要望が続いて発生します。これらは次の製品開発を行う際に、役に立つ大切な情報収集作業であるとして捉えるべきです。

さて、言葉で説明すると、こんな具合で簡単にすんでしまいますが、実際には思ったように開発が進まないのが通常です。その結果、同時並行のはずの進捗に乱れが生じ、しばしば開発期間が延びたりします。また、その原因が、最初の仕様書の不具合に起因していることが多かったりします。つまり、それほどに仕様書をまとめる作業（「要件分析」と言う）が大事だということを物語っています。そのため、このことについては、次項であらためて説明することにします。

実際の開発は、これらの一部分だけだったり、逆に全体を任されて、その一部を協力会社に振ったり、既製品の一部を流用するなど、いろいろなケースが考えられます。どの場合においても、組込みシステムはハードウェアとソフトウェアが一体となって協調動作していることを忘れてはいけません。自分の担当する部分が、全体のどの部分なのかをよく理解して、プロジェクトに参加すべきです。

要点BOX

- ●仕様書に基づいた製品開発とメンテナンスが重要
- ●仕様書に不具合があると開発はうまくいかない

組込みシステムの製品開発サイクル

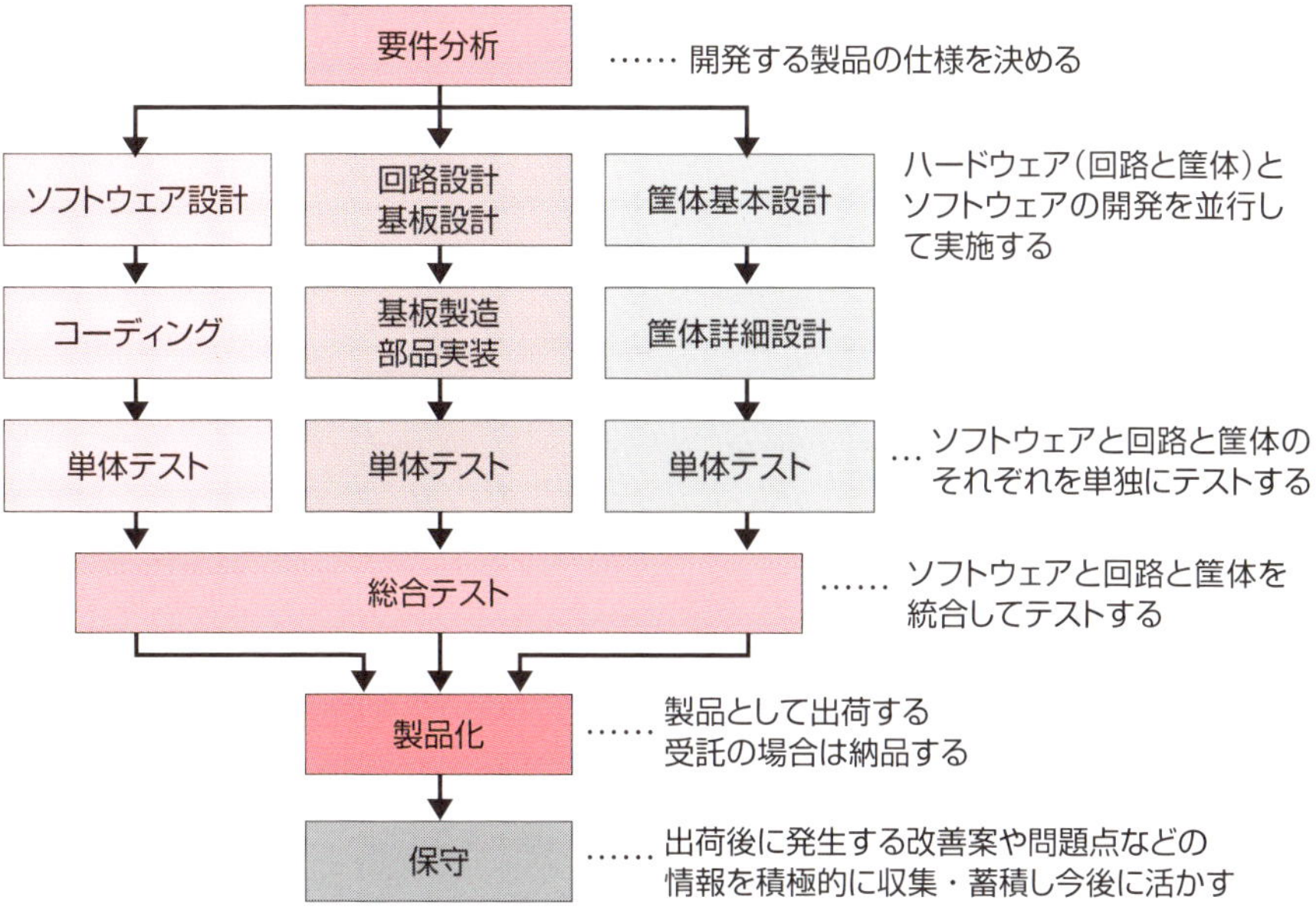

同時並行開発におけるソフトウェアの悲哀

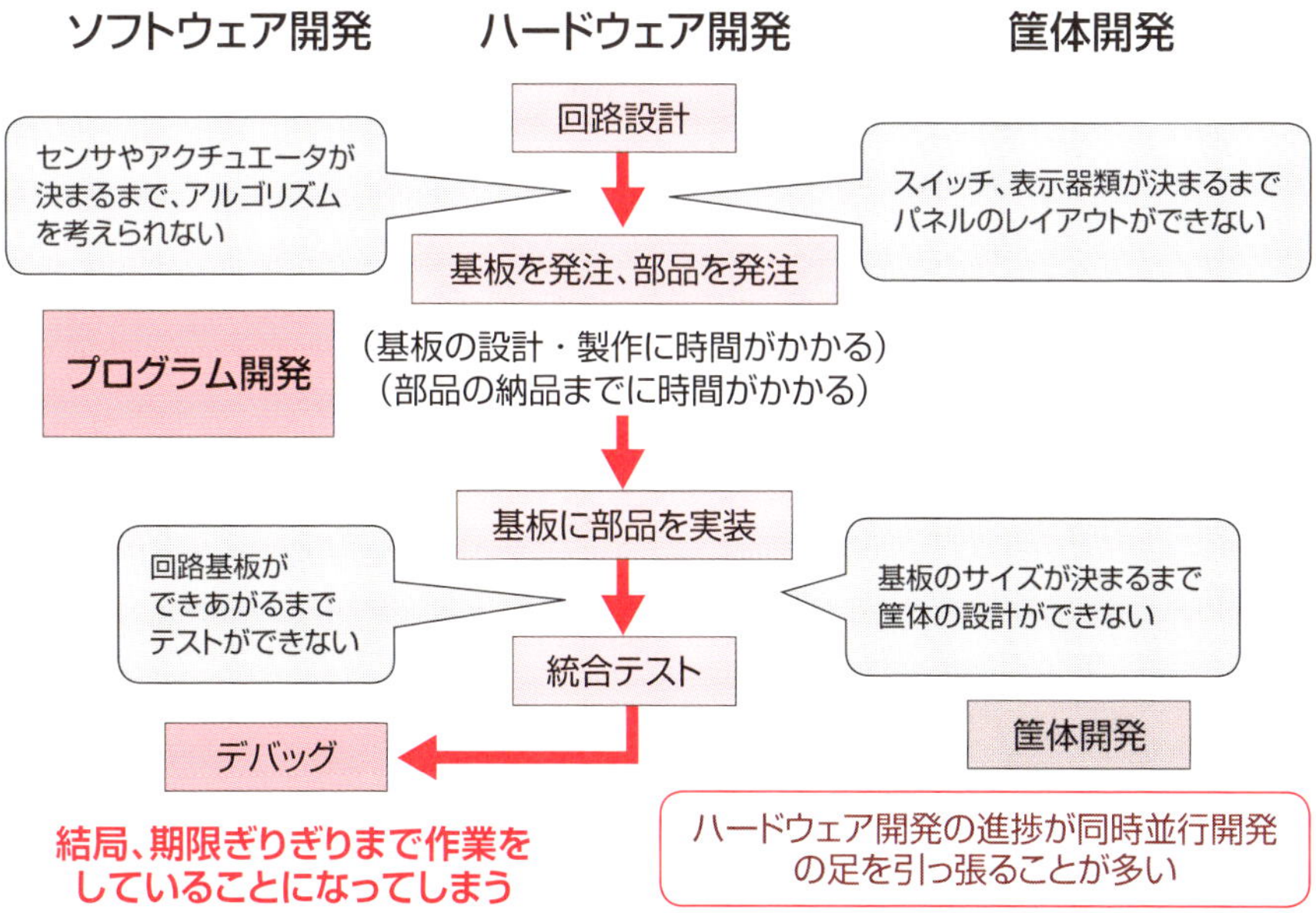

25 要件分析は本当に難しい

顧客からの要求の分析

システム要件分析とは、開発プロセスにおいてまっ先に行う工程で、開発するシステム要件を「設計仕様書」として文書化することです。受注開発の場合は、顧客からの要求を分析することになります。

①どのようなシステムを開発したいのか
②システムに対する制約条件（処理時間、物理的なサイズ、電池駆動かどうか、など）は何か
③予算や納期はどの程度か　など

次に、これらの要求を実現するために、次のことがらを分析して「設計仕様書」として定義します。

①具体的な機能として、何を実現するのか
②どのような機能モジュールに分割できるのか
③それぞれの機能の処理時間はどの程度か
④ネットワークやその他のシステムとの相互作用はあるのか
⑤耐久性や信頼性は、どの程度必要なのか

この「設計仕様書」は、これから開発を行う全工程において共通する重要な内容となります。そのため、「要求仕様書」の内容を十分理解し、要求されている内容を明確にしてから決定する必要があります。

ところが、顧客自身が、本当にほしいモノをわかっていなかったり、ちゃんと要件を説明できていないことが多発しています。この工程をしっかりクリアできないと、システム開発は失敗するかもしれません。

さらに続けて、次の事柄についても決定します。

①ハードウェアとソフトウェアの役割分担
②プロセッサの種類や性能
③Windows-CEやリアルタイムOSなどの採否
④プログラム開発言語は何にするか？

以上が「要件分析」ですが、実際にやるとなると結構たいへんな作業になります。しかも、この工程が開発プロジェクトの成否を決めるカギになるのです。特に受注開発の場合には、顧客とのコミュニケーションを十分に取るということが重要になるでしょう。

要点BOX
●開発するシステム要件を設計仕様書として文書化する
●顧客とのコミュニケーションが鍵を握る

要件分析の流れ

要求仕様書

開発したい要求事項
（発注者の要求事項）
・希望する機能
・外形寸法
・予算
・納期、など

↓

要件分析

↓

設計仕様書（要件定義書）

どのように実現するか
（受注者の開発方法）
・システムの概要
・機能要求
・入力要求と出力要求
・品質・性能要求
・セキュリティ要求
など

この後に続く開発工程の
原典となる仕様なので
たいへん重要！

↓

実は…
本当にほしい機能が
何なのか、自分でも
わからないんだよね〜！
発注者

どう考えたら
いいんだろうか？
開発側

要件分析の進め方

要件分析の進め方

❶ 発注者がシステムに求めるものを明確にする
・そのシステムで何かしたいのか？
・なぜそのシステムが必要なのか？
・具体的に想像し定義させる（要求仕様書）

❷ 発注側と開発側が十分に話し合う
・そのシステムに対する期待、目的など
・しっかりとした認識の統一
・相互理解を深める

❸ 開発側は以上の要求を正しく理解する
・システムの目的に合った機能や性能を定義する
（要件定義書）

失敗するプロジェクトの原因

目的が明確になっていない

発注側と開発側の意識合わせが不十分

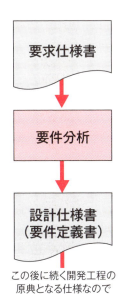

26 開発の進め方にはいろいろある

ウォーターフォール型とV字型

〝決められた期間で目的を達成しなければならない定型でない業務〟を「プロジェクト」と言います。プロジェクトを計画通りに進めるために、開発工程モデルがあります。代表的なものを紹介しましょう。

「ウォーターフォール型」は、プロジェクトの各工程を時系列に並べるという、最も基本的なモデルです。「要件分析」という工程で始まり、「運用テスト」という工程で終了します。川の水が、上流から下流に流れるというイメージに似ていることから、ウォーターフォール型と呼ばれています。（あれ？ウォーターフォールは〝滝〟だったような？）

細かいことは置いといて、要件分析のある方を上流工程、運用テストのある方を下流工程と呼びます。各工程では、成果物を定義して終わり、次の工程ではその成果物を引き継いで作業します。滝の水が上へ戻らないように、決して工程を逆戻ってはいけないという決まりになっています。

ウォーターフォール型の「開発・製造」工程から下流側を折り返して、各工程をV字に配置するモデルを、「V字型」と呼んでいます。V字の左側が設計工程、右側がテスト工程となり、左右の同じ高さにある工程同士が対となって、左側が〝品質の埋め込みプロセス〟右側が〝品質の確認・検証プロセス〟となります。それぞれの工程において、左側で作成されたテスト仕様書に従ったテストを右側の工程で行うことになります。どちら側も、下へ行くほど詳細な内容になり、上に行くほど包括的になっています。

これらの開発工程モデルは、ソフトウェアの体系だった開発手法として提唱されたものですが、ハードウェア開発工程にも適用できます。ここでは、両方をまとめて考えていますので、基本設計工程において、ハードウェアとソフトウェアの役割分担を定義した後からは、二つに分かれて同時進行していると理解してください。

要点BOX

- 開発工程モデルはプロジェクトを計画通りに進めるためにある
- 開発工程の基本モデル「ウォーターフォール型」

ウォーターフォール型の概要と成果物の例

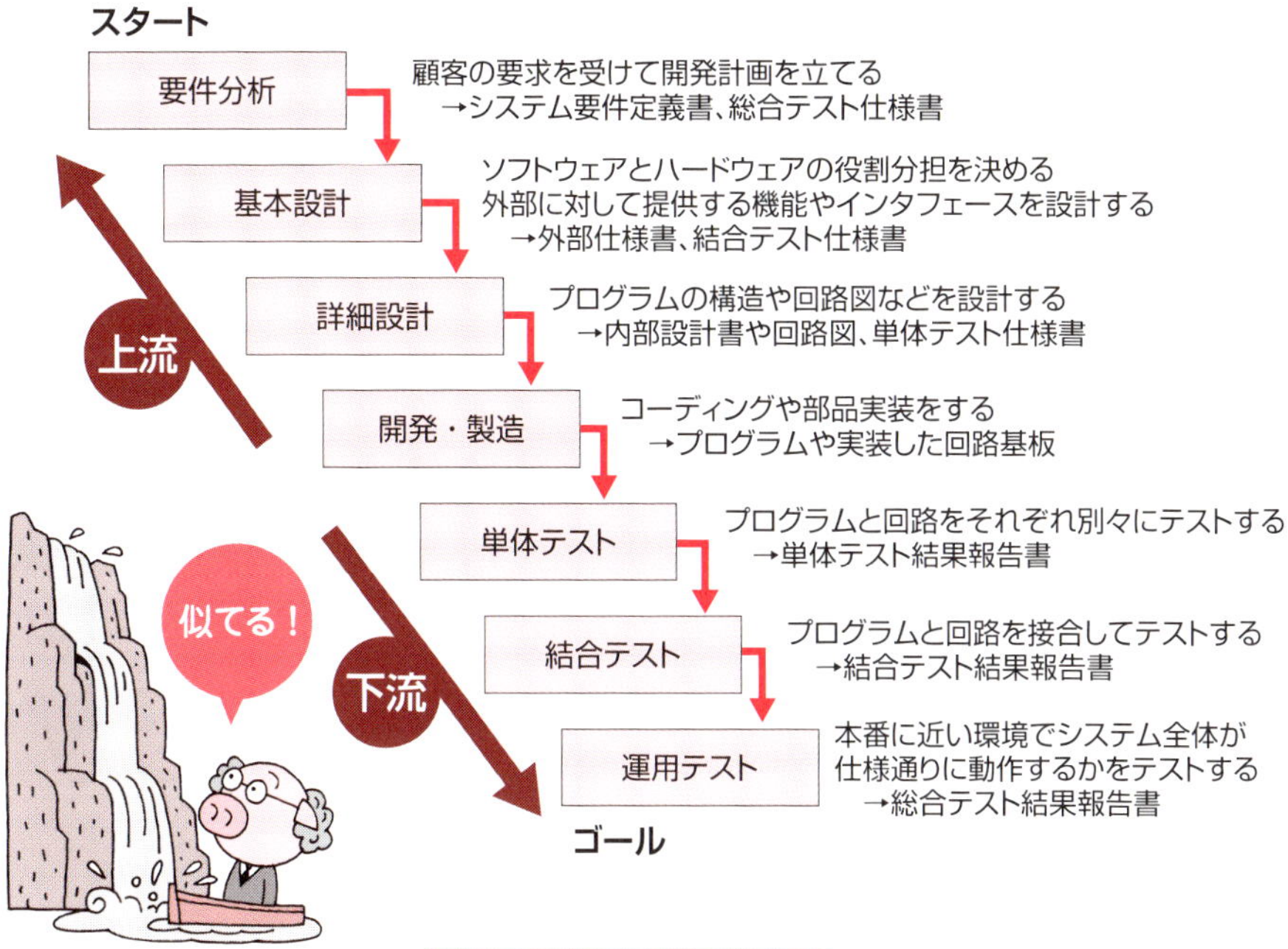

V字型での対応関係

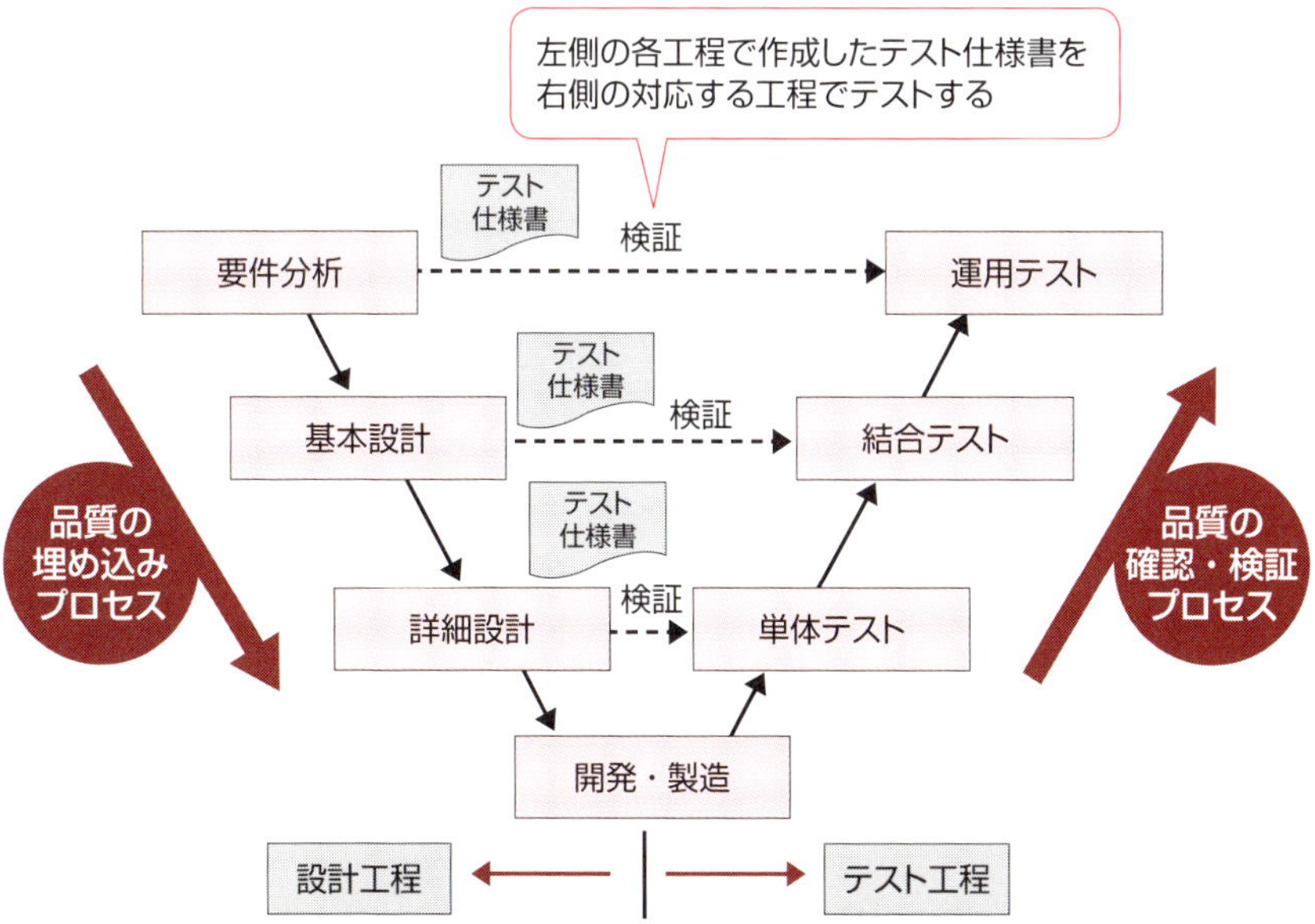

27 開発の進め方はまだまだある

プロトタイピング型とアジャイル型

「要件分析」が難しいということについては、これまでに紹介しました。そこで、顧客とのコミュニケーションを重視したモデルとして「プロトタイピング型」というのを紹介しましょう。ウォーターフォール型の「要件分析」と「基本設計」の間で、プロトタイプを作成し、顧客と一緒に評価を行うことにより、要求の曖昧さを減らすことができます。

顧客が、開発依頼当時には、明確に完成品のイメージを持っているとは限りません。そして、時間の経過に従って徐々にイメージが膨らんできて、さも最初からそう思っていたかのように錯覚するようになるのです。こうなってからでは、収集がつきません。と言うわけで、最初の段階で、しっかりしたイメージを持ってもらうためにも、有効な手法と思われます。

もう一つは、2000年代になって開発された「アジャイル型」があります。アジャイル（Agile）とは〝素早い〟という意味で、開発期間が大幅に短縮できるとして注目されています。ウォーターフォール型のように、全体を開発するのではなく、小単位（たとえば2週間程度でできる範囲）に開発を分割して、設計、実装、テストを繰り返し（イテレーションという）、テストにパスするとリリースして次の小単位のイテレーションへと開発を進めます。リリースの都度、徐々に機能が追加されることになります。この手法の特徴は〝開発途中に仕様や設計変更があるのは当たり前〟ということを前提にしていることで、途中で変更があっても臨機応変に対応することができます。

分割した小単位を複数並行して実施したり、優先度をつけて順に着手したり、いろいろなバリエーションがあるようです。いずれにしても、今日の組込みシステムのように、技術や仕組みが日進月歩で進化している製品開発には、向いていると言われています。一方で、進捗具合の把握がしづらく、気づいたら納期に間に合わないという事態も起きそうで心配です。

要点BOX
- 要求の曖昧さを減らせる「プロトタイピング型」
- 開発期間を大幅短縮できる「アジャイル型」

プロトタイピング型の手法

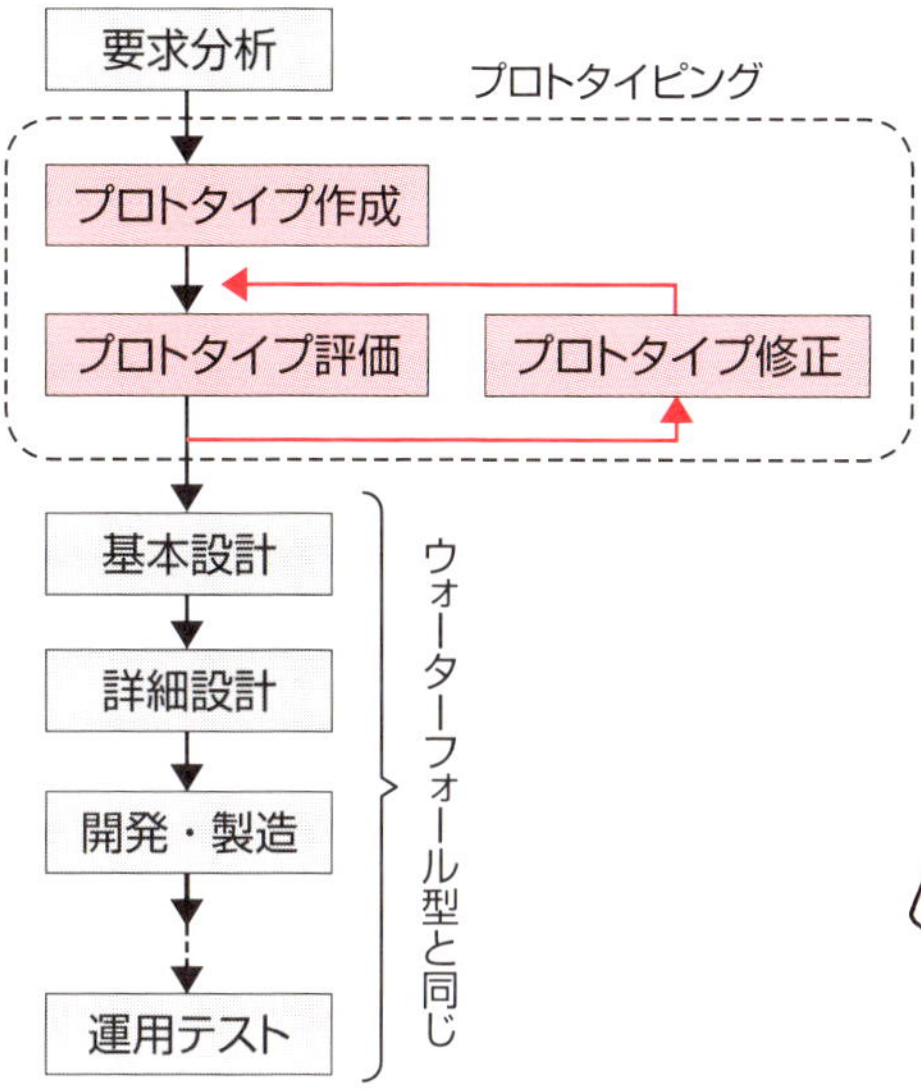

アジャイル型の手法

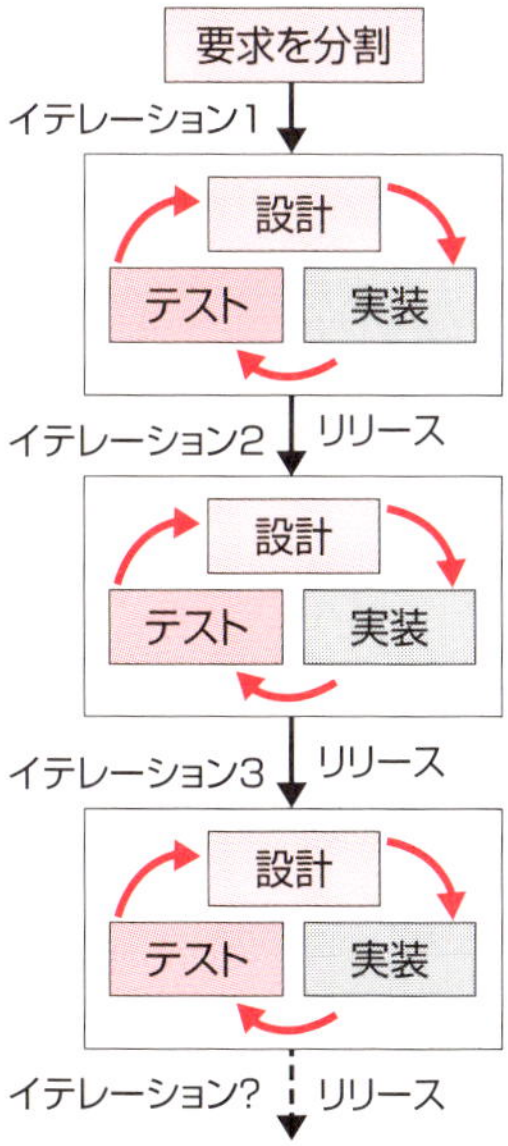

ウォーターフォール型とアジャイル型の比較

	ウォーターフォール型	アジャイル型
計画	事前に全て計画し途中変更不可	柔軟に随時変更可能
仕様書	厳密に	ラフに
ドキュメント	各工程ごとに作成	作成しない
適応分野	予測可能な開発	不確実を含む開発
メンバー	多い	少ない、顧客も巻き込む
製品完成度	要求仕様を100%満たす	リリース毎に最高を目指す
進捗管理	作業ごとに厳密	毎週の成果物で
フェーズ	工程ごと	短期間のイテレーションごと
テスト	実装後に単体、結合、総合	イテレーションごとに何度も
スケジュール	余程のことがなければ遅延なし	トラブル発生などで遅延する

Column

ICEの種類と主な機能

組込みシステム技術者にとって、ICEは必需品のツールだったはずでしたが、開発の中身が組込みソフトに移行するにつれて、陰が薄れつつあるように思われます。何が起きても、全てをキーボードを叩いて始末をつけようとするのが、この頃の技術者の傾向のように思え、若干の不安を感じています。

ICEは、組込みシステムの中心的存在であるプロセッサの動きを、その内部の情報を覗き見ることによって、細かく調査するためのツールです。そのため、プロセッサ内部の情報を取得するための方法によって、いくつかのICEの種類があります。また、使用する側においては、アセンブラレベルでのプロセッサ内部の動作を考えられるスキルが求められます。

ICE（インサーキット・エミュレータ）の種類

◆フルICE
対象マイコンの機能をまったく別のハードウェアで模擬したもの
◆EVAチップによるICE
対象マイコンを評価用チップに差し替えてデバッグの情報を収集する
◆オンチップ・エミュレータ（ROMモニタ）
対象のマイコンそのものを使用してデバッグの情報を収集する
◆JTAGエミュレータ
「JTAG」という標準規格のポートを利用したオンチップ・エミュレータ

ICEを用いたデバッガの主な機能

デバッガとは
ICEとセットで使用するソフトウェア・ツール
ICEに指示や情報を送り、その結果などを受け取り表示する
この機能の違いや使い易さが開発効率や品質に大きく影響する
◆メモリダンプ
任意のメモリの内容表示と変更ができる
◆レジスタの内容表示
プロセッサの持っている各種レジスタの内容表示や変更ができる
◆シングルステップ動作
機械語の1語またはソースコードの1行ごとに実行して止める
◆ブレークポイント
任意の場所や任意の命令の実行箇所で実行を止める
◆プログラムトレース
プログラムが実行した経路を表示する

第**5**章

組込みシステムの設計実務とは

28 動作周波数で回路の設計手法が変わる

集中定数回路と分布定数回路

TTLというデジタルICが出始めたころ（1970年代）『デジタル回路は配線さえつながっていれば動作する』『だからデジタル回路は簡単だ！』と言われました。たしかに、配線の仕方で波形が変わってしまうアナログ回路（オーディオアンプなどでは音まで変わってしまう）と比べれば、どんな配線をしても再現性は良かったです。しかし、それは昔の話。最近のデジタル回路では、誤動作したり、全く動作しなかったりすることも珍しくありません。なぜでしょう？

それは、動作周波数が高くなった（動作速度が速くなった）からです。ちなみに、当時のTTL－ICの最大動作周波数（動作できる最高の速さ）は30MHz程度でした。この程度の周波数であれば、配線が長かろうが、グニャグニャとねじ曲がっていようが、つながってさえいれば、OKなのです（集中定数回路と言う）。初期の頃のマイコンのクロック周波数は、せいぜい数MHzでした。そのため、素人の拙いはんだ付けによる回路でも、ちゃんと動作したのです。

今日のパソコン周辺のデジタル回路でも、パターンを引き回す場合には、300MHz程度が限界です。これ以上に高くなると、回路図通りに動作させるのが非常に難しくなります。なぜなら、周波数が高くなると、プリント基板上に実装されていないはずの部品（抵抗やコンデンサやコイルなど）が幽霊の如く表れて悪さをするのです（分布定数回路と言う）。基板上のパターンはつながっていても信号が伝わらなかったり、パターンが近づいているだけで信号が伝わったりと、理屈では訳のわからない動作に悩まされます。

このように、回路の動作周波数によって、使用するCADの種類やそのデータベースを選定し、プリント基板のパターンをマニュアルで修正し、使用するプリント基板の物理定数を実測するなど、かつては気にもしなかったことに、注意を払った設計をしなければならない時代になっているのです。

要点BOX
- ●動作周波数が高くなると回路図通りに動作させることが難しくなる
- ●分布定数回路では非実装の部品成分が悪さをする

ハードウェアの高速化と設計手法

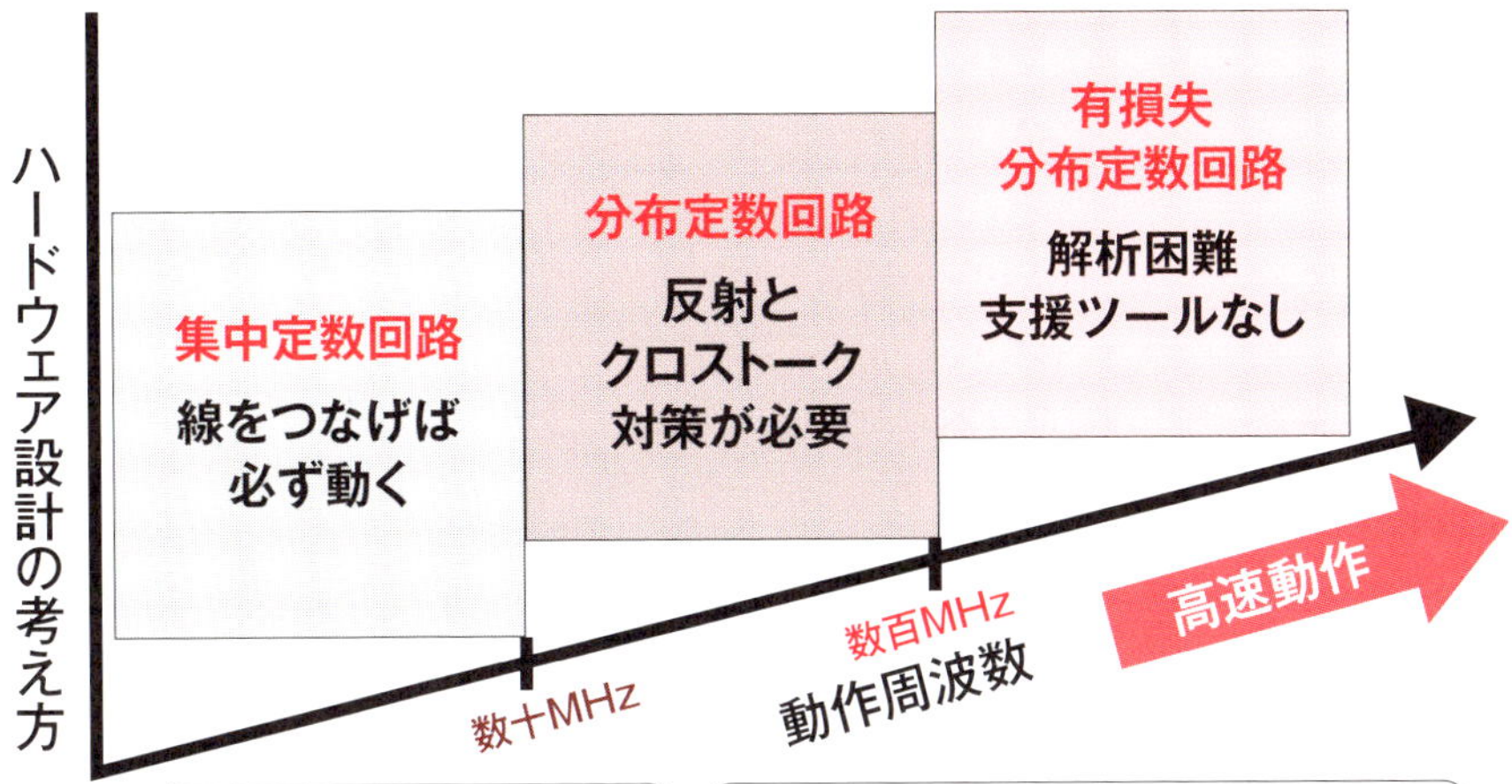
ハードウェア設計の考え方
集中定数回路
線をつなげば必ず動く
分布定数回路
反射とクロストーク対策が必要
有損失分布定数回路
解析困難
支援ツールなし
数十MHz
数百MHz
動作周波数
高速動作

集中定数回路

普段見慣れている実部品（抵抗、コンデンサ、コイルなど）によって構成されている回路

分布定数回路

実際には使用していない抵抗、コンデンサ、コイルの成分が回路内のあらゆるところに分布して表れ、距離の関数になっている回路

周波数とプリント基板の損失

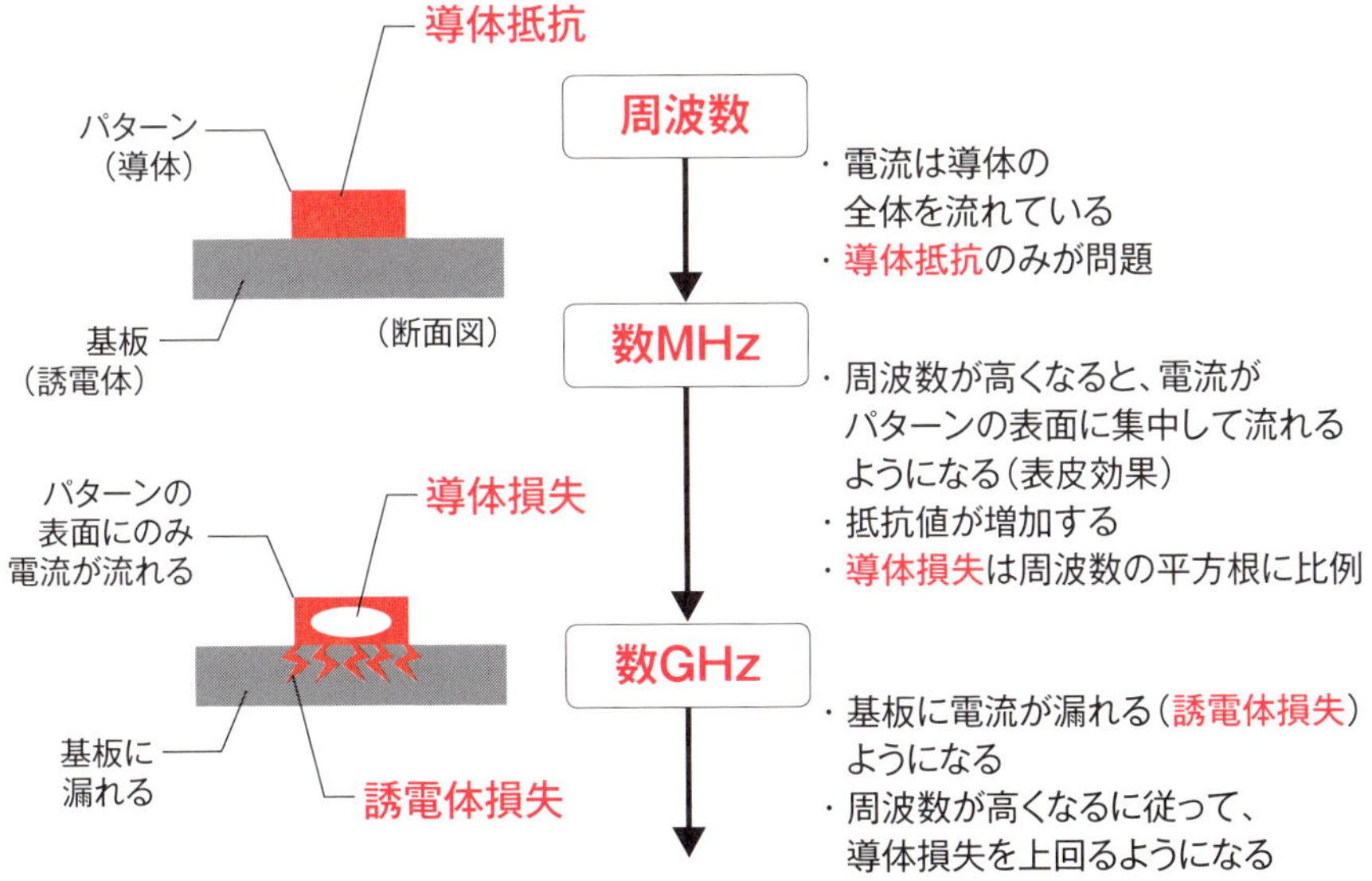
導体抵抗
パターン（導体）
基板（誘電体）
（断面図）
パターンの表面にのみ電流が流れる
導体損失
基板に漏れる
誘電体損失
周波数
・電流は導体の全体を流れている
・導体抵抗のみが問題
数MHz
・周波数が高くなると、電流がパターンの表面に集中して流れるようになる（表皮効果）
・抵抗値が増加する
・導体損失は周波数の平方根に比例
数GHz
・基板に電流が漏れる（誘電体損失）ようになる
・周波数が高くなるに従って、導体損失を上回るようになる

29 ハードの自作は16ビットまで可能だった

自作の限界と知識の重要性

8ビットの始めくらいまでは、市販のマイコンボードが少なく、手作りしなければなりませんでした。ちょうどその頃、プリント基板を自作するキットが市販されていました。ベーク板の片面に銅箔が貼ってあって、その銅箔の上に黒のマジックでパターンを書き、エッチング液に漬けると、しばらくしてマジックを塗らなかった部分の銅箔が溶けてなくなります。できあがったパターンの端に、部品を差し込むための穴を、細いドリルで開ければできあがりです。

そのときの8ビットプロセッサは、40ピンのDIPタイプで、ピン間が約2.5㎜もあったので、このような手作りプリント基板が可能だったのです。また、回路設計にしても、ほとんどはICの同じ名称のピン同士をつなげばよかったので簡単でした。

ところが、16ビットになると、ピンの数が増えて、ピン間が狭いパッケージになったり、使い方のわからない新しい名称のピンが登場しました。そのため、回路図は描けなくなるし、マジックの太さではパターンが引き回せなくなりました。

その頃、パソコンでパターン設計をするというソフトウェアが出始めました。基板作成もエッチングではなく、パソコン制御で余分な銅箔を削り取るプリント基板加工機が登場し、DIPのピン間に1本のパターンを通す程度の加工まで可能でした。そのため、何とか頑張ると、16ビットのマイコン基板を自作できました。でも、ここまでが限界でした。その後、表面実装タイプのICが登場すると、はんだ付けにもテクニックが必要となり、自作不可が決定的となったのです。

しかし、その頃になると、ボードマイコンと呼ばれる安価な実装ずみ基板が多く出回るようになり、組込みシステムの開発は、ソフトウェア作りが中心になり、「組込みソフトウェア」という呼び方が流行り出しました。そのため、現在は、ハードウェアまで手を出せる技術者が激減してしまいました。ああ残念至極！

要点BOX

- ●パターン設計は16ビットマイコンくらいまでは自作可能だった
- ●組込みシステムの開発はソフトウェア作りが中心

代表的なICパッケージの外観とピン間隔

DIP(Dual Inline Package)
2.54mm

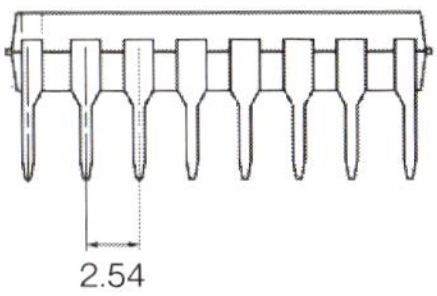
2.54

SOP(Small Outline Package)
1.27mm以下

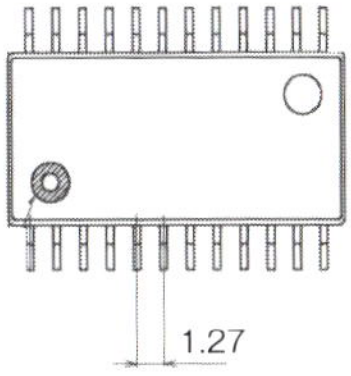
1.27

QFP (Quad Flat Package)
1.0mm、0.8mm、0.65mm、
0.5mm、0.4mm、0.3mm
など様々なタイプがある

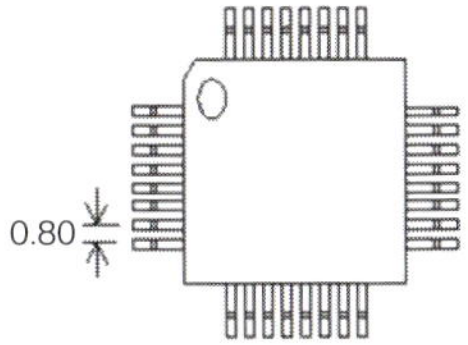
0.80

ICのピン間にパターンが通るとは

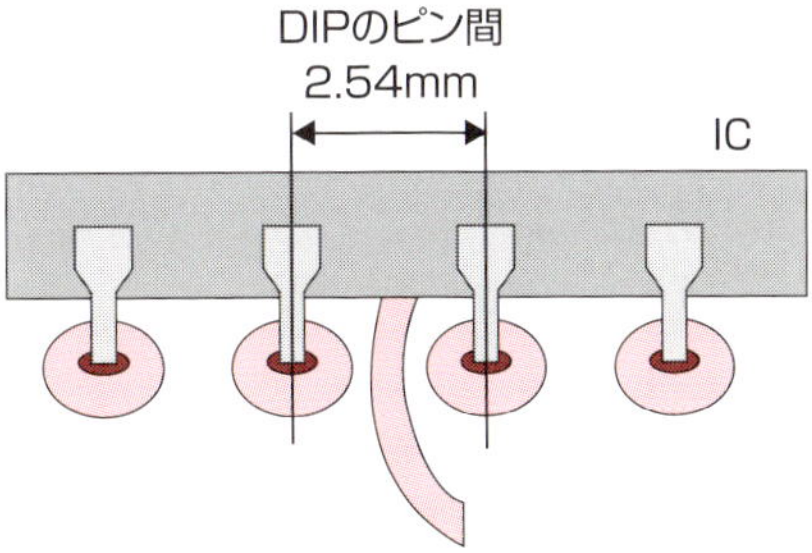
DIPのピン間
2.54mm
IC

組込みシステムの
技術者を目指すなら
ハードウェアも
できなくちゃ～！！

30 アナログ信号はデジタル化して扱う

A／D変換とD／A変換

自然界の様々な現象は、そのほとんどがアナログ的に変化しています。アナログ的とは切れ目なく連続してつながっていることで、デジタル的とはブツブツと切れていて、1、2、3、…と数えられる、というのが特徴です。組込みシステムを私たちの身の回りで役立てるためには、アナログ信号を扱えるようにすることが必須です。そのためには、振幅方向と時間方向の二段階で、デジタル化を行う必要があります。

まず、アナログ信号の振幅の範囲を、いくつかの区間に等分割します。そして、入力されたアナログ信号の振幅がどの分割区間（デジタルレベル）に入っているのかを、一定時間間隔毎に調べること（サンプリングという）によって、比較的近い2進数のデジタル信号として表すことができます。このとき、サンプリングされたアナログ信号の振幅を、デジタルレベル（2進数）に当てはめることが〝振幅方向でのデジタル化〟で「量子化」と言います。また、一定の時間間隔毎に実施するサンプリングは、〝時間軸方向のデジタル化〟で「標本化」と言います。

アナログ信号の値を対応するデジタル信号の値（2進数値）に変換するには「A／D変換器」という専用ICを用いて行いますが、この処理を「A／D変換」と言います。また、この逆の処理、つまりデジタル信号の値をアナログ信号の値に変換するには、「D／A変換器」という専用ICを用いて行い、この処理を「D／A変換」と言います。

組込みシステムにおいては、外部の信号をセンサなどでアナログ信号として捉え、それらをA／D変換してマイコン内にはデジタル信号として入力し、演算機能でいろいろなデジタル信号処理を行った結果を、D／A変換して再びアナログ信号として、外部のアクチュエータなどへ出力するといった応用が数多く見受けられます。つまり、組込みシステムにとってアナログ信号の入出力回路は、必須の存在と言えるでしょう。

要点BOX

- ●サンプリングしたアナログ信号の振幅をデジタルレベルに当てはめる
- ●アナログ信号の入出力回路は必須

アナログ信号をデジタル化する

アナログとデジタルの違い	
アナログ	デジタル
連続的 数えられない 坂道みたい 計算尺の目盛	離散的 数えられる 階段みたい そろばんの珠

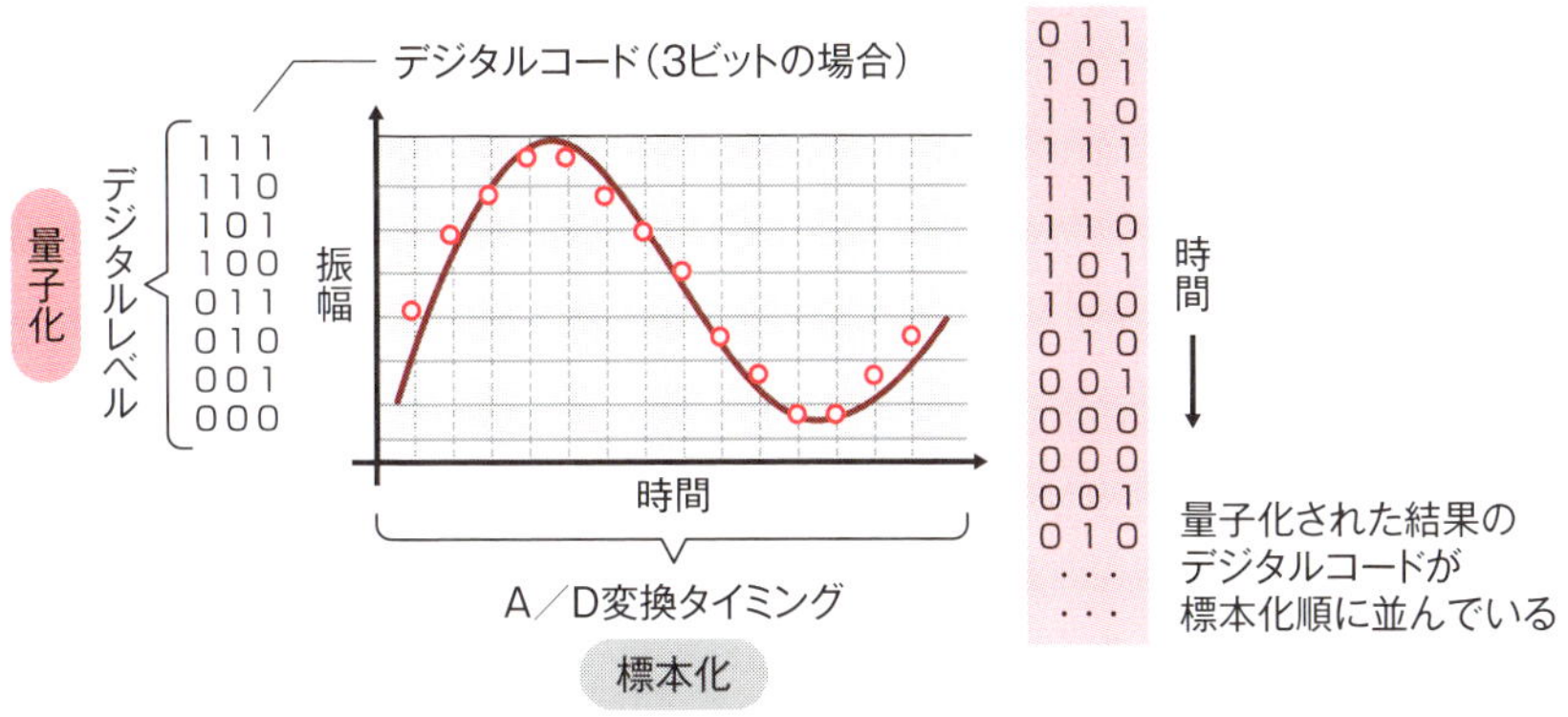

アナログ信号は2進数値で近似する

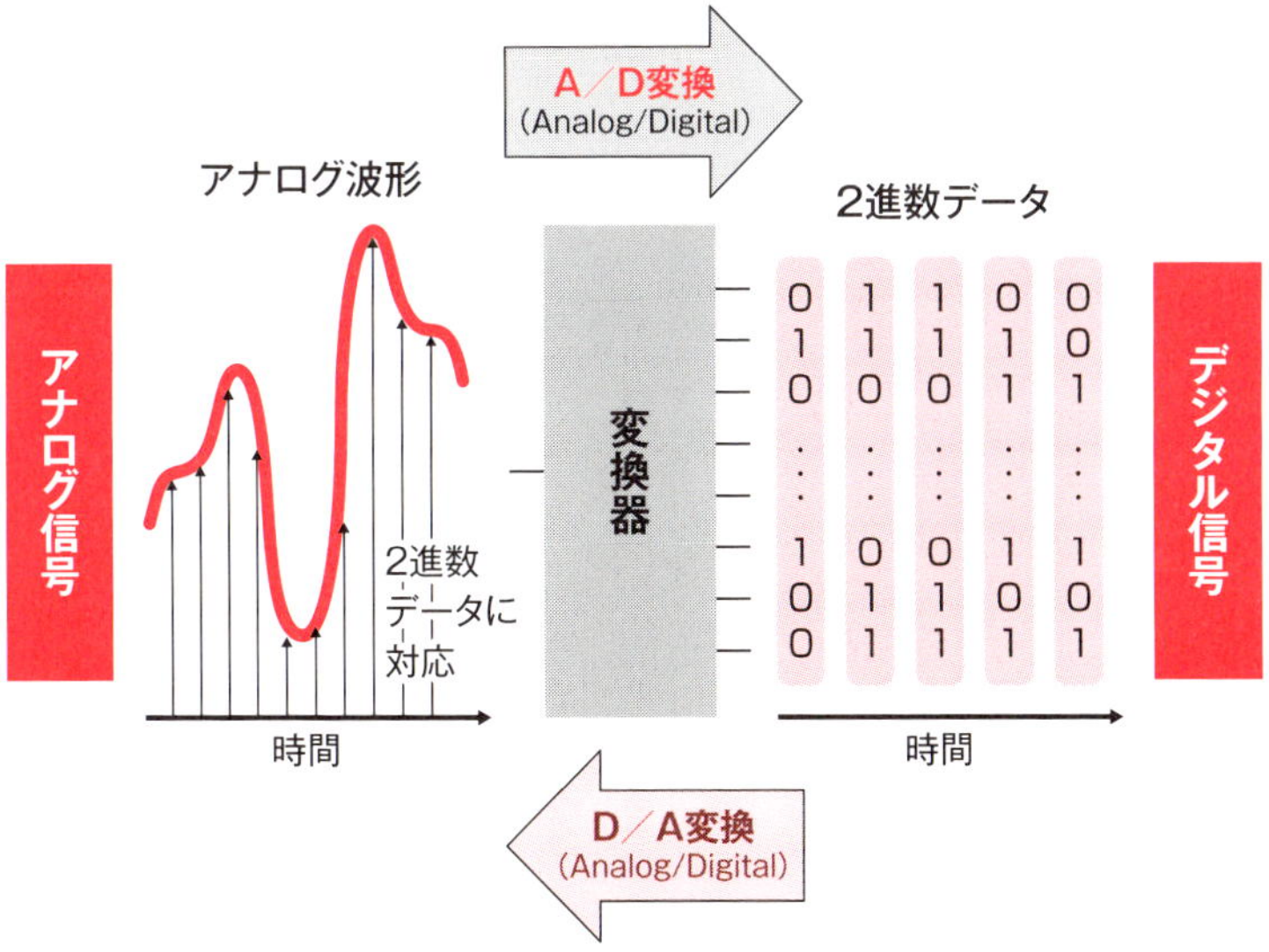

31 設計できるハードウェアは基本I/Oの先

インタフェース回路

近年の電子機器は、定番と言われるLSIで構成されていて、テレビや携帯電話のように回路構成が決まりきっている場合には、どこのメーカーの製品でも、同じLSIを使っている場合がほとんどだ！と聞いたことがあります。そのため、新たに回路設計するまでもなく、基板上に既存の定番LSIの並べる位置を、多少変えるくらいの自由度しかありません。そのため、筐体のスイッチの並び方が多少違う程度で、内部の回路構成は全く同じという製品が、多く存在しているようです。あえて違いを探せば、ソフトウェアが少し違っている程度でしょう。

それに比べると、組込みシステムの場合には、目的がいろいろなので、マイコン部分は共通としても、I/Oポートより先の回路、つまりインタフェース回路については設計する余地が残されています。マイコンはデジタル回路なので、外部と信号のやりとりをする場合には、何らかの工夫が必要となるからです。

直接に接続できる可能性があるのは、二値の状態しか持たないスイッチ入力や、LED点灯などのON/OFF動作くらいでしょう。この場合にしても、電圧レベルを合わせたり、電力変換したりするインタフェース回路が必要になります。

その他は、すべてアナログ信号なので、それぞれにふさわしいインタフェース回路が必須となります。まず、アナログ信号とデジタル信号の変換処理は必須なため、いろいろな特徴を持った各種変換ICやモジュールが販売されています。設計する必要があるのは、さらにその先にある〝センサ回路〟や〝アクチュエータ駆動回路〟などです。どちらも、多くの場合、アナログ回路で構成されています。

そのため、組込みシステム技術者には、センサやアクチュエータなどの物性に関する知識、そしてそれらを扱うためのアナログ回路に関する知識といった、かなり広範囲に渡る知識とスキルが求められています。

要点BOX
- ●マイコンは共通でもインタフェース回路は別
- ●組込みシステム技術者にはアナログ回路の知識が必要

近年の電子機器の傾向

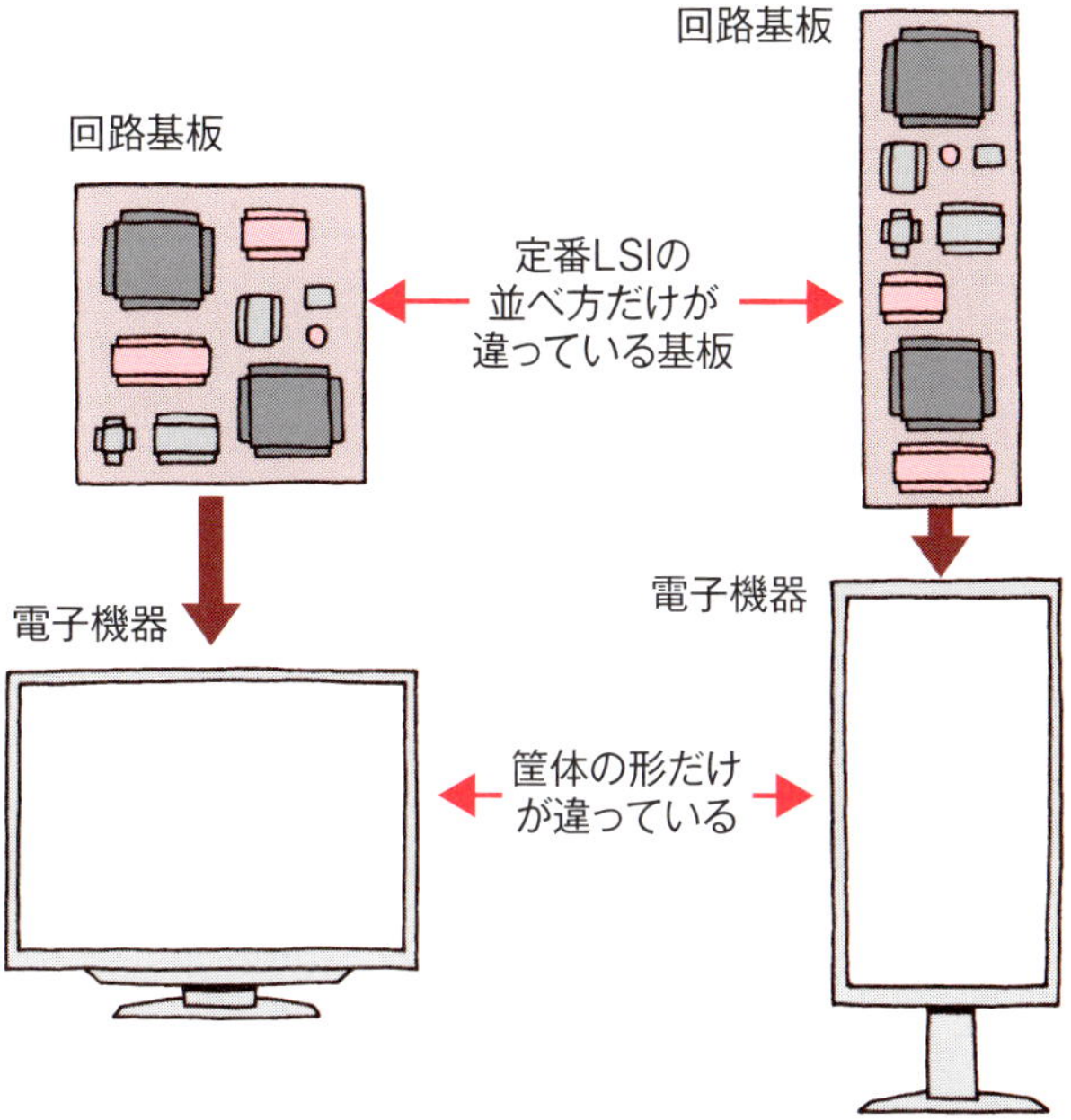

I／Oインタフェースのいろいろ

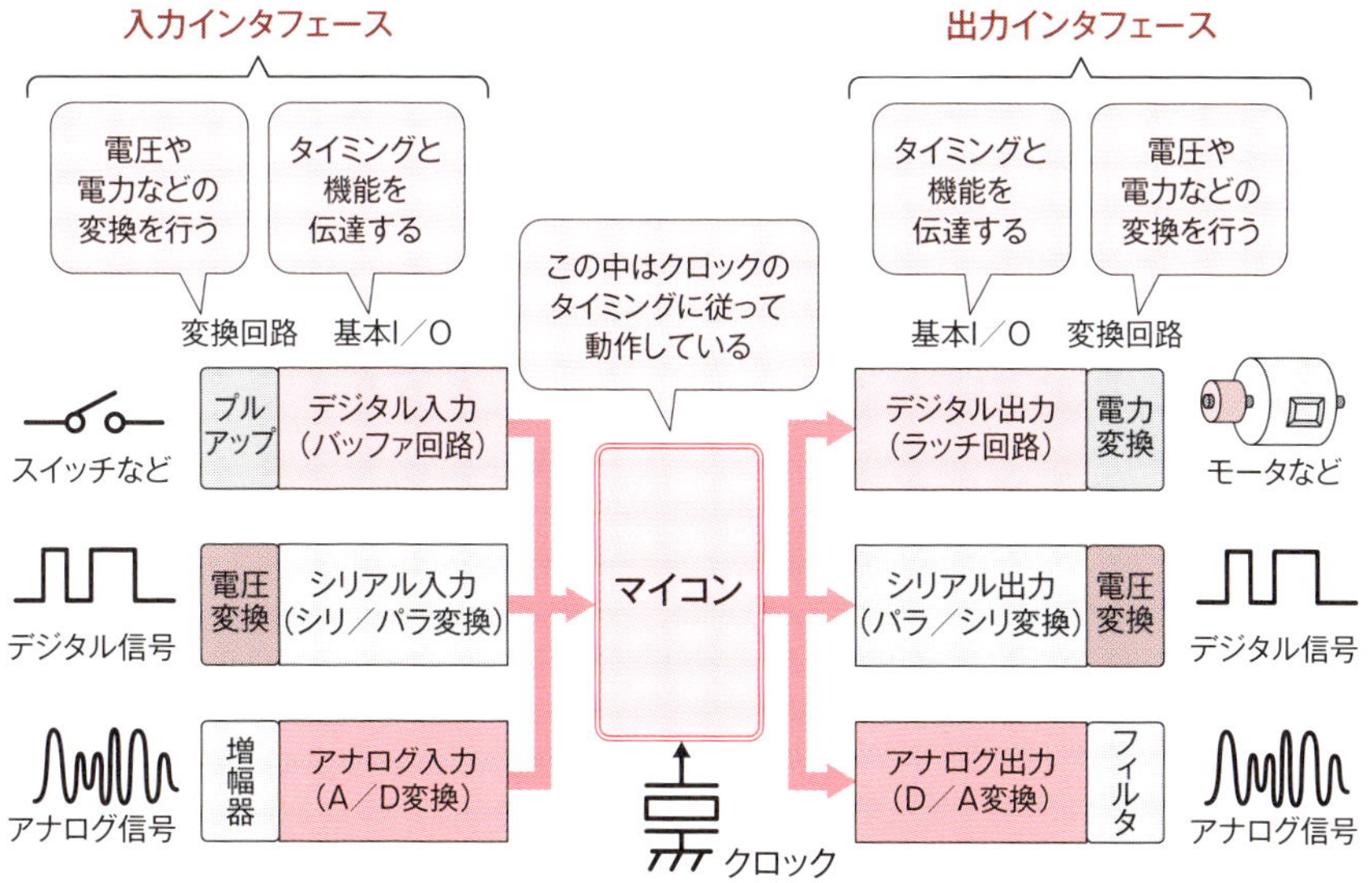

32 デジタル出力は基本中の基本

直接駆動できない回路の制御

一般的な（正論理で動作している）組込みシステムにおいては、プログラムで"1"を出力すると、出力回路（出力ポート）から"H"（電源電圧）が出力されます。しかし、この場合の"H"は、電圧こそ電源電圧程度ありますが、流せる電流が少ないため、直接駆動できる対象には制限があります。

多くの出力ポートICの性能では、LEDを光らせたり、電子ブザーを鳴らしたり、他のデジタル回路に信号を伝えたりする程度が精一杯といったところでしょう。それ以上の電流を必要とする場合（たとえばモータを回すなど）には、専用の駆動回路を経由させることになります。外部の何かの装置に接続する場合には、電圧を確認するとともに、必要とする電流値についても注意してください。

出力ポートだけでは駆動できない場合には、トランジスタを使用した電力増幅回路を使用します。トランジスタには、"B－E間に流れる電流のh_{FE}倍の電流をC－E間に流す"という特性があります。h_{FE}は、だいたい100程度はあるので、出力ポートからB－E間に1mAの電流を流すと、トランジスタの特性にもよりますが100mA程度をC－E間に流すことができます。トランジスタを選べばもっと大きな電流も可能です。

少ない本数の出力によって、多くのLEDを点灯させる方式に、図に示す「7セグメントLEDのダイナミック点灯」があります。7セグメントLEDには、数字と小数点を表示するために8個のセグメントにLEDが内蔵されていて、個々に点灯の制御をします。その際、全てを常時点灯させるのではなく、一桁ごとに短時間ずつ次々に点灯させることにより、人間の目には全ての桁が点灯しているように見えるのです。

LEDを制御すると、AC100VがON／OFFできるモジュールとしてSSR（Solid State Relay）という便利なものがあります。しかし、これにも扱える電流の範囲が決まっていますので注意してください。

要点BOX

- ●外部の装置や回路に接続する場合は電圧と電流値に留意する
- ●電力増幅回路では扱える電流範囲に注意する

基本となるLEDの点灯回路回路

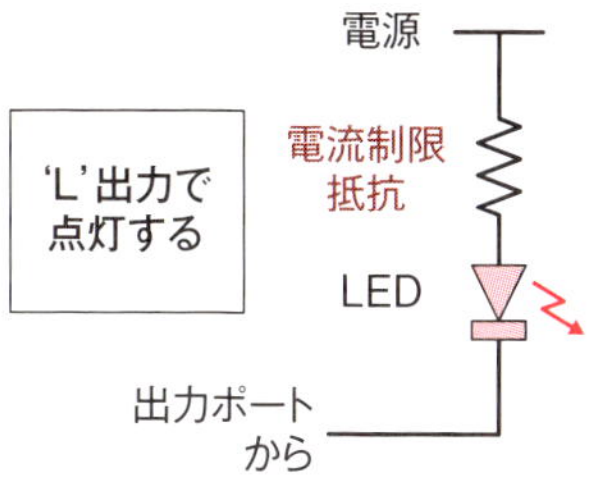

圧電素子の駆動回路

（ピー音発生回路）

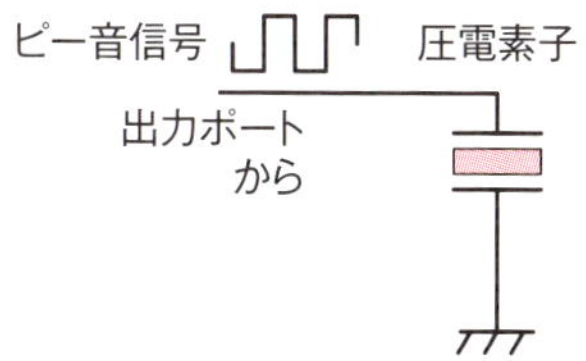

小型モータの駆動回路

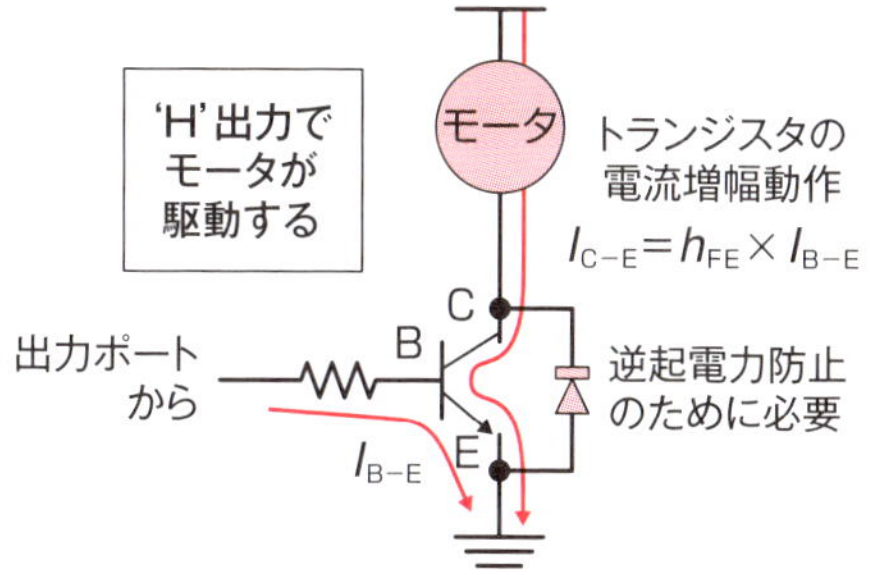

7セグメントLEDのダイナミック点灯回路

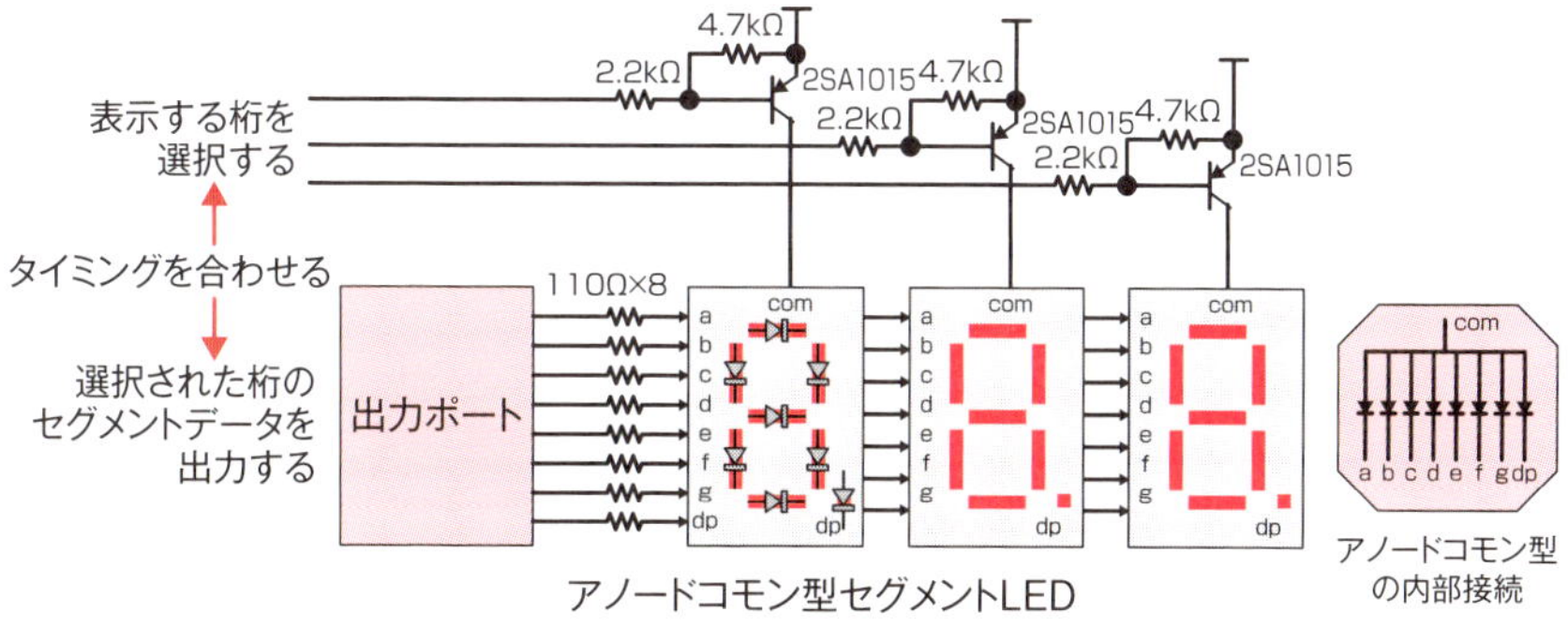

SSRを用いた交流電力制御回路

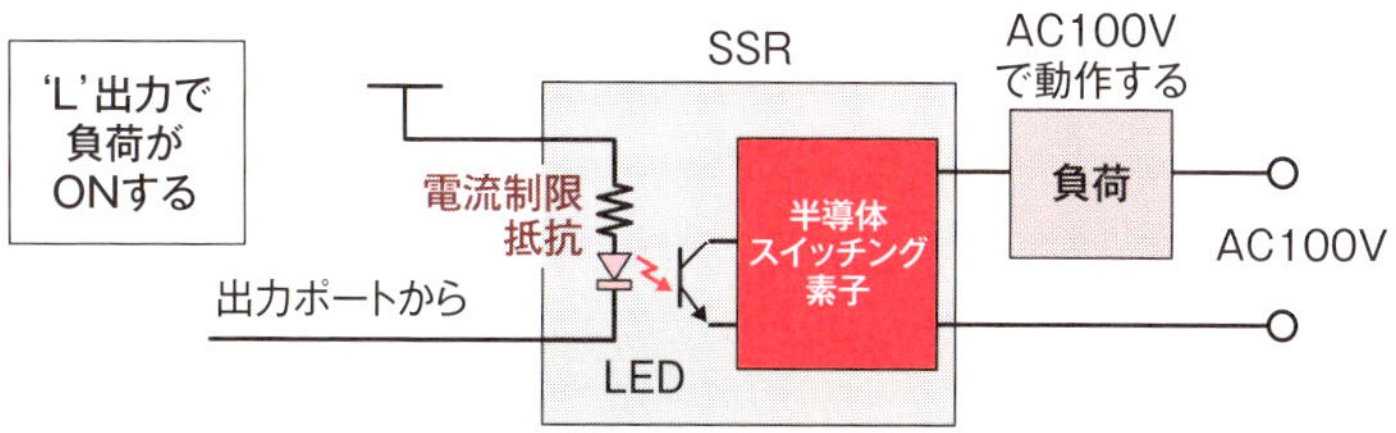

33 アナログ出力にはローパスフィルタが必須

D/A変換器の信号線と回路

デジタル信号をアナログ信号に変換する専用ICとして、「D/A変換器」があります。D/A変換器による変換処理は、D/A変換器にデジタル信号を加えると、変換が瞬時に行われます。そのため、D/A変換器に変換を制御するような信号線はありません。D/A変換プログラムも単純で、デジタル信号を一定時間間隔でD/A変換器に加え続けるだけです。

D/A変換器の信号線には、次の2種類があります。

①デジタル入力端子

変換したいデジタル信号を接続するための信号線の束で、8、10、12、16ビットなどがある。

②アナログ出力端子

変換された結果としてのアナログ信号が出力される信号線で、デジタル入力端子にデジタル信号が与えられると、瞬時にして対応するアナログ値が出力され、データを入れ替えるまで、出力し続ける。電圧出力と電流出力の二種類がある。

それでは、簡単なD/A変換器の回路を図に示します。ラダー抵抗型と呼ばれている回路で、RとRという二つの値の抵抗器だけでできるため、多く採用されています。ラダーとは梯子のことで、梯子状に抵抗器を並べたD/A変換器ということです。

回路図で、ラダー抵抗の後に三角形がありますが、これはオペアンプと呼ばれているICを用いた回路で、ボルテージフォロワという回路です。R-2R抵抗ラダーによる合成抵抗の値が、後につなげる回路によって、変化してしまわないように挿入したものです。

そして次にローパスフィルタが接続されています。第2章14項でも説明しましたが、D/A変換した直後の波形は、凸凹した階段状なため、滑らかにするために必要なのです。少し詳しく説明しますと、D/A変換器にデジタル信号を与えるタイミングを周波数で表現した場合、その周波数の1/2以下の成分のみを通過させるというローパスフィルタが最適になります。

要点BOX

- ●D/A変換器の信号線には「デジタル入力端子」と「アナログ出力端子」の2種類がある
- ●ローパスフィルタはD/A変換後の波形を滑らかに!

D／A変換器の主な信号線

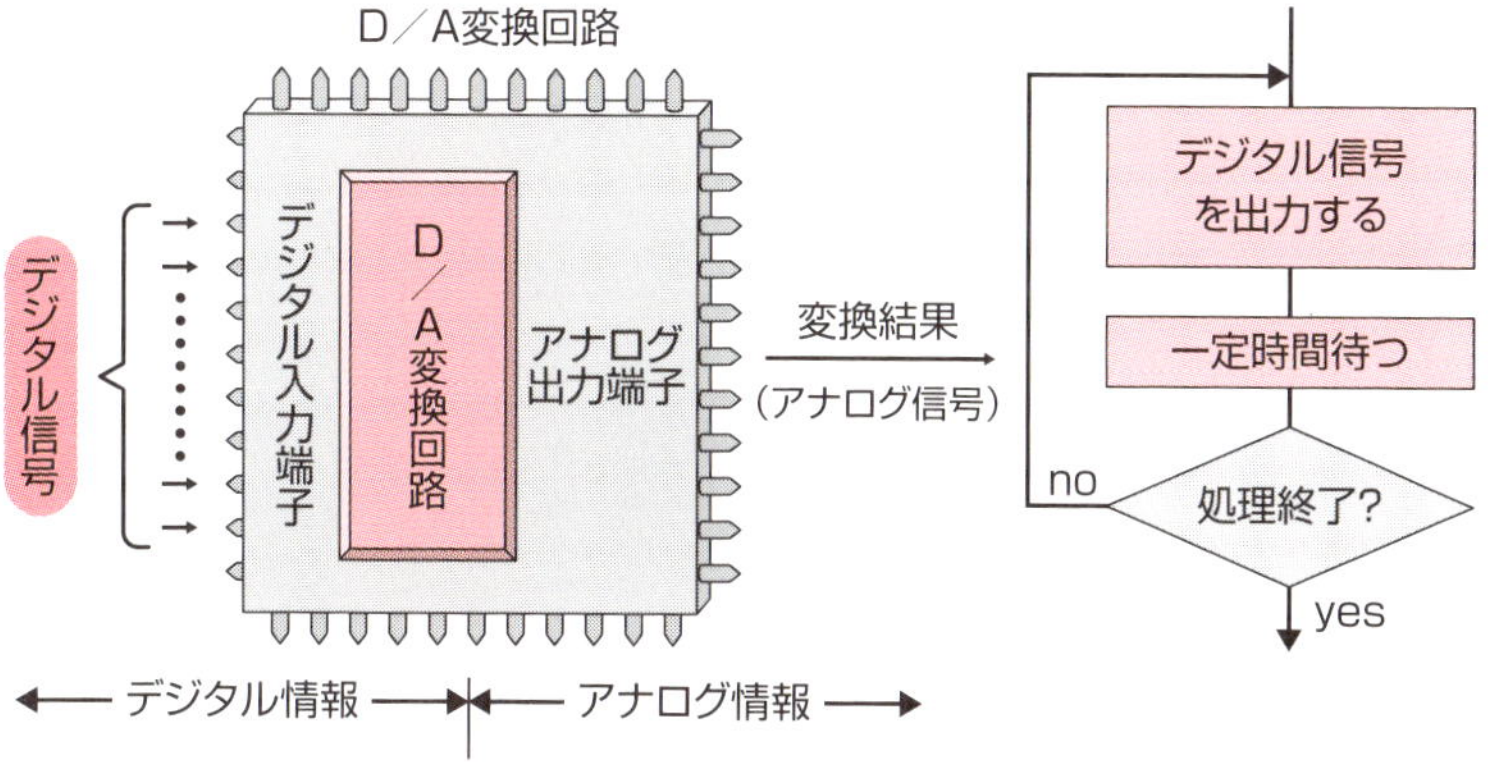

ラダー抵抗型D／A変換回路（4ビットの場合）

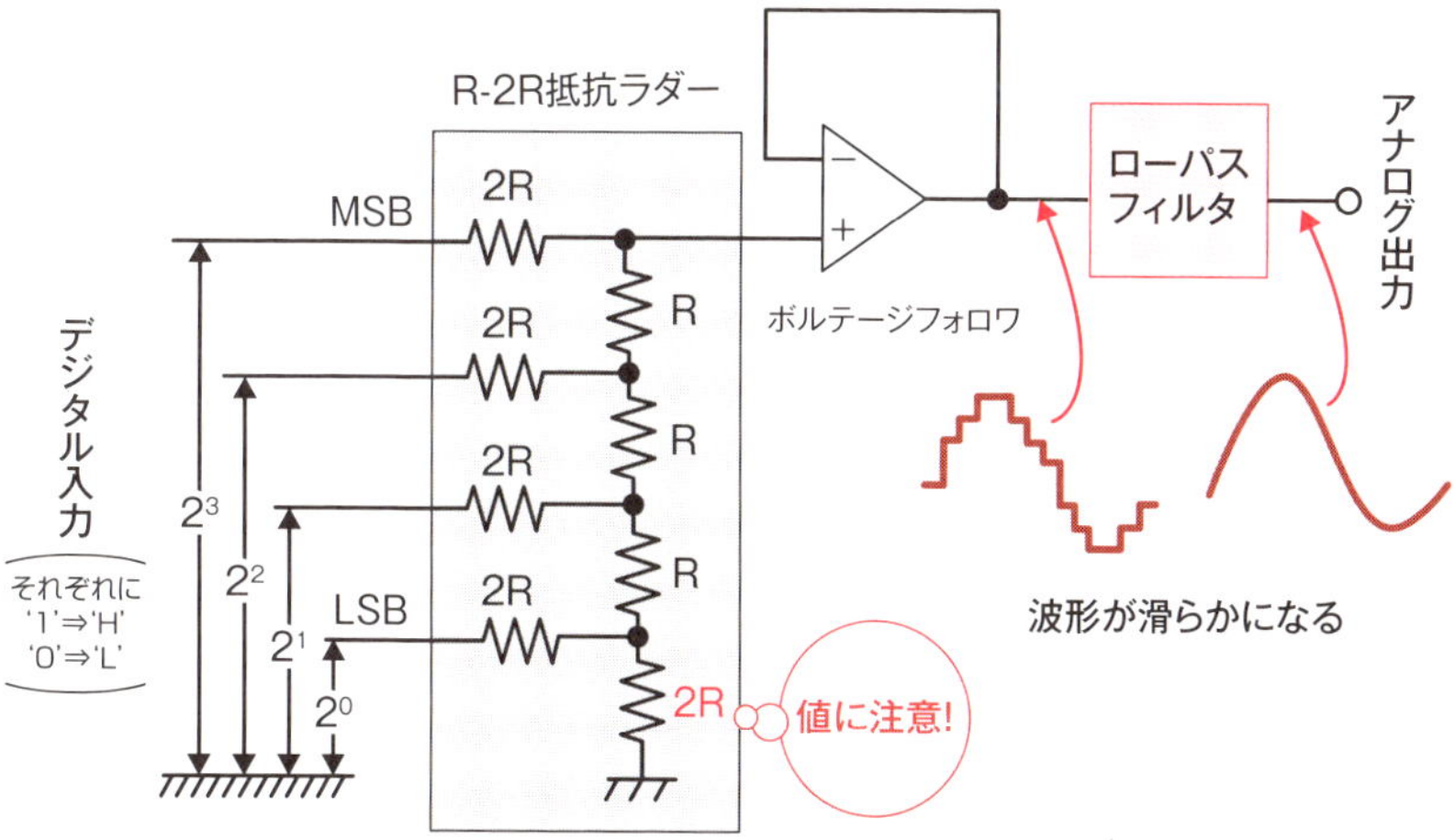

34 デジタル入力はマトリックスで

複数のスイッチを入力するマトリックス方式

入力ポートにデジタル信号を接続する場合は、電圧値にのみ制限（11項のデジタルICの電圧特性を参照）があるだけで、電流はほとんど必要としません。そのようなデジタル入力の基本部品と言えば、スイッチが代表的ですが、すでに2章や3章で紹介がすんでいます。ここでは少ない信号線の本数で多くのスイッチの状態を入力できる「マトリックス」という方法について紹介しましょう。32項でデジタル出力で多数の7セグメントLEDを点灯させるダイナミック点灯方法を紹介しましたが、基本的に似た考え方になります。

図のように押しボタンスイッチSW1～SW16をマトリックス（格子状）に配置し、これらを入力するのに入力ポートから4本、出力ポートから4本、計8本の線を使用します。各ポートからの線の交点において、スイッチの一方の端子を入力ポート側に、他方の端子をダイオード経由で出力ポート側に接続します。このダイオードは、複数のスイッチを同時に押したときでも、それぞれの状態を正しく読み取るために必要です。

入力ポートは電源にプルアップし、出力ポートの線は1本だけを〝L〟にし、他は〝H〟にします。そして〝L〟にした出力ポートに接続されているスイッチ群のどれかの接点が閉じると、そのスイッチが接続されている入力ポートだけが〝L〟になります。このとき、〝L〟を出力していた出力ポートの位置と、〝L〟を入力した入力ポートの位置の情報から、押されたスイッチを特定するプログラムを作ります。

その他にもスイッチの種類は多く、デジタル回路ならではのものにロータリスイッチやサムロータリスイッチなどがあります。これは、1個のスイッチから4本のデジタル信号が出ていて、ツマミを回したり、文字盤を操作したりすると、10進用の場合は0～9、16進用の場合には0～Fに相当する2進数が出力されるような接点構造になっています。この場合にも、複数桁を入力する場合にはマトリックス方式を採用します。

要点BOX

- マトリックス方式は多くのスイッチを入力できる
- ロータリスイッチやサムロータリスイッチでもマトリックス方式を採用している

複数のスイッチを入力するマトリックス方式

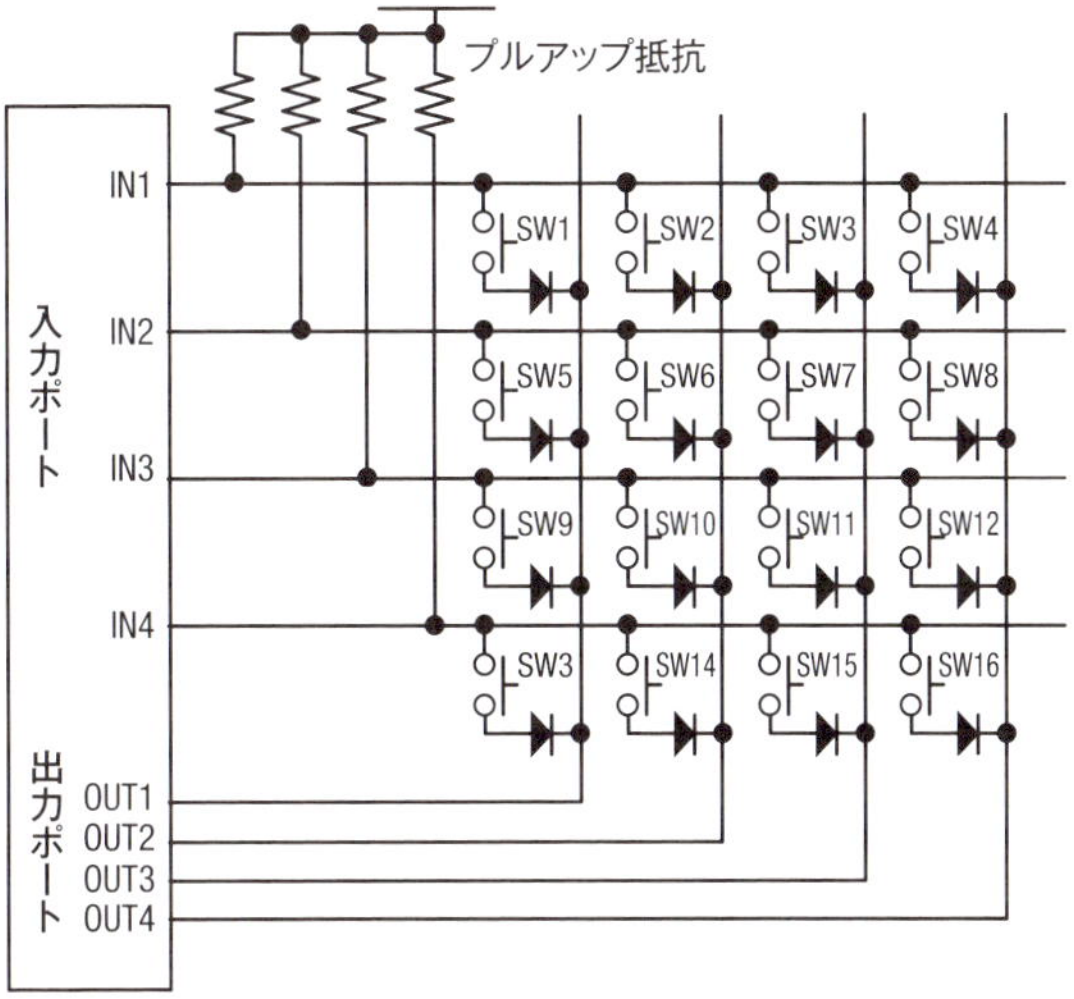

サムロータリスイッチ

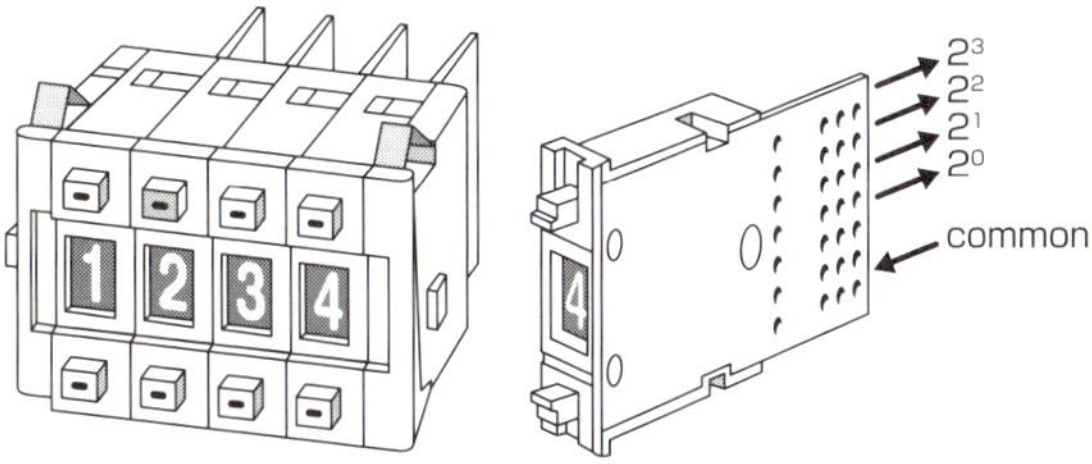

ロータリスイッチ

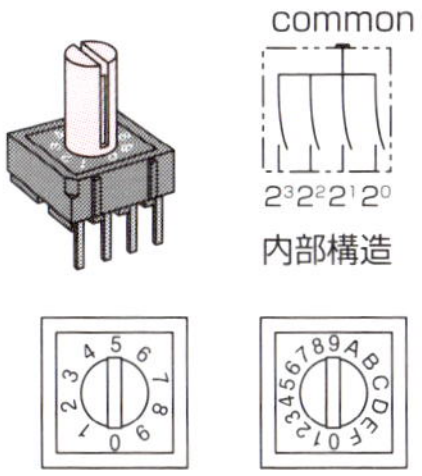

内部接点の接続(10進用)

文字表示	接点状態 C	1	2	4	8
0					
1		●			
2			●		
3		●	●		
4				●	
5		●		●	
6			●	●	
7		●	●	●	
8					●
9		●			●

●：接点が閉じている

4ケタのスイッチ状態を読み込む回路例

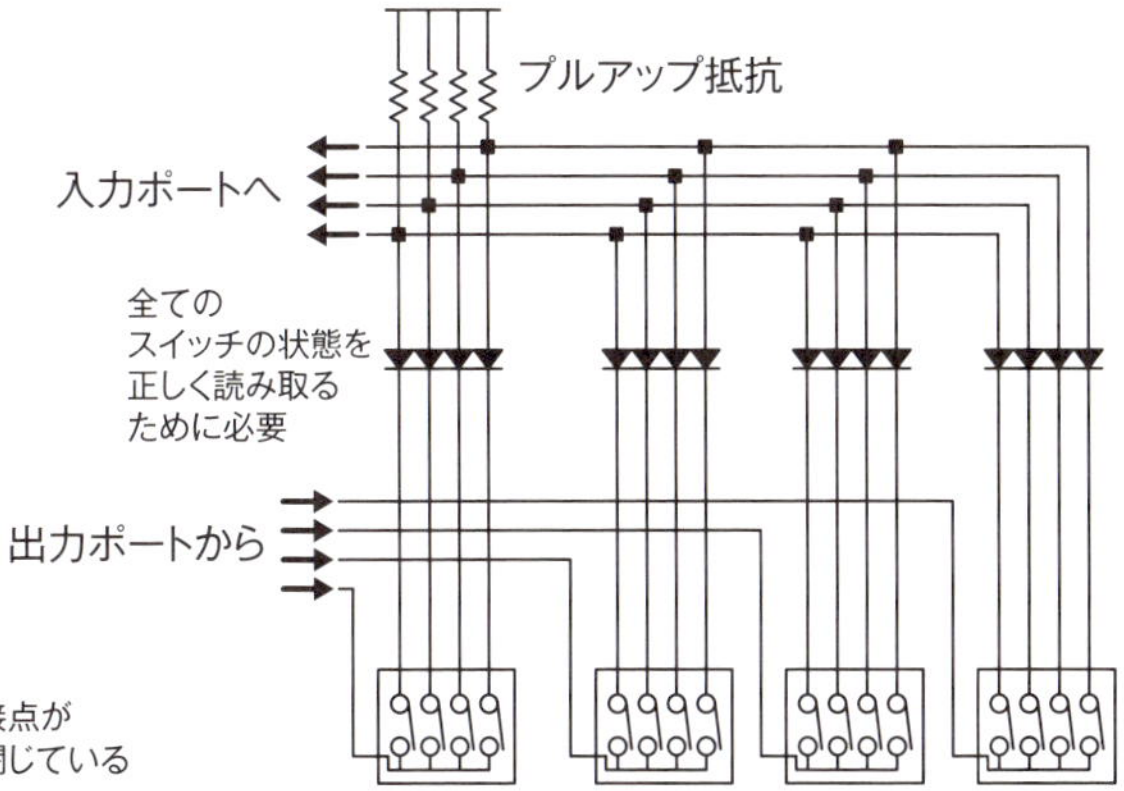

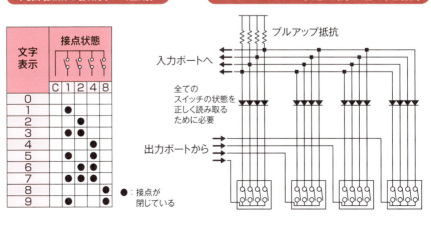

35 アナログ入力は変換中の変化を止める

A／D変換器の信号線と回路

アナログ信号を入力するには、一般的に「A／D変換器」を使用しますが、精度と変換速度によって、いろいろな種類があります。精度とは、何ビットの2進数に変換するのかということで、変換速度は変換方式に依存します。概して、精度が良いと変換速度が遅く、精度を落とすと速くなります。利用目的に合ったものを選択しましょう。

A／D変換器には、次のような信号線があります。

①アナログ入力端子
変換したいアナログ信号を入力する端子

②デジタル出力端子
変換結果のデジタル信号の束を出力する端子で、精度によって本数が異なる

③変換開始信号入力端子
変換開始の指示を入力するための端子

④変換終了信号出力端子
変換には処理時間がかかるため、処理中かどうかの状態を外部へ示すための信号

A／D変換プログラムでは、2本の制御信号を使い、変換の終了を待って変換結果を取り込みます。

アナログ信号が繰り返し波形の場合には、1サイクルにつき2回以上（現実的には3回以上）サンプル（A／D変換を実施）すれば、アナログ信号の情報を失わずにデジタル信号に変換することができます。このことを「標本化定理」と言います。正しい変換を行うためには、このときのサンプル周期を周波数で表し、その1／2以下の周波数成分のみを通過させるローパスフィルタによって、A／D変換器に入力されるアナログ信号の成分を制限しておくことが必要です。

また、アナログ信号の値の変化が、A／D変換器の変換速度より早い場合には、変換中に信号レベルが変化しないように、A／D変換器とローパスフィルタの間にサンプルホールドICを配置して、変換開始時のアナログ信号の値を変換中には固定する措置をします。

要点BOX

●A/D変換器には「アナログ入力端子」「デジタル出力端子」「変換開始信号入力端子」「変換終了信号出力端子」がある

A／D変換器の主な信号線

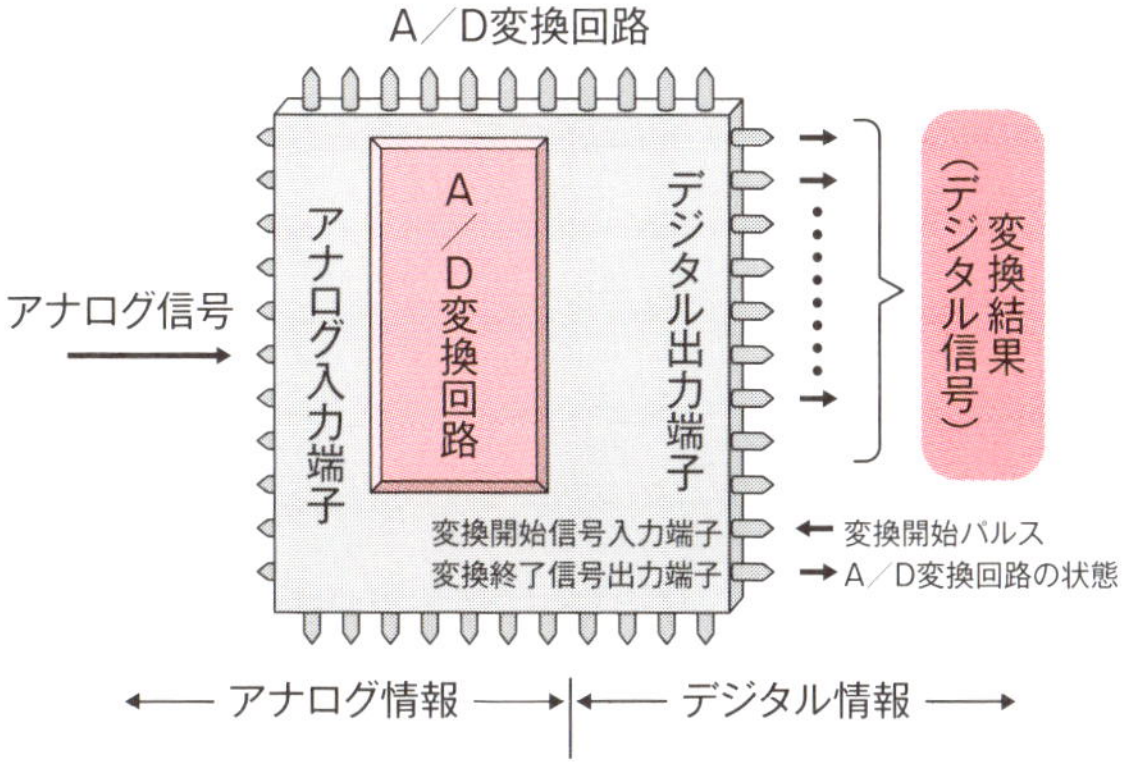

A／D変換プログラムの考え方

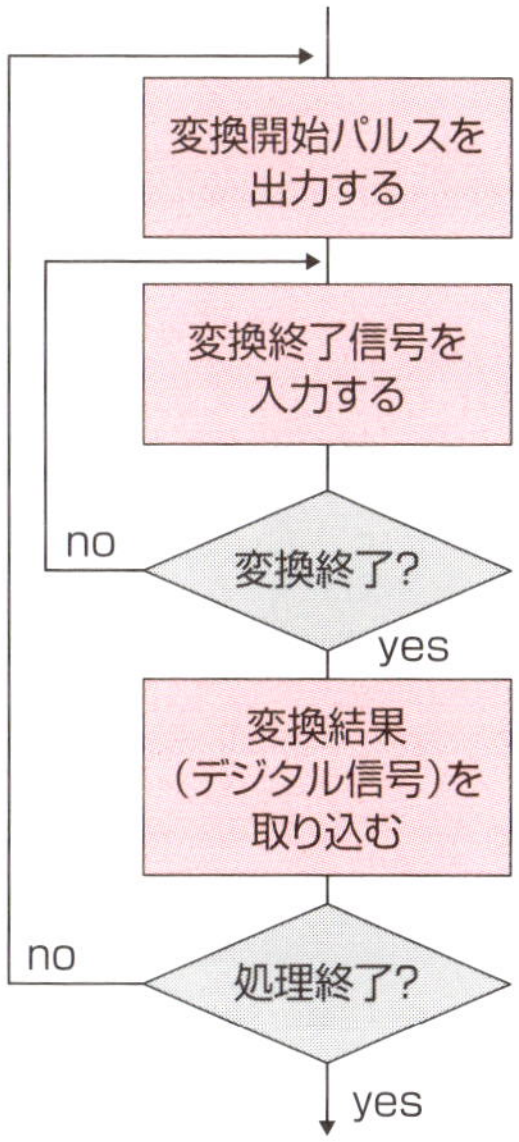

A／D変換器の使用例

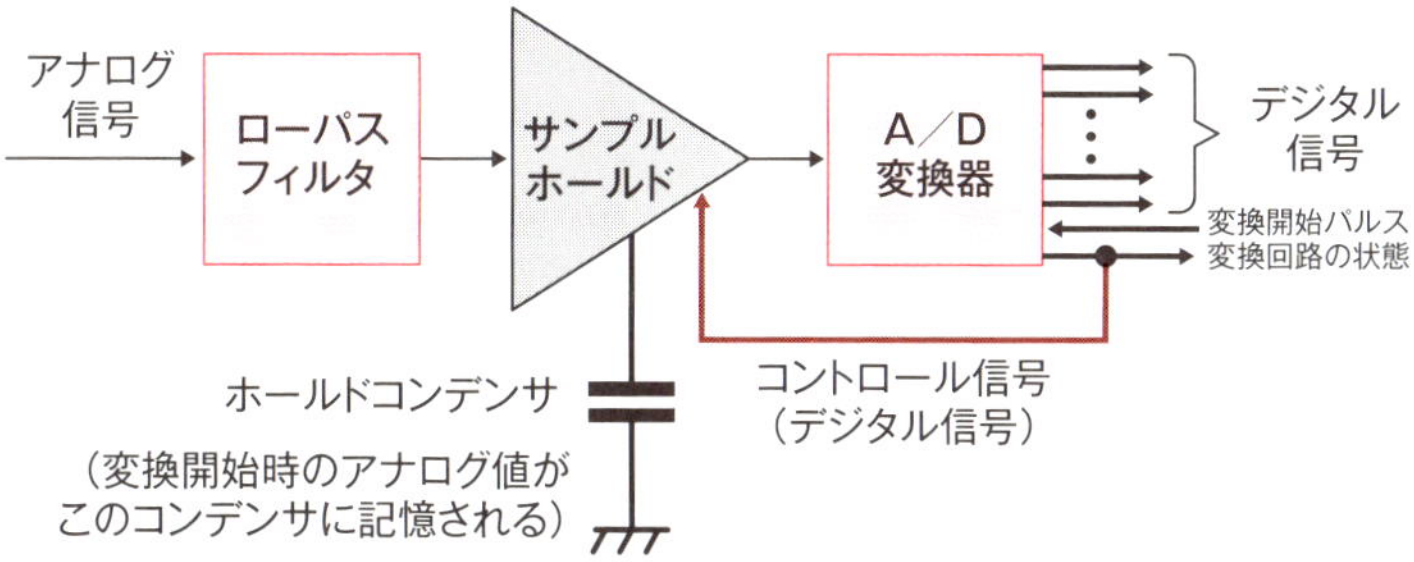

サンプルホールド回路の動作

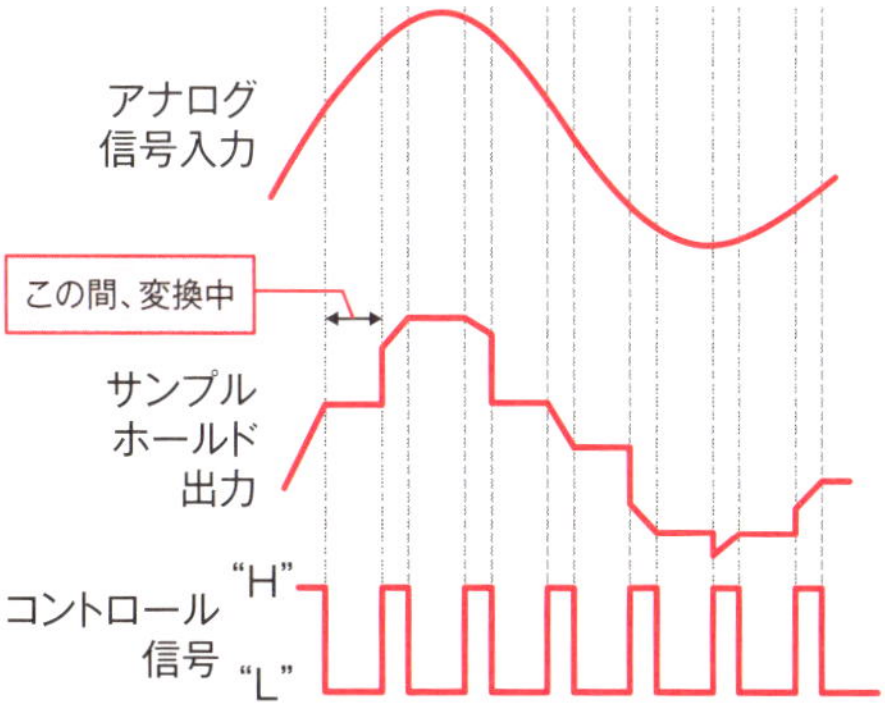

36 インタフェースにはオペアンプが必須

代表的なオペアンプ回路例

インタフェースにはアナログ回路が多く使われます。そのため、アナログ回路にはなくてはならないオペアンプの使い方に関する知識が必須です。

オペアンプの入力端子には＋と－の2つがあって、両入力の差が増幅されて出力に表れます。＋入力の方が大きければ出力も＋に、－入力の方が大きければ出力も－になります。オペアンプの電源には、同じ大きさで±2つの電圧を使うのが基本ですが、＋だけで使う方法もあります。図のICのように、1つのパッケージに2個入りや4個入りがあります。ここでは、本書内に登場する代表的な回路について紹介します。

・非反転増幅回路

最も基本的な回路です。入力信号と同じ極性に増幅し、増幅度は2つの抵抗値で決まります。

・反転増幅回路

これも基本的な回路です。入力信号の極性を反転して増幅します。この場合にも2つの抵抗を使い、その比で増幅度が決まります。

・差動増幅回路

二つの入力信号の差をとって増幅する回路です。センサ回路などで使用します。

・ローパスフィルタ回路

反転増幅回路のR_1にコンデンサを並列接続した回路です。コンデンサは周波数が高くなるとインピーダンス（一種の抵抗）が小さくなる性質があるため、周波数の変化とともに増幅度が変わると考えると、フィルタとしての動作が理解できるでしょう。

・ボルテージフォロワ回路

増幅が目的ではなく、前後の回路間の影響をなくすために採用される回路で、バッファとも呼ばれます。

以上、紹介した回路は、オペアンプの使用法のほんの一部です。何かアナログ回路が必要になったときには、オペアンプ回路をネット検索してみてください。きっとヒントが見つかることでしょう！

要点BOX

●オペアンプ回路の代表例は「非反転増幅回路」「反転増幅回路」「差動増幅回路」「ローパスフィルタ回路」「ボルテージフォロワ回路」など

オペアンプICの例

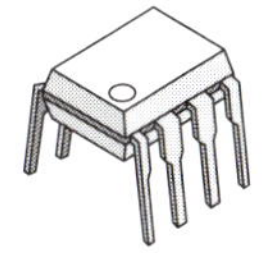

DIPタイプの外観

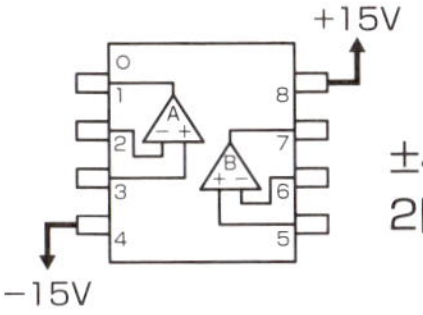

NJM4558D

±4〜 ±18Vの電源さえつなげば、2回路のオペアンプが使える

代表的なオペアンプの回路例

	回路例	増幅度（特徴など）	動作イメージ
非反転増幅回路	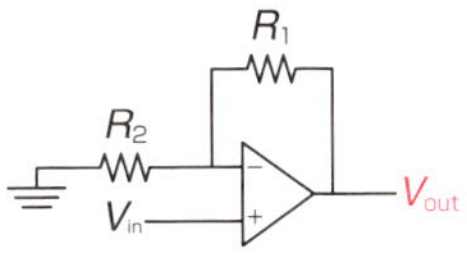	$\left(1+\frac{R_1}{R_2}\right)\times V_{in}$ ・入力電圧を増幅する ・入力インピーダンスが高いのが特徴	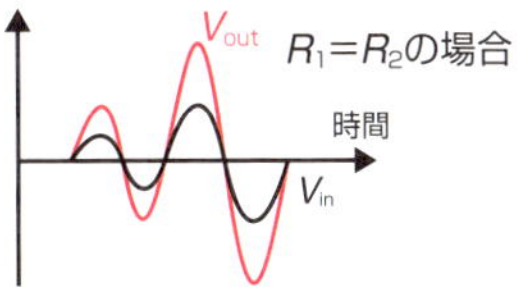
反転増幅回路	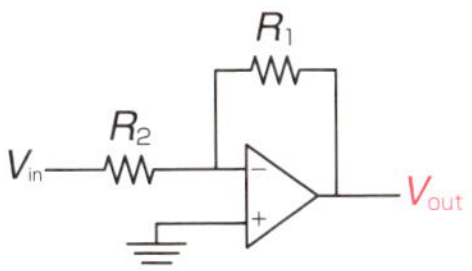	$V_{out}=\frac{R_1}{R_2}\times V_{in}$ ・入力電圧を反転して増幅する ・入力インピーダンスが低い⇒前段の回路への影響大	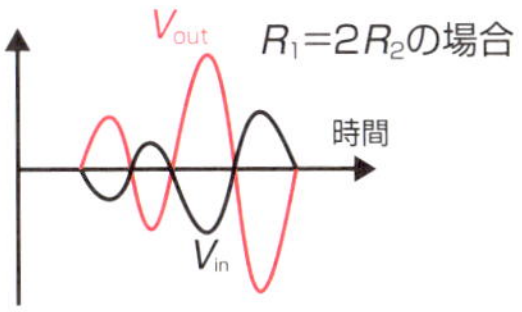
差動増幅回路	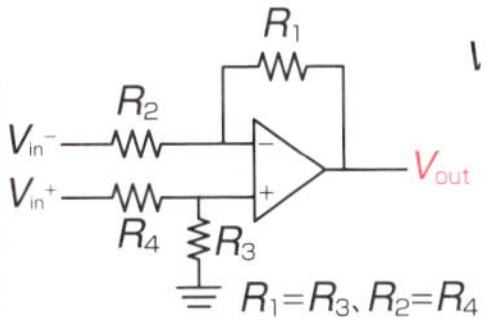	$V_{out}=\frac{R_1}{R_2}\times(V_{in}^+-V_{in}^-)$ ＋側の入力と−側の入力の差分を増幅する	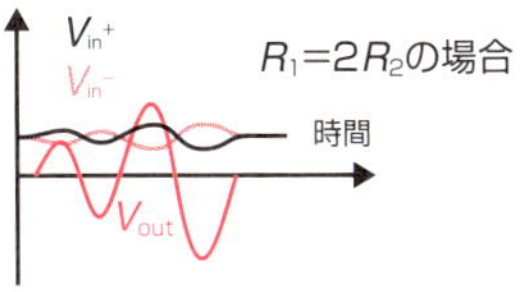
ローパスフィルタ回路	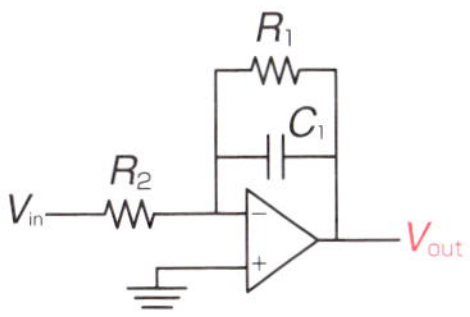	カットオフ周波数 $f_c=\frac{1}{2\pi R_1 C_1}$ カットオフ周波数より低い周波数成分のみを通過させる	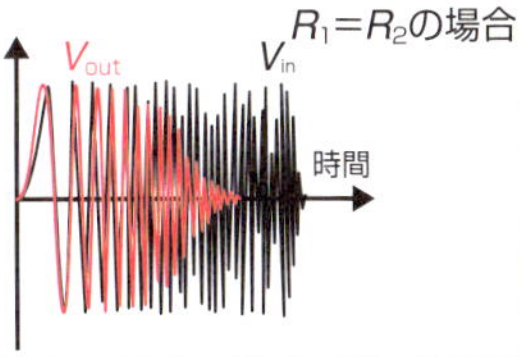
ボルテージフォロワ回路	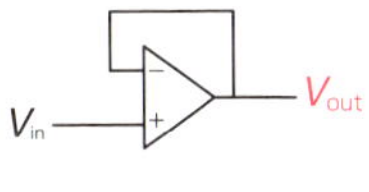	$V_{out}=V_{in}$ 増幅度＝1 （増幅しないということ）	・入力インピーダンスが高い ⇒前段の回路への影響少 ・出力インピーダンスが低い ⇒次段への回路の引き回しが安定する ・入力側の回路と出力側の回路を完全に分離することができる

37 組込みソフトとパソコンアプリの違い

スタートアップ・ルーチン

C言語でプログラム開発を行う場合、組込み用もパソコン用も、どちらもパソコン上で行うのが一般的です。それでは、組込み用とパソコン用のプログラムの違いは何なのでしょうか? 最大の違いは、開発したプログラムの実行場所です。つまり、パソコン用はパソコンのRAM上で実行しますが、組込みソフトは組込みシステムのROMとRAM上で実行します。

開発されたパソコンアプリは、初期化された変数エリアも含めて、全体がハードディスクに保存されます。そして、実行指示されたときに、プログラムをハードディスクからRAM上にコピーして実行します。それに対して、組込みソフトはプログラム部分と変数の初期値などをROMに記憶(ROM化)しておき、変数部分は実行時にRAMに割り当て、ROMに記憶させてある初期値で初期化してから実行を開始します。

組込みシステムの場合、電源を切るとRAMに設定した変数の初期値が消えてしまうので、毎回の実行に先だって、変数部をRAMに割り当て、初期化を行う必要があります。では、だれがこの処理をやってくれているのでしょうか? それには、スタートアップ・ルーチンという小さなプログラムが存在するのです。

スタートアップ・ルーチンは、C言語プログラムの翻訳処理の際の「リンク処理」において、main()の前に結合されます。パソコンアプリにもスタートアップ・ルーチンは存在します。しかし、パソコンの場合には、電源投入時にBIOSというROM化された初期化専用のプログラムが実行されて、必要な初期化を行っているので、スタートアップ・ルーチンが行う内容はほとんどありません。そのため、空同然のスタートアップ・ルーチンが標準品として付属しています。

組込みシステムのスタートアップ・ルーチンでは、入出力ポートや周辺ICの初期化など、それぞれの組込みシステムの仕様に合った内容の前処理を行っておく必要があり、その都度開発することになります。

要点BOX

- 組込みソフトは組込みシステムのメモリ上で実行
- 組込みシステムではスタートアップ・ルーチンが重要

プログラムの記憶場所と実行場所

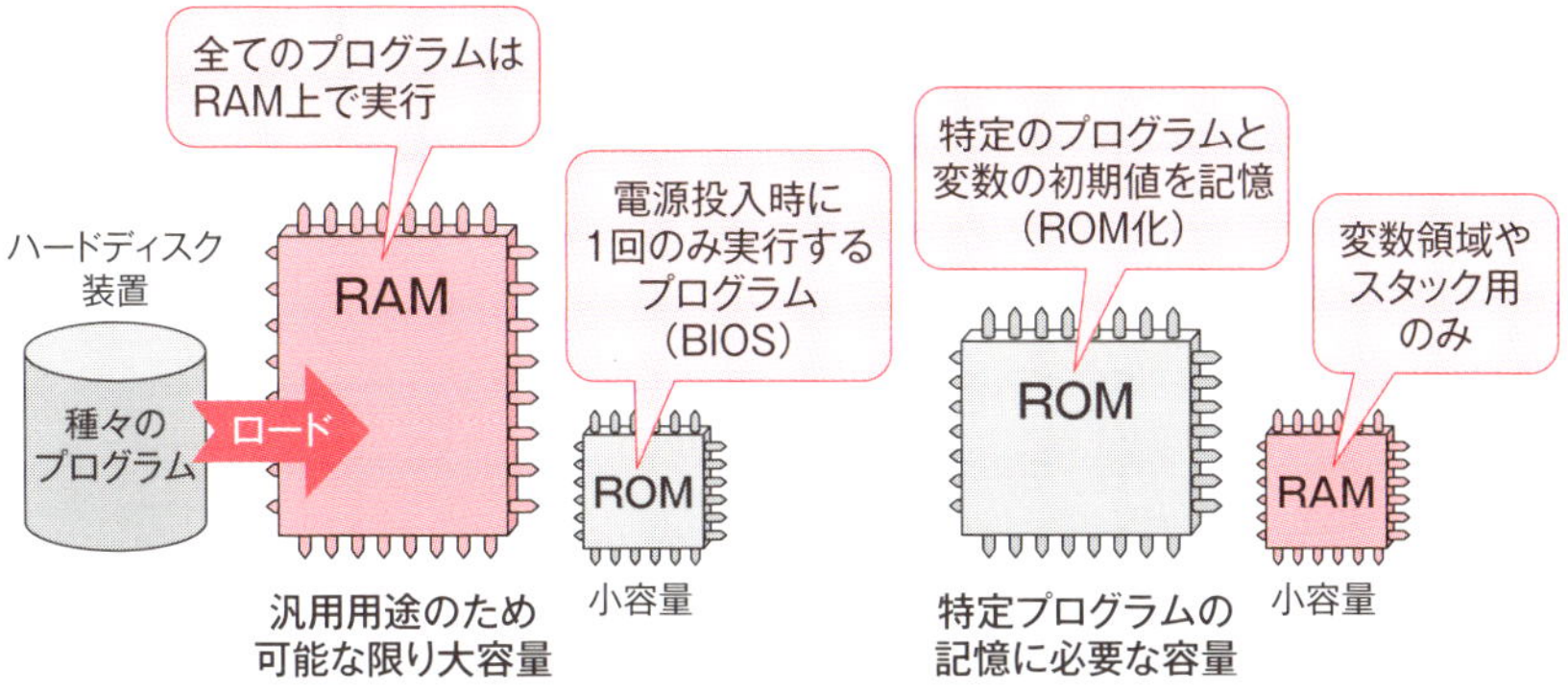

（a）パソコンの場合
（BIOS：Basic Input Output System）

（b）組込みシステムの場合

プログラムが実行されるまでの手順

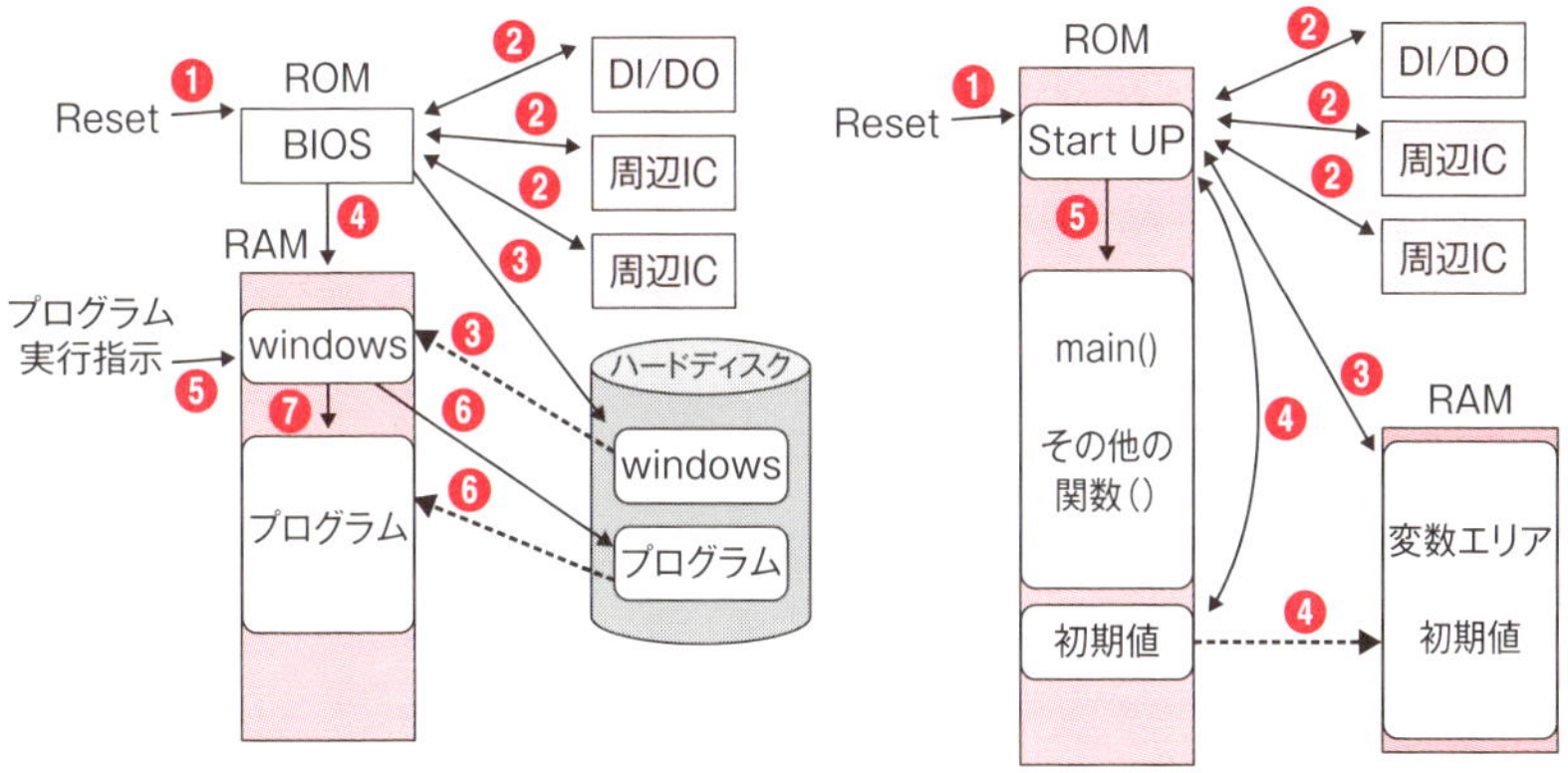

❶ ResetでBIOSが実行される
❷ DI/DOなどの周辺ICの初期設定
❸ ハードディスクからwindowsをRAMへロード
❹ windowsへ実行が移る
❺ 外部からプログラムの実行指示が起きる
❻ windowsがハードディスクからプログラムをRAMへロード
❼ windowsからプログラムへ実行が移る

パソコンの場合

❶ ResetでStart UPが実行される
❷ DI/DOなどの周辺ICの初期設定
❸ RAMに変数エリアを確保する
❹ ROMに記憶されている値で変数を初期化
❺ プログラムのmain()へ実行が移る

組込みシステムの場合

38 組込みシステムのプログラム開発環境

組込みソフトのクロス開発環境

前項で説明したように、組込みシステムのプログラム開発は、パソコンを使って行うのが一般的です。その場合、開発したプログラムは、組込みシステムのマイコンボード上で動作させるため、パソコン上で動作させて試すことはできません。このように、パソコンをプログラム開発用のツールとしてだけ使う方法を「クロス開発環境」と呼んでいます。

あらかじめ、コーディングがすんでいるものとして、一般的なプログラム開発手順を説明します。

①エディタでソースプログラムを入力する
②Cコンパイラで翻訳し、中間コードに変換する
③リンカで、中間コードにライブラリなどを結合し、機械語に変換する
④組込みシステムへ送り込んで実行させて試す
⑤希望通りに動作したらROM書き込み用データに変換し⑦へ
⑥不具合があったらデバッグツールなどを使って不具合箇所を探しだし、①へ戻って修正する
⑦ROMライタでROMに書き込み、組込みシステムへ実装する

いろいろな開発手順があり、全てを汎用ソフトウェアで揃えて環境を整えるとなると、結構な手順を踏むことになり、パソコン操作も煩雑になります。

一方、特定メーカーの組込用マイコンを採用すると、専用の「統合環境」というプログラム開発環境が提供されます。これを用いると、前記した開発手順を一つの画面内で効率良く行うことができます。良いことずくめのように思えますが、組込みシステム技術者として、いろいろなマイコン（プロセッサ）で仕事をしていくために、特定の統合環境に慣れ親しんでしまうのは、どうでしょうか？ 少なくとも、筆者が現役の頃には、そう考えていました。せめて、プログラム開発処理行程の流れを理解し、今は何の処理をしているのかを認識できるようにしておくべきでしょう。

要点BOX
●ソフト開発はクロス開発環境で行うのが一般的
●特定マイコンの専用開発環境は便利だが開発手順の理解が必要

組込みソフトのクロス開発環境

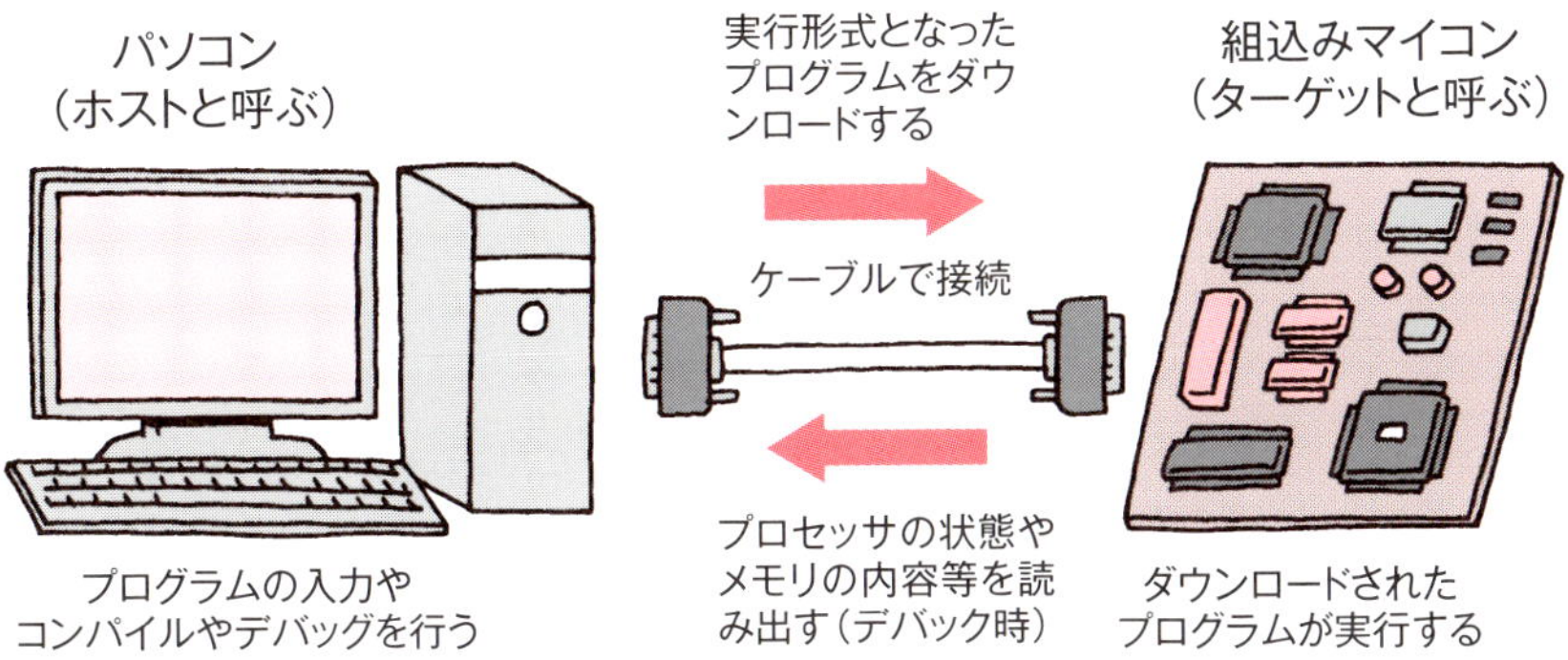

プログラムを開発する場所と実行する場所が違う！

C言語でプログラム開発をする手順とツール

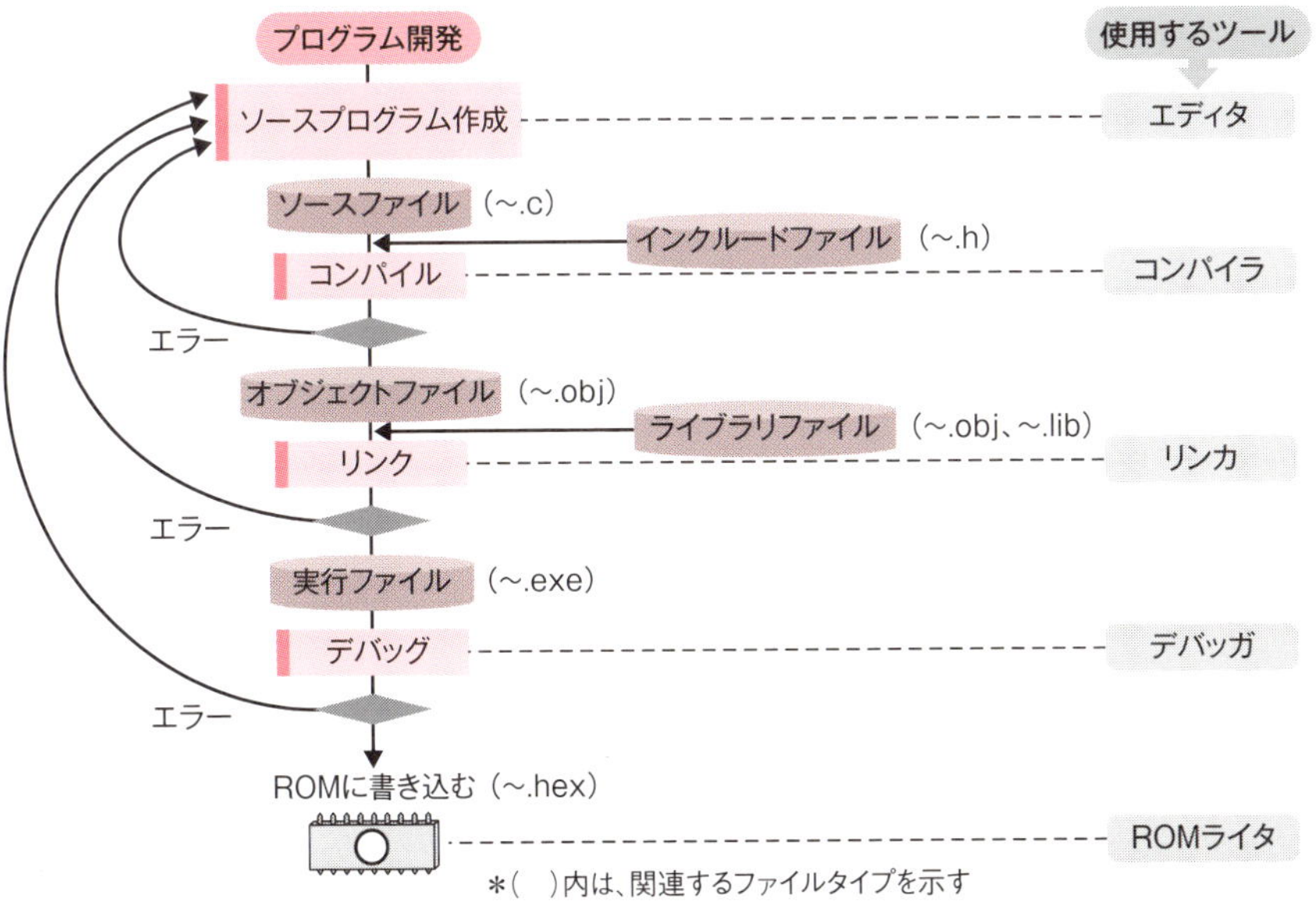

39 組込みシステム用のOSって何だ？

リアルタイムOS

「OS」と言えば、パソコンのWindowsやスマートフォンのAndroidを思い浮かべますが、一体何をしているのでしょうか？ OSはOperating systemの略で「管理プログラム」と呼びます。システムを構成しているハードウェアやプログラムが、効率良く無駄なく稼働するように管理しているのです。

基本的な構成は、図のような階層構成になっています。最下層の「デバイスドライバ」では、個々の入出力機器などのハードウェアの操作を受け持ち、アプリケーションプログラムがそれらの機器を使用する際の煩わしさを解消しています。「ミドルウェア」は、多くのアプリケーションプログラムによって頻繁に使用される便利な処理を担当しています。

「カーネル」はOSの中心的な存在で、アプリケーションプログラムが目的に合わせて快適に動作できるように実行を制御します。OSが汎用か組込み用かは、この制御の仕方で決まります。汎用のWindowsなどでは、複数のアプリケーションプログラムが平等に並行動作するように制御し、組込み用では、リアルタイム性のある制御を行っています。そのため、組込み用のOSのことを「リアルタイムOS」と呼びます。

リアルタイムOSは〝順番に処理を実行する〟というコンピュータの常識を破り、〝処理要求があった〟り〝実行に必要な要件が整った処理〟から実行させるという管理の仕方をします。さらに、各処理には優先順位も付いているので、処理の途中で割り込まれたり、実行する順番が変わったりします。いつ処理要求が発生するかわからないような組込みシステムの場合には、リアルタイム処理のできるOSが必要なのです。

組込みシステムの場合には、特定のアプリケーションプログラムを各処理単位のプログラム（タスク）に分割して実行の制御対象にするとともに、デバイスドライバやミドルウェアなどのうち、必要なものだけを選択的に構成したリアルタイムOSにして使用します。

要点BOX
- ●リアルタイム処理のできるOSが必要
- ●特定のアプリケーションプログラムをタスクに分けて制御する

OSの階層構成

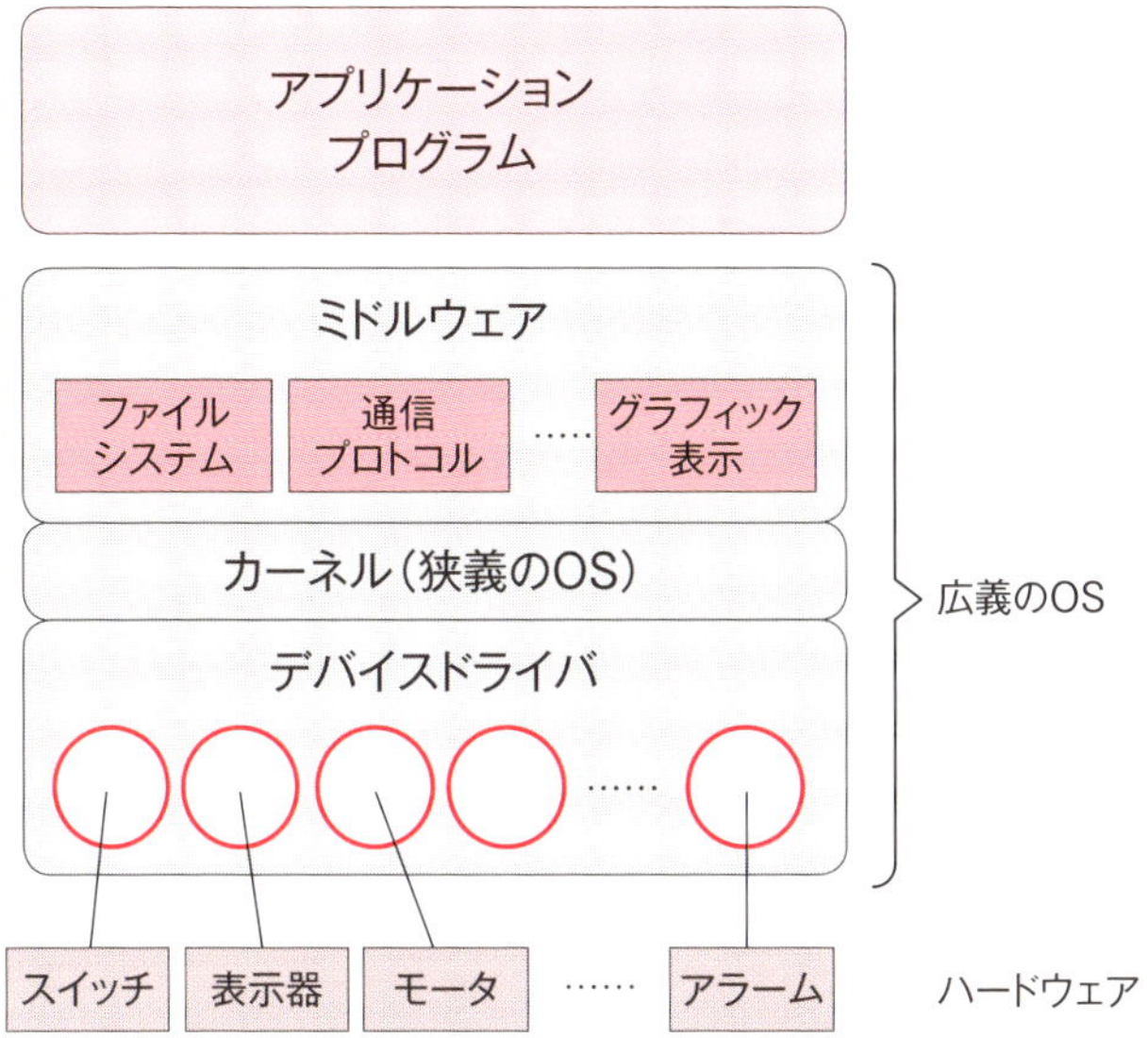

組込みシステムの種類（OSによる分類）

WindowsやLinuxを採用する
パソコンの組込み
ハードウェアはほぼ標準化されている（購入すればすむ）
例：各種サーバ、オシロスコープなどの測定器 etc

リアルタイムOSを採用する
中規模マイコンの組込みシステム
ハードウェアは用途に合わせて開発しているのが一般的
例：携帯電話、デジカメ、各種制御装置 etc

OSを用いない
小規模マイコンの組込みシステム
ハードウェアは専用（ワンチップマイコンなど）
例：電気ポット、電動アシスト自転車 etc

40 アクチュエータの制御はパワエレ

「アクチュエータ」は、組込みシステムにおいて、人間の手足に相当する役割を受け持つ部分です。演算処理などによって得られた操作信号の量に応じて、機械的な変位を生じさせます。「変位」は、直線的な動きをする往復型、回転運動をする回転型に分類できます。機械的な変位を生じる部分には、空気圧・油圧・電気などが用いられています。マイコンに接続可能なのは電気式となりますが、空気圧や油圧の場合には、電気式アクチュエータ（たとえば、ソレノイドバルブ）を介して間接的に利用可能です。

アクチュエータを駆動するには、電圧とともに大きな電流も必要になります。そのため、「パワーエレクトロニクス」と呼ばれる分野の知識が必要となります。マイコンの出力ポートからのデジタル信号で、パワー（電力）の制御をするための回路としては、すでに32項でトランジスタという半導体を紹介しました。

ここでは、トランジスタを用いた「ステッピングモータ」の制御を紹介します。図のように、モータを回すための電磁石のコイルを、4分割にしたモータがあります。これらのコイルに流す電流を規則に従って制御し、電磁石になる位置を変化させると、それに引っ張られたり押されたりして、ロータが回転します。デジタル制御向きのモータとしてたくさん使われています。

大電力が必要な場合には、「IGBT」という大電力の扱える半導体スイッチがあります。エアコンの室外機や電車の発進時に、バ～ブ～プ～とだんだん音階の上がっていくような音を聞いたことはありませんか？あれはIGBTを用いた「インバータ回路」の音です。交流モータに加える交流電源の周波数を自由に変えることによって、モータの回転数を変えています。

モータの回転数を希望通りに制御するために、モータの回転軸に「エンコーダ」という角度センサを付けて回転状況を監視し、確実に回転するようにしたのが「サーボモータ」で、産業用機械に用いられています。

要点BOX
- ●アクチュエータを駆動するにはパワーエレクトロニクス分野の知識が必要になる
- ●ステッピングモータの制御などがその代表例

ステッピングモータの駆動回路

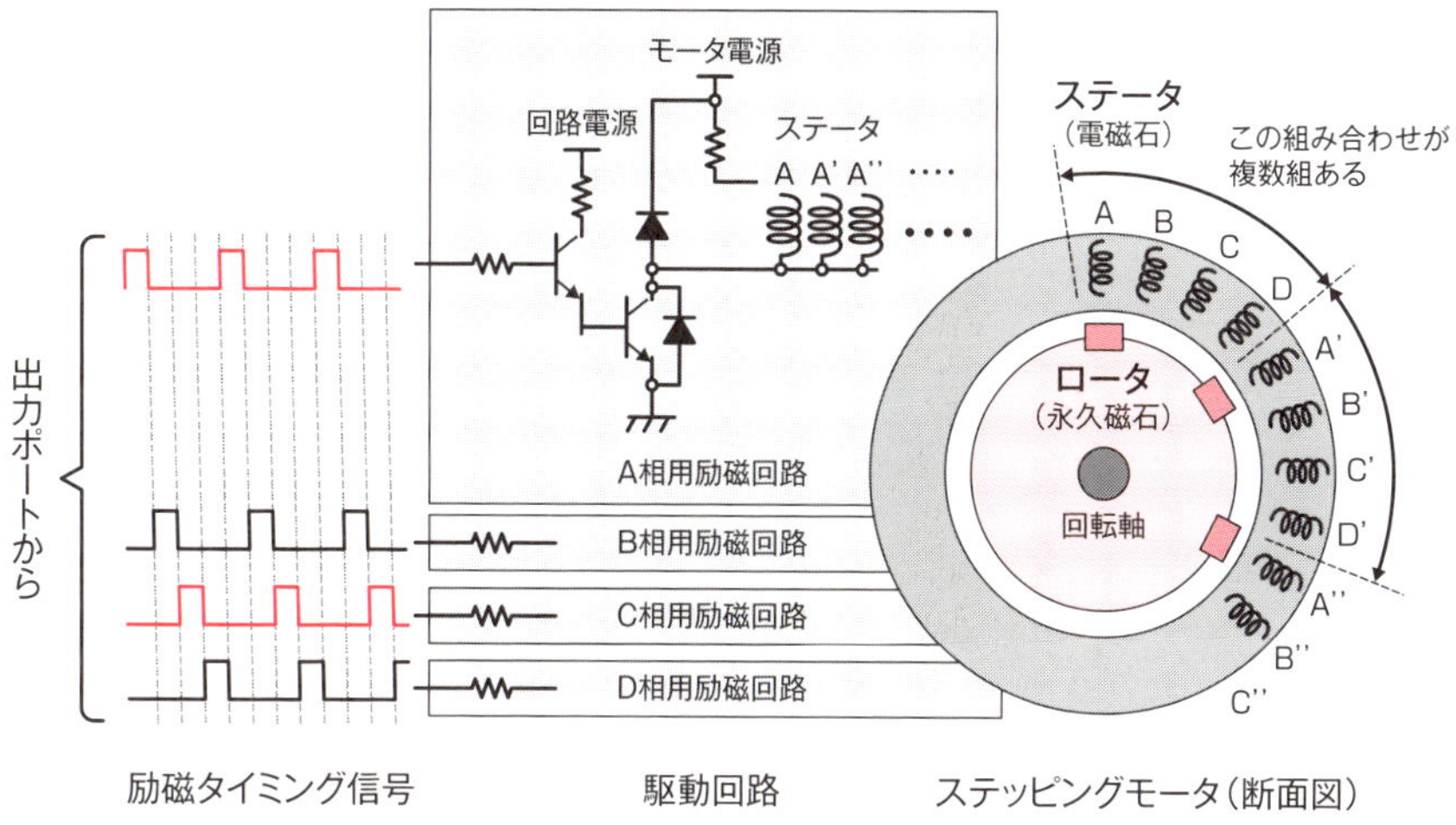

IGBTを用いたインバータ回路(イメージ)

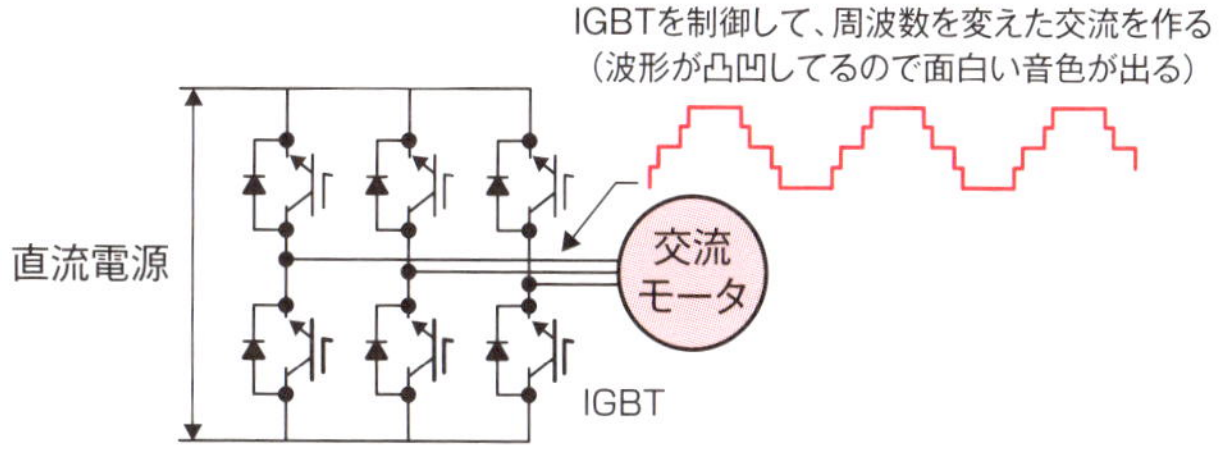

サーボモータの構成

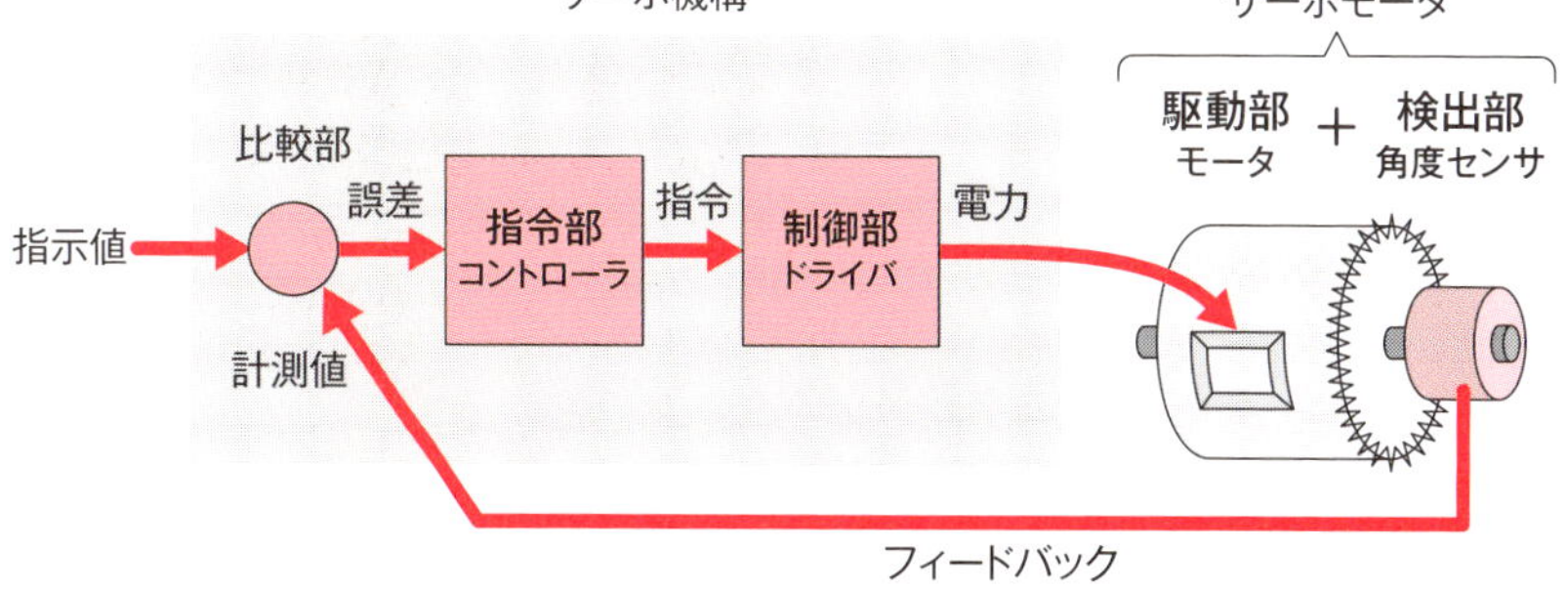

41 やっぱりセンサ回路は難しい

センサは組込みシステムの五感

組込みシステムにおける「センサ」とは、人間の五感の役目を果たすモノで、検出対象の変化に従って、抵抗値が変化したり、起電力を発生したりします。組込みシステムに取り込むためには、何らかのセンサ回路によって電圧に変換する必要があります。

まずは、光量を電圧値として検出する回路です。センサには「フォトダイオード」を使用し、光の強さに従って発生する起電力(電流)を、オペアンプで電圧に変換する回路です。この場合の出力はアナログ量なので、A/D変換回路に接続する必要があります。

次は、音声入力回路で、センサには「エレクトレット・コンデンサマイク」を使用します。エレクトレット素子を内蔵しているので、外部から電源を加えるだけで音声信号を得ることができます。音声信号は、微弱な交流信号のため、マイクの出力にコンデンサを直列につないで、不要な直流成分をカットしています。

続くオペアンプ回路は、電池駆動を意識して、片側単電源(+側だけ)で動作させています。そのため、100kΩの抵抗2本で電源電圧を二等分した電圧を中心に、音声信号が振れるよう工夫してあります。

さて、「非反転増幅回路」には2つの増幅度を持たせています。音声信号のような交流に対しては、10μのコンデンサが抵抗0と考えられるので、増幅度は100倍です。直流に対しては、コンデンサは無限大の抵抗と考えられるので、増幅度は1です。以上から、単電源でも交流信号が扱えることを示しました。

最後は「ストレンゲージ」を用いたひずみ(変形)計測回路です。ストレンゲージは、薄いフィルム上に金属箔をジグザグに貼り付けたセンサです。計測したい物に貼り付けると、物の変形の度合いに従ってストレンゲージが伸び縮みし、それに伴って金属箔の抵抗値が変化します。この抵抗値の変化を、ブリッジ回路の一辺や二辺に使って、電圧に変換します。図では、電圧をオペアンプの差動増幅回路に接続しています。

要点BOX

- センサからの情報はセンサ回路で電圧に変換する必要がある
- センサの種類で必要な回路は大きく異なる

フォトダイオードを用いた光センサ回路例

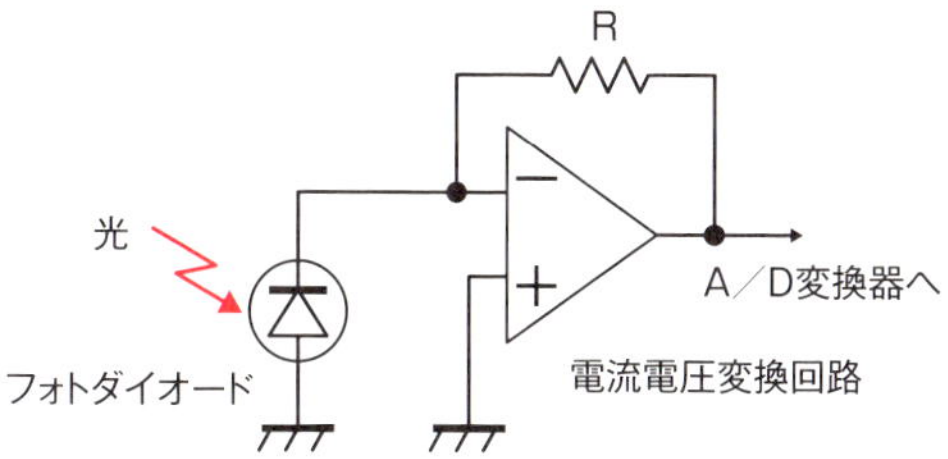

コンデンサマイクを用いた音入力回路例

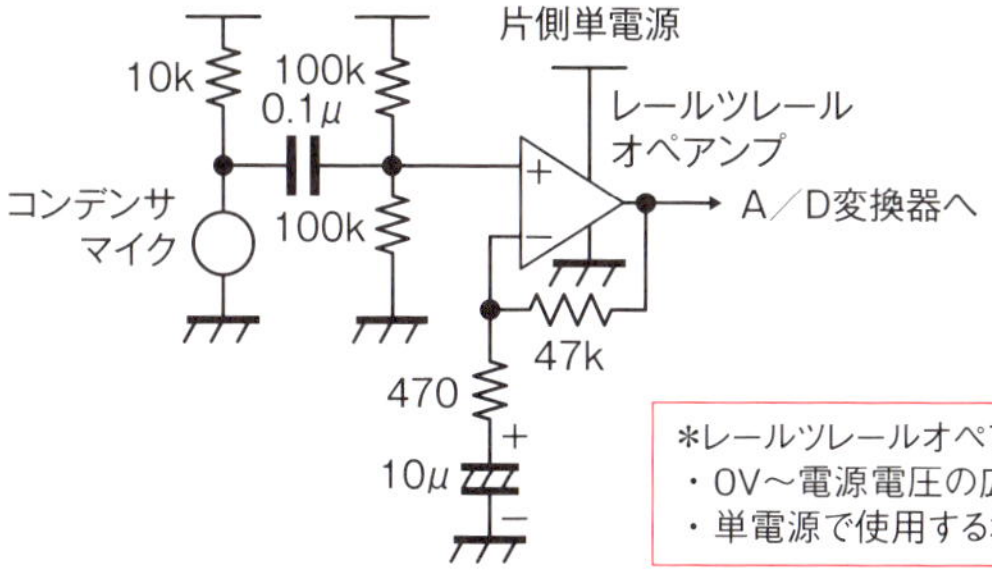

＊レールツレールオペアンプとは
・0V～電源電圧の広範囲が利用可能
・単電源で使用する場合に有効な特性

ストレンゲージの構造例

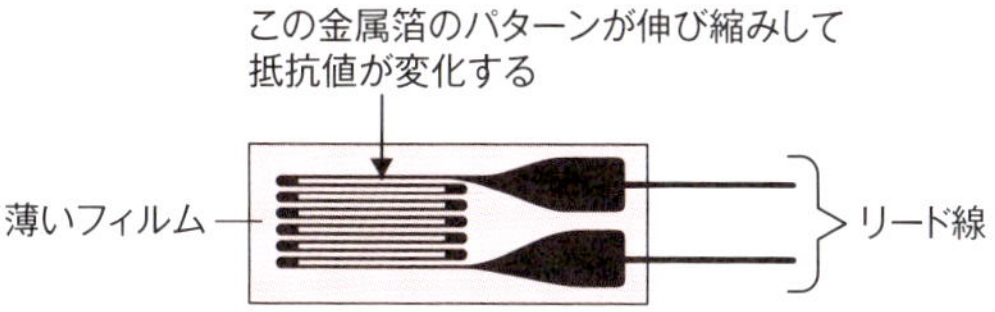

ストレンゲージを用いたひずみ計測回路例

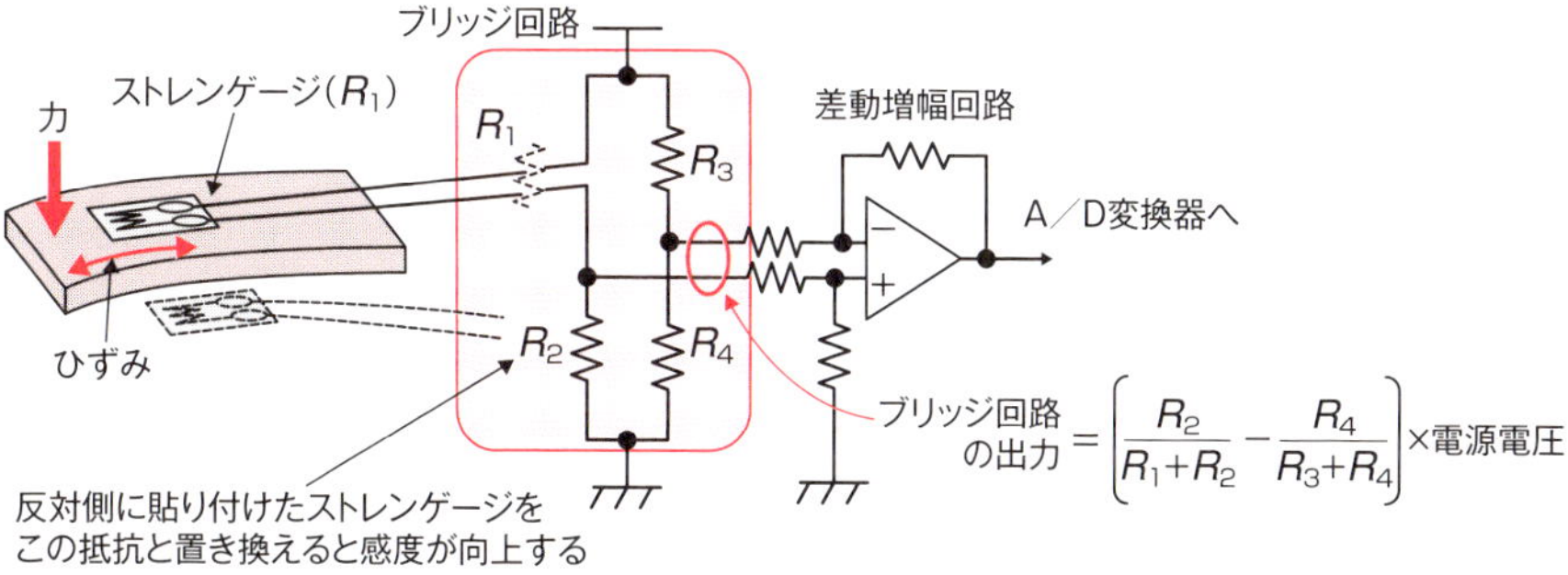

42 組込みシステムの電源回路と注意点

電源の種類と特徴

組込みシステムの電源回路には、商用交流電源と電池があります。商用交流電源から安定した直流電圧を作り出すには、次の2つの方式に分かれます。

「シリーズレギュレータ型」は、電源トランスや平滑コンデンサなどが大型となりますが、優れた安定性と過渡応答特性が得られ、リップル（直流電圧に含まれている交流成分）やノイズが共に少ないという特徴があり、どちらかと言うと、アナログ回路向きです。

「スイッチングレギュレータ型」は、高周波ノイズを発生したり、安定度や高速性においてシリーズレギュレータより劣りますが、小型で高効率のため、主にデジタル回路用として用いられます。

デジタル回路の場合には電圧変動（±5%以内）やリップルが多少あったとしても、デジタルICの電圧特性にノイズマージンが設けられているため、さほど問題になりません。しかし、センサ回路やアクチュエータ回路などのアナログ回路では、安定した電圧と少ないリップルが望まれます。

スイッチングレギュレータ型電源からアナログ回路用の電源を作り出すには、「三端子レギュレータIC」を用いて、ノイズや変動している部分を削り取ってしまう方法を採用します。その場合、電圧が1～3V程度下がってしまうことを覚悟しなければなりません。

複数の電圧が必要となる場合も珍しくありません。シリーズレギュレータ型なら、複数の巻き線を持ったトランスで対処します。メイン電圧より低い電圧が必要な場合には三端子レギュレータが、高い電圧が必要な場合にはDC-DCコンバータが良いでしょう。

電池も重要な電源であり、一次電池と二次電池、太陽電池などがあります。一次電池は1回きりの使いきりで、二次電池は充電して使用できるタイプで、いずれもいろいろな種類があります。太陽電池は、一度二次電池に蓄えてから使用しないと、電圧変動が大きくて使いにくいようです。

要点BOX

- 商用交流電源から電流電圧を得るには「シリーズ型」と「スイッチング型」の2つの方式がある
- 三端子レギュレータICは電圧が下がることを覚悟

商用電源を用いた電源回路

シリーズレギュレータ型
（今では古典的な方式となっている）

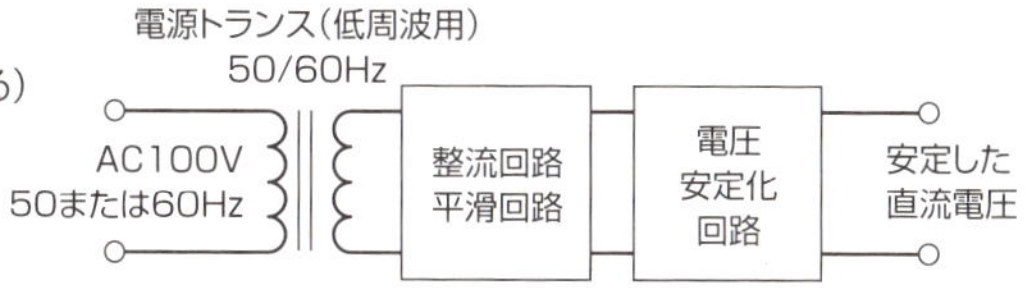

スイッチングレギュレータ型
（一度直流にしてから高周波の交流にする）

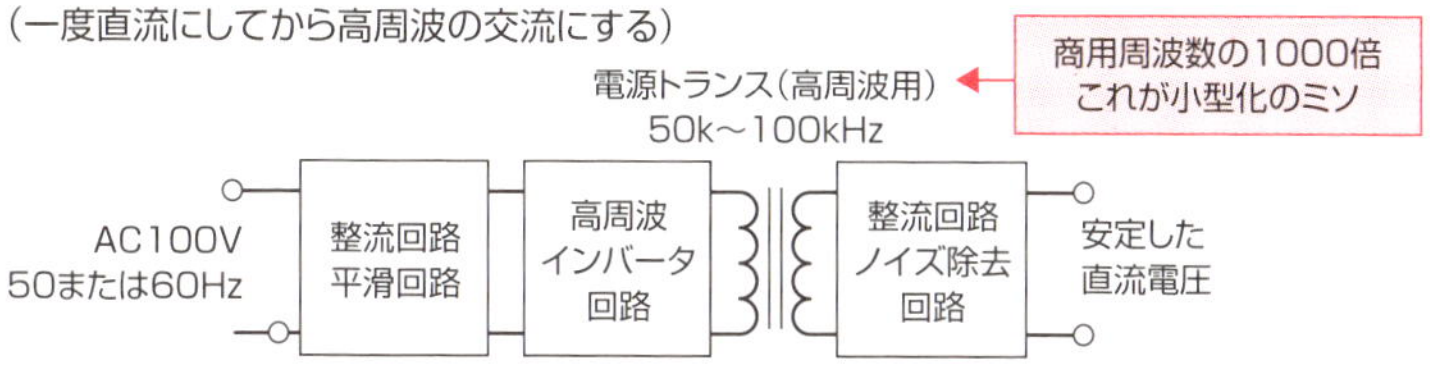

シリーズ型とスイッチング型の比較

シリーズ型	スイッチング型
比較的に回路が簡単	回路が複雑
ノイズが少ない	スイッチングノイズあり
安価	高耐圧部品が多い
体積、重量ともにかさむ	小型軽量化が可能
発熱が大きい	発熱が少ない
効率が劣る	効率が高い

三端子レギュレータによる電圧安定化のイメージ

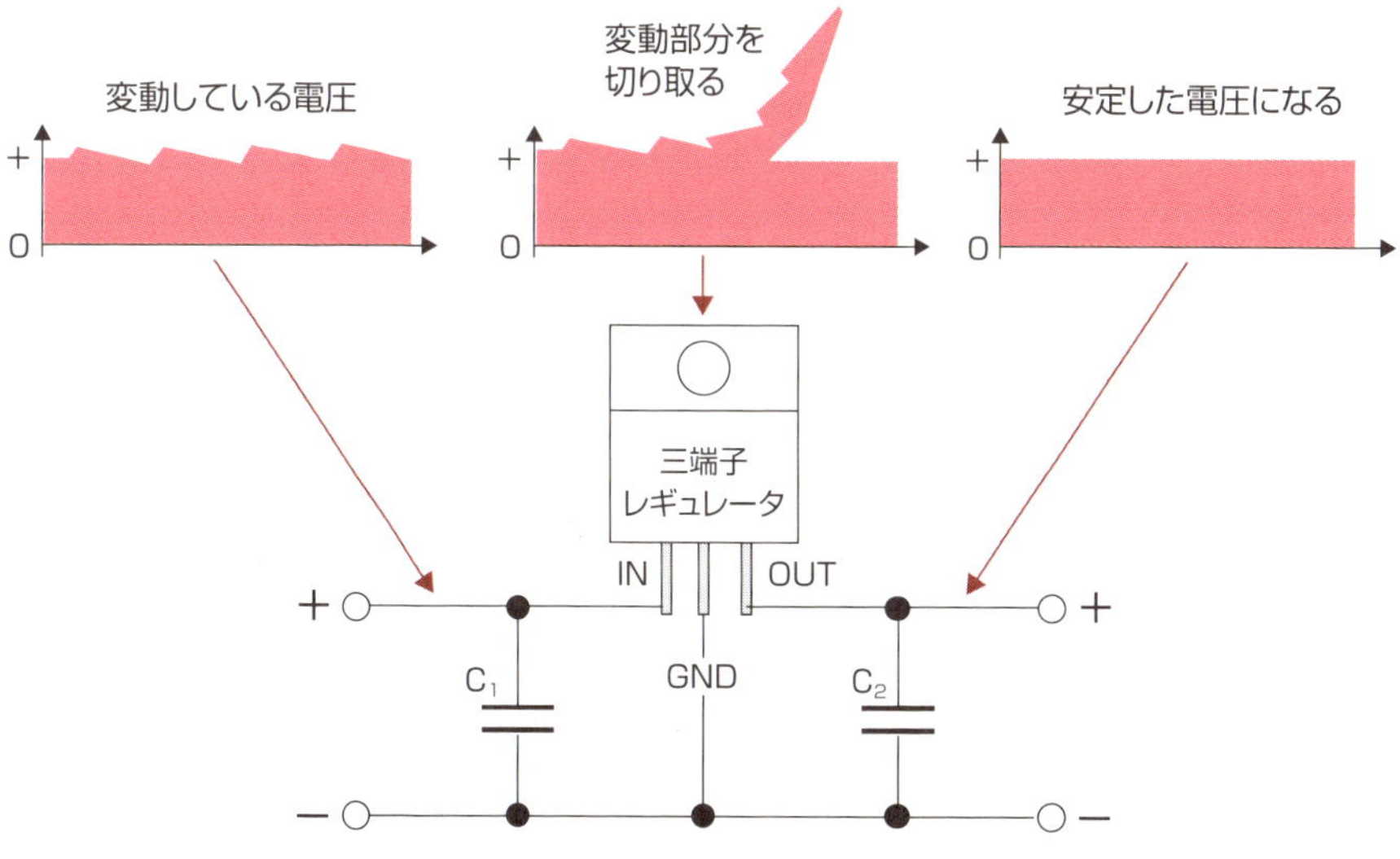

43 求められる電池駆動と低消費電力化

二次電池の活用と低消費電力化モード

組込みシステムの電池駆動が多くなり、長時間使用に耐える低消費電力化が求められています。一方で、スマートフォンや電気自動車での需要が、新しい大容量電池の誕生を促しています。電池には「化学電池」と「物理電池」があります。化学電池では、一回で使い切りの一次電池と、充電して使用できる二次電池、今後に期待されている「燃料電池」などがあります。

一次電池の「マンガン電池」は小さな電力で間欠的な用途に、パワーの求められる場合には「アルカリ電池」、メモリのバックアップなどには「酸化銀電池」が適しています。二次電池では追加充電によって生じる〝メモリ効果〟が問題であり、「ニカド電池」や「ニッケル水素電池」などにおいて発生するため、「リチウムイオン蓄電池」に切り替わっています。二次電池の代表として「鉛蓄電池」があり、大容量で安価ですが、大きくて重いため、用途が限定されます。

物理電池の代表は「太陽電池」で、クリーンエネルギーとして注目されていますが、一度二次電池に蓄えてからでないと、電圧変動が大きすぎるようです。

そもそもデジタル回路の消費電力は、〝H〟から〝L〟、〝L〟から〝H〟へ変化するときに、多く発生します。同じ状態でジッとしている場合には、ほとんど電力を消費しません。そのため、クロック周波数を低下させることが、何にも増して消費電力を抑えることに貢献します。しかし反面、クロック周波数を低下させると、処理速度が低下してしまいます。

そのため、多くのワンチップマイコンでは、通常は高速クロックを用いて最高性能を出し、システムがアイドル時（有効な処理を行っていないとき）にはクロック周波数を自動的に低下させる「スタンバイモード」や、一定時間以上アクセスがなければ、時計用のタイマーと外部からの起動要求を受け入れるための割り込み監視回路のみを動作させ、他の回路は停止させてしまう「スリープモード」などが採用されています。

要点BOX
- ●二次電池の活用ではリチウムイオン電池が主流
- ●ワンチップマイコンの低消費電力化モードには「スタンバイモード」や「スリープモード」がある

電池の種類

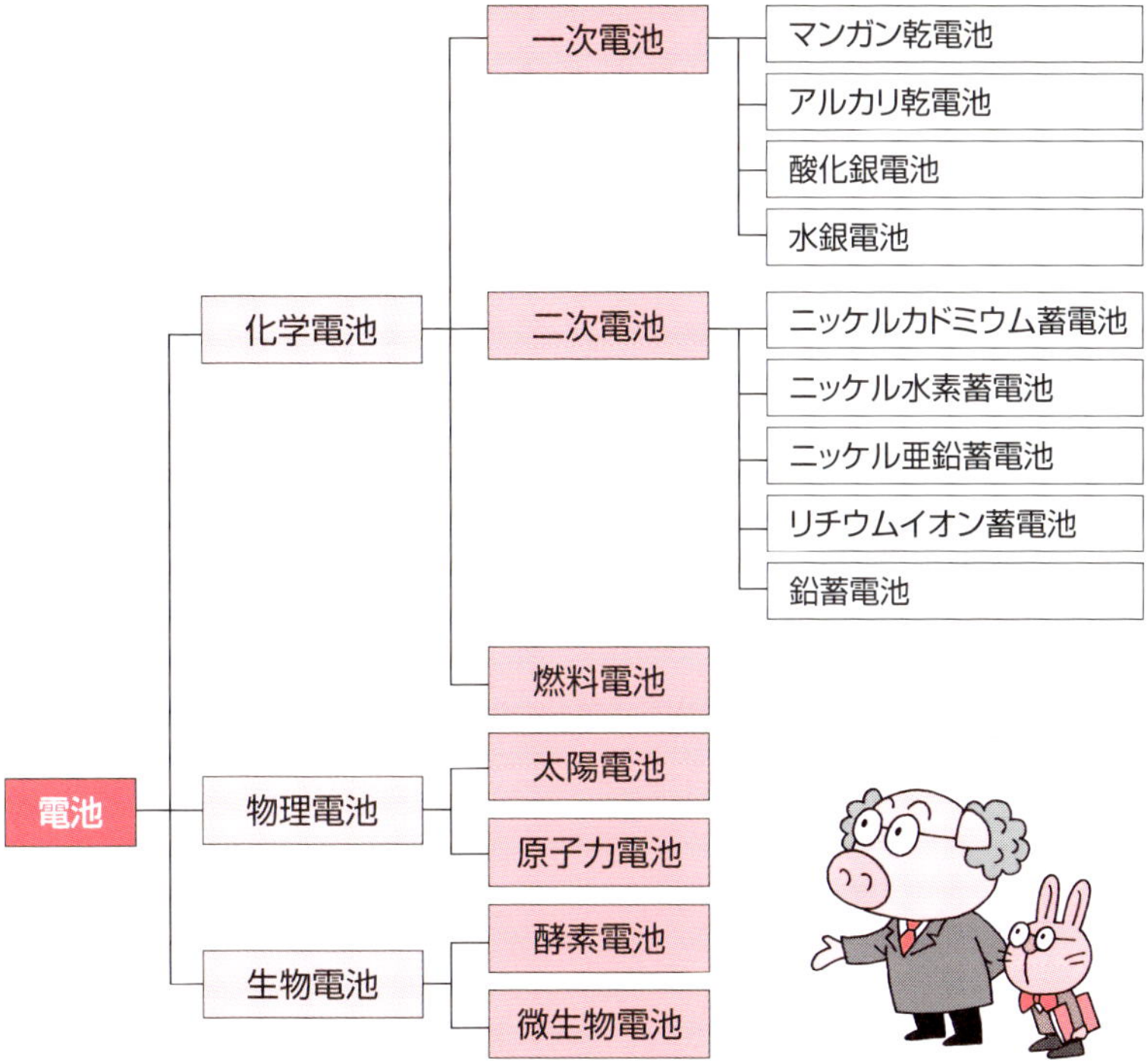

ワンチップマイコンの低消費電力化モードの例

	モード	遷移方法	デバイス内部の状態			復帰方法
			プロセッサ	レジスタ	周辺モジュール	
ソフトウェア設定	スリープ	専用命令の実行	停止	保持	動作	割込、リセット
	ソフトスタンバイ	専用命令の実行	停止	保持	停止	割込、リセット
ハードウェア設定	ハードスタンバイ	専用端子の操作	停止	保持	停止	パワーオンリセット

（関連するインタフェースの電源切断を忘れずに！）

44 通信機能は時代の流れによって変わる

新しい通信規格と通信回路モジュール

今日の組込みシステムのほとんどに通信機能が備わっています。無線の場合、商品識別などの至近距離ならRFID、見通しのきく近距離では赤外線通信（IrDA）、隣の部屋程度ならブルートゥースや無線LAN、有線ならUSBとLANといったところが多く採用されています。ICタグやJRのSuicaなどにはRFID、TVなどのリモコンにはIrDA、スマートウォッチなどのウェアラブル機器にはブルートゥース、家の中や公共施設などでは無線LANの一種であるWiFiの使える環境が整って、組込みシステムは、〝孤からグループ〟で活躍するようになりました。

その主な要因は、新しい通信規格の誕生と、それらを利用するための回路モジュールやミドルウェアが普及したことに拠っていると思われます。モジュールをプリント基板上に乗せるだけで、通信機能が利用できるようになります。まさに、設計不要なのです。

その結果、たくさんの組込みシステムがインターネットに接続され、何でもかんでもクラウドの大型コンピュータへ送り込むようになりました。IoTと呼ばれています。そして今、クラウド側に集中しているサーバを、現場近くに配置し直すことにより、データ発生現場の側でできる処理の範囲を広げ、クラウドへの通信の集中を抑え、リアルタイム性を向上させようという「エッジコンピューティング」へと動き出しました。

かつて、RS232Cという規格が、シリアル通信の代名詞のように広まっていた時代がありました。RS232CはMODEM（変復調器）と端末を接続するためのインタフェースというのが本来の目的です。そのため、通信線の最大長は15mという規格になっています。それが、いつのまにかシリアル通信の代表的なインタフェースとして普及してしまったのです。今でも、年代物の産業用機械などでは、現役で使われています。

このように、通信機能は、その時代の組込みシステムの利用形態を色濃く表していると言えるでしょう。

要点BOX
- ●ほとんどのシステムには通信機能が備わっている
- ●IoT、エッジコンピューティングなど、時代の流れに合った通信機能が必要

現在多用されている主な通信規格

（パラレルが減ってシリアルが中心に）

パラレル通信	有線通信	IEEE1284	セントロニクス社仕様のプリンタ用インタフェースだったが、標準化されて8ビットの双方向パラレル通信用となった
		IEEE488	コンピュータと最大15台の計測器を接続するバス規格で、ヒューレットパッカード社のHP-IB仕様を標準化したもの
シリアル通信	有線通信	RS-232	データ端末とMODEMを接続するインタフェースだが、パソコンに標準装備されて多方面に普及
		RS-422	ツイストペア線を用いた平衡型で、最大伝送距離が1.2km、最大伝送速度は10Mbpsの産業用
		RS-485	RS-422上位互換で、32台までの多対多のバス接続ができる
		カレントループ	工業計測機器用データ出力の標準の1つで、電流の多い少ないで通信を行う
		USB	パソコン対周辺機器という関係を前提とし、面倒な通信制御をパソコン側に負わせたもの
		Ethernet	同軸ケーブルを用いたバス接続によって複数のコンピュータが接続できる。LANといえばこのこと
	無線通信	IrDA	赤外線を利用した見通しのきく近距離用
		RFID	半導体チップとアンテナで構成
		Zigbee	多数の機器を、低速でもよいから低消費電力で接続
		Bluetooth	10m程度の距離で、本体と周辺機器との連携用途が中心
		Wi-Fi	無線LAN規格の1つで、相互接続テストに合格したもの

エッジコンピューティングのイメージ

エッジコンピューティングとは

“エッジ側（現場）でできることは現場で行い、必要なデータのみをクラウドに送ることで、クラウド側にしかできない処理をより高速に行う”という役割分担で、よりリアルタイム性の高いサービスの活用が期待できるようになる

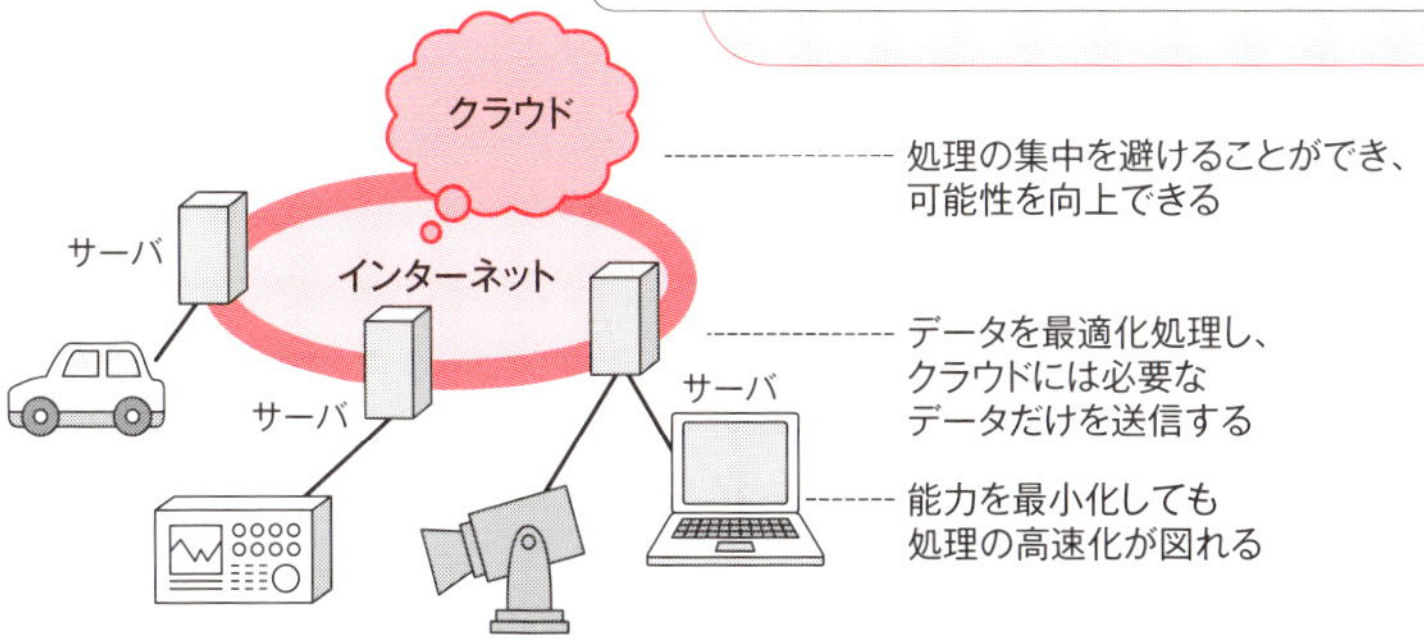
クラウド
サーバ
インターネット
サーバ
サーバ
処理の集中を避けることができ、可能性を向上できる
データを最適化処理し、クラウドには必要なデータだけを送信する
能力を最小化しても処理の高速化が図れる

45 テストの中心は組込みソフト

テスト工程とテスト内容

テストは、仕様書を満たしているかを確認する作業です。V字型の開発工程を採用した場合には、各開発段階で作成した「テスト仕様書」を満足しているかを確認する作業になります。もし、不具合が見つかった場合には、次のデバッグ段階で原因（バグ）を探して修正することになります。テストとデバッグは、目的が違うんですよ！

組込みシステムの開発は、ハードウェアとソフトウェアが並行して実行されることは、今さら説明不要でしょうが、多くの場合、ハードウェアの開発工程の後半にある「プリント基板の設計・製造」や「電子部品の実装」などの工程については、外注して行うことが多く、進捗が不確定となる場合があります。そのため、ソフトウェア単体でもテストを行う方法として、シミュレーションがあります。また、ハードウェア開発で試作したボードを利用することも考えられます。

V字型開発工程の各段階でのテスト内容としては、次のようになります。

①単体テスト…モジュールを単体で動作させ、主に内部ロジックを検証する

②結合テスト…モジュールを結合して動作させ、全体として正しい機能を備えているかを検証する

③システムテスト…システム全体の機能・性能を検証する

④運用テスト…ユーザーが実際に運用して試す

結合テストでは、まずハードウェアの動作確認から始めます。電気的特性の確認がすんだら、次はテストプログラムによるI／Oの動作テストです。以上の確認が完了したら、いよいよソフトウェアと組み合わせた統合テストを行います。この段階まできてハードウェアに不具合が発見された場合、ハードウェアは変更が困難なため、ソフトウェアで対処するのが常となっているようです。このソフトウェア開発者の損な役回りは、組込みシステムに特有の事情と言われています。

要点BOX

- ●テスト工程ではテスト仕様書を確認する作業を行う
- ●結合テスト段階で発見された不具合にはソフトウェアで対処するのが常

代表的なテスト技法とテスト工程の関係

仕様書
テストでは、仕様書を満足しているかを確認する

テスト名	概　要	技　法	主に使用するテスト工程
ホワイトボックス（カバレッジともいう）	テスト対象の処理内容を理解し、プログラム構造の全ての処理を網羅しているかを検証する	C0網羅：すべての命令が実行されたことを確認する	単体テスト
		C1網羅：すべての条件分岐が正しく実行されたことを確認する	
		C2網羅：すべての条件の組み合わせが正しく実行されたことを確認する	
ブラックボックス	内部処理は考えず、ある入力に対し、入力とそれに対する結果（戻り値）が仕様通りの正しい結果かどうかを確認する	同値分割テスト：同じ結果をもたらす入力データの範囲を分割し、各分割の代表値についてテストする	結合テスト システムテスト
		限界値テスト：同値分割した境界値付近を入力してテストする	
トップダウン	階層構造上の最上位モジュールからテストを始め、順に下位モジュールへテスト範囲を広げる。テスト範囲でない下位モジュールは出力結果のみを返す簡易プログラム（スタブ）を用意する。プログラム全体の制御構造が複雑で、その検証を優先したい場合に適している		結合テスト
ボトムアップ	階層構造上の最下位モジュールからテストを始め、順に上位モジュールへテスト範囲を広げる。テスト対象のモジュールを呼び出し、その結果の確認を行うプログラム（テストドライバ）を用意する。下位モジュールで具体的な計算やデータ処理などを実行している場合、それらの検証を優先したい場合に適している		
性能テスト	データ処理時間を計測し、処理能力を理論値と照合する		システムテスト
負荷テスト	大量のデータや高速にデータを入力しても、正しく処理されることを確認する		
エラーテスト	故意にエラーを起こすデータを入力し、エラー処理の動作を確認する		

46 デバッグは技術者のスキルに依存する

デバッグツールとその使いこなし

プログラムの間違い探しの作業を〝デバッグ〟と言います。『デバッグ作業はいくらやっても、バグはなくならない』とも言われています。では、どこまでやればよいのでしょうか?『「バグ収束曲線」を作って、グラフが寝てきたら終了だ!』などとも言われます。しかし、実際にはそんなきれいなグラフにはなりません。テストで発見された不具合の原因を調査して、修正するだけで精一杯というのが現実でしょう。

さて、不具合箇所をどうやって調査するかと言うと、机の上でリストを睨んで、赤鉛筆で経過を辿るといった「机上デバッグ」は効率が悪くて流行りません。やはり「ICE」と「デバッガ」を使って行う「実機デバッグ」に勝る方法はないと思います。ただし、この方法は技術者のスキルによるところが多大です。

デバッグツールの代表としてのICEには、「JTAG」を利用した今流のタイプから、組込みシステム内に監視プログラムを忍び込ませておく「ROMモニタ」というICEの簡易版タイプがあります。いずれにしても、マイコンの動作を細かく監視して、希望通りに動いているかを調査するためのツールです。

ICEは、医者の聴診器のようなもので、ただ接続しただけではダメです。使いこなす技術者の技量が問われます。それには、調査対象のアルゴリズムをしっかり理解していることが前提条件です。バグがプログラムのどの辺で発生しているのかを推測し、発生箇所を切り分けするにはどこを調べればよいのか、どうやったら発生箇所を追い込めるのか、修正結果の動作確認はどうすればよいのか、といった手順を考えられるスキルが必須です。自分で考えて作ったプログラムのはずなのに、いざデバッグとなると、そのような手順に考えが及ばない技術者が多いようです。

日頃から、いろいろな仮説を立てられる柔軟な思考力を養うとともに、プログラム設計の段階で、デバッグのしやすい構造にしておくことも大切です。

要点BOX

- ●デバッグツールは技術者のスキルが作用する
- ●プログラム設計の段階でデバッグしやすい構造にしておくことも重要

バグ収束曲線

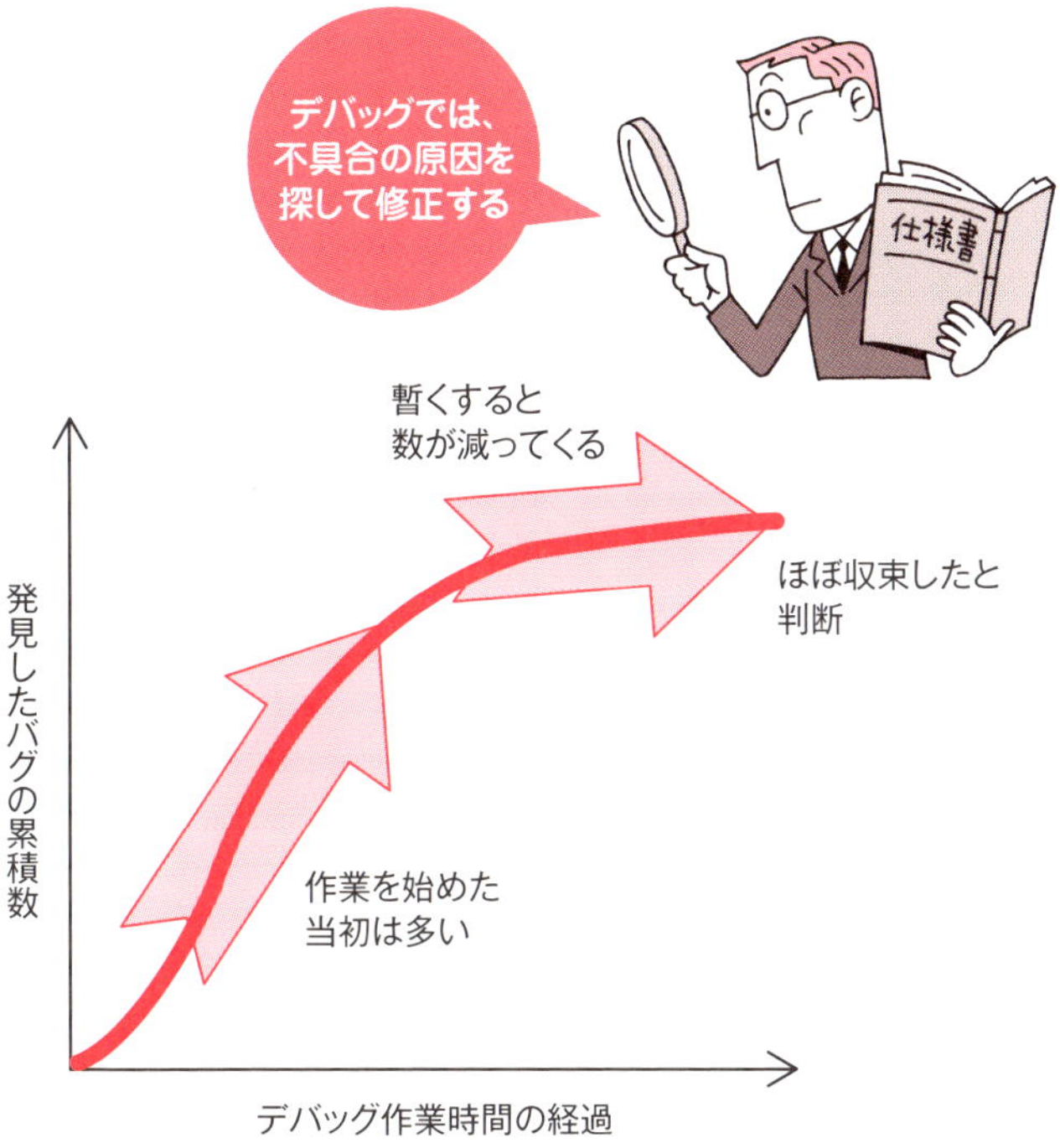

ICEをデバッグ対象のマイコンボードに接続する

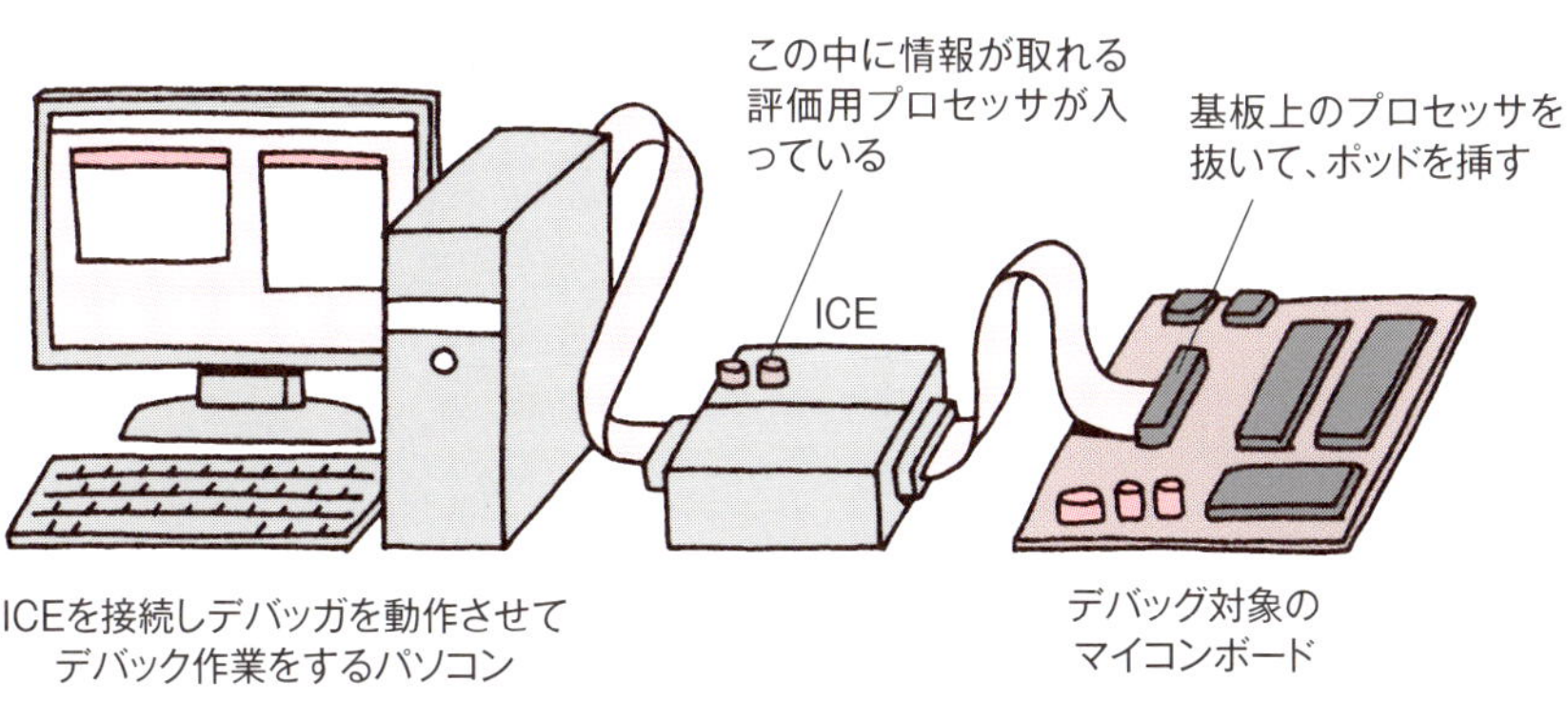

47 製品の完成度を証明するための試験

ノイズ試験と環境試験

組込みシステムが一応完成したら、製品としての完成度を試す試験をします。納品後にトラブルが発生して対処に追われたり、企業としての信用を失墜しないためにも、「ノイズ試験」と「環境試験」程度はクリヤしておかないといけません。場合によっては、納品時に試験成績書の添付を求められる場合があります。

組込みシステムが電気で動いている以上、何らかの不要電磁波（妨害電波）を周囲に放射しています。この妨害電波については、世界的に規制されていて、日本では「VCCI協会」の技術基準が実施されています。身の回りの電子機器のほとんどに、VCCIに適合していることを示すロゴマークが表示されていると思います。また、他の電子機器から放射される妨害電波によって影響を受けて、誤動作する恐れもあります。ノイズ試験とはそれらを確認することで、前者には「エミッション試験」、後者には「イミュニティ試験」や「静電気試験」など各種試験機と試験法があります。

環境試験とは、温度や湿度の影響を受けないかどうかを確認するための試験です。恒温恒湿槽に製品を入れて動作させ、温度や湿度を上げ下げしても、正常動作が行えるかを試します。スキー場のゲレンデに設置する自動販売機とか、赤道直下の多湿エリアへ輸出するレーザプリンタなどがわかりやすい例でしょう。変わった例としては、高級な補聴器の特性調整を、人間の耳の中と同じような温湿度環境に保った室中へ、技術者が入って行うと聞いたことがあります。

このほかにも、埃の多い場所で使用する機器には「塵埃試験」、水のかかる場所や雨天下で使用する機器には「防水試験」、車載機器などには「振動試験」や「落下衝撃試験」など、いろいろあります。

このような試験を希望する場合には、各県にある公設試験場（名称はいろいろある）に相談することをお勧めします。試験の実施から成績書の発行、問題解決のアドバイスまで対応してくれるでしょう。

要点BOX

- 不要輻射の発生を調べる「エミッション試験」と耐性を調べる「イミュニティ試験」
- 環境試験では温湿度環境上の動作を調べる

ノイズ試験のいろいろ

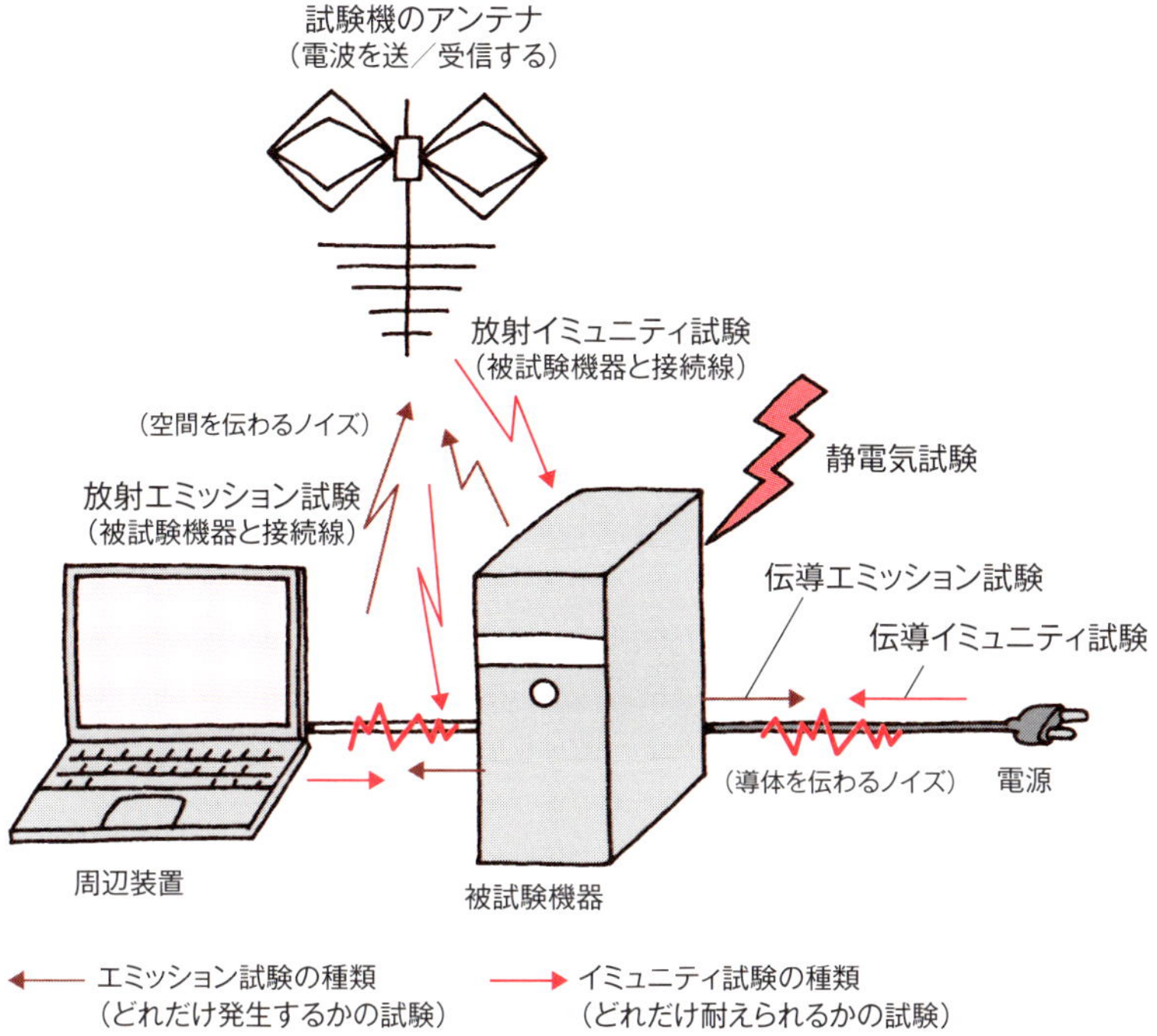

温度試験の設定例（防衛庁規格 NDS C 0110E）

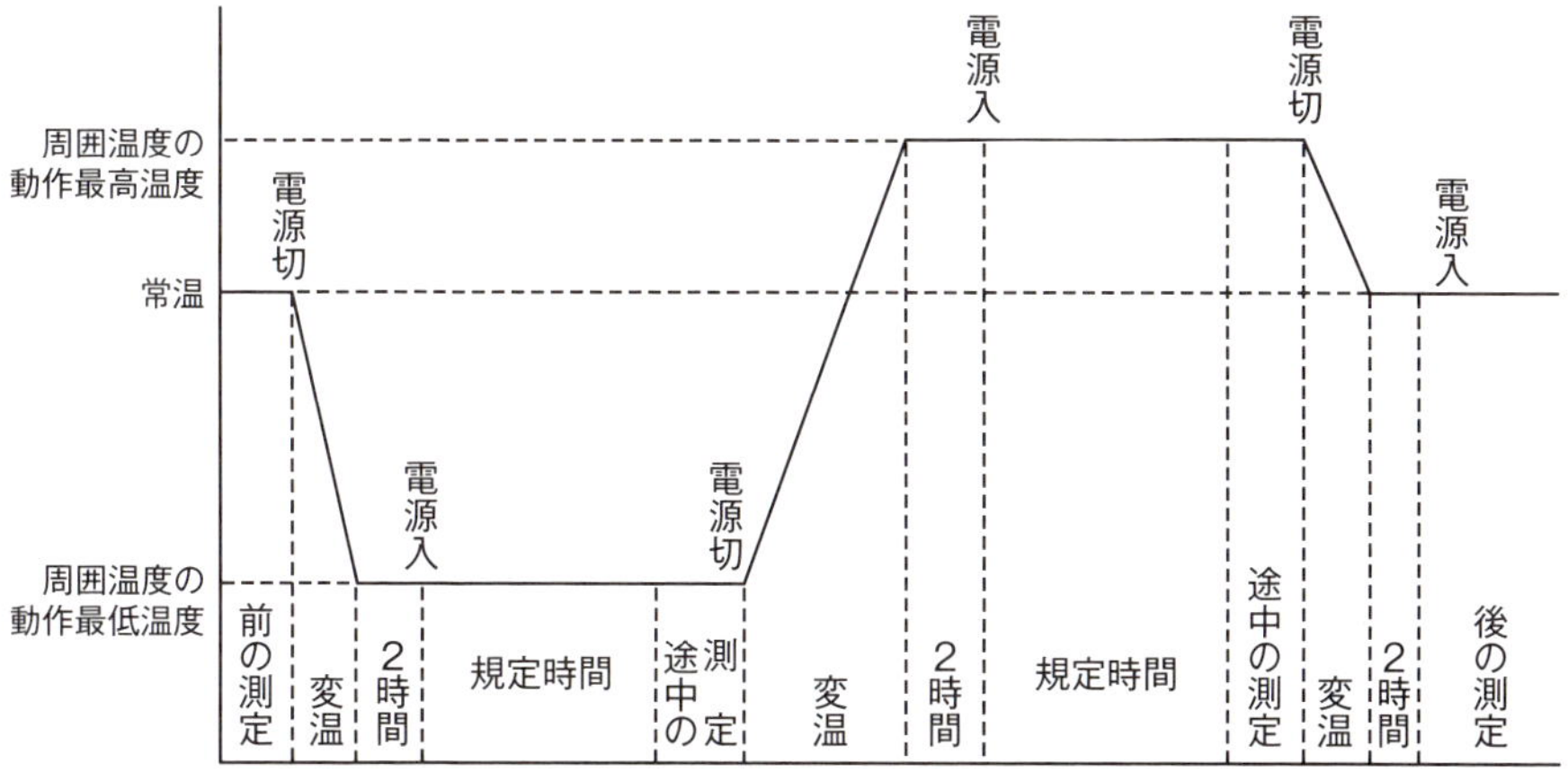

Column

JTAGとは?

プリント回路基板の検査やメモリICなどの動作チェック用に考えられた規格です。従来は、プリント回路基板のパターンが切れていたり、隣とくっついていたり、間違ったところにつながっていたり、といったことをチェックするのに、お花を生けるときに使用する〝剣山〟のような〝針山〟を、プリント回路基板に押し当てて検査していました。インサーキット検査と呼ばれています。

ところが、ICの集積度が上がったり、パッケージの小型化によりピンの間隔が狭くなり、検査用針の太さを下回るようになってしまいました。また、BGAパッケージを採用したICのように、実装後は外部から全く触れないというタイプまで登場しました。

この問題を解決するために、ICの内部に、検査用の針の代わりをする「セル」(各ピンの入出力の値を捉えてシリアルシフトしてIC外部に取り出す機能)を入れ込んでしまったというのがJTAGです。現在では、多くのデジタルICに採用されています。アナログIC用の規格もあるのですが、製造コストの問題などで、未だに採用が進んでいません。

その一方で、プロセッサにも導入されたことにより、ICEに活用されたり、製造段階での検査内容を航空機や車などの検査機などにも利用されたりと、本来の製造工程におけるプリント回路基板の検査目的以外での利用が、いろいろと進んでいるようです。

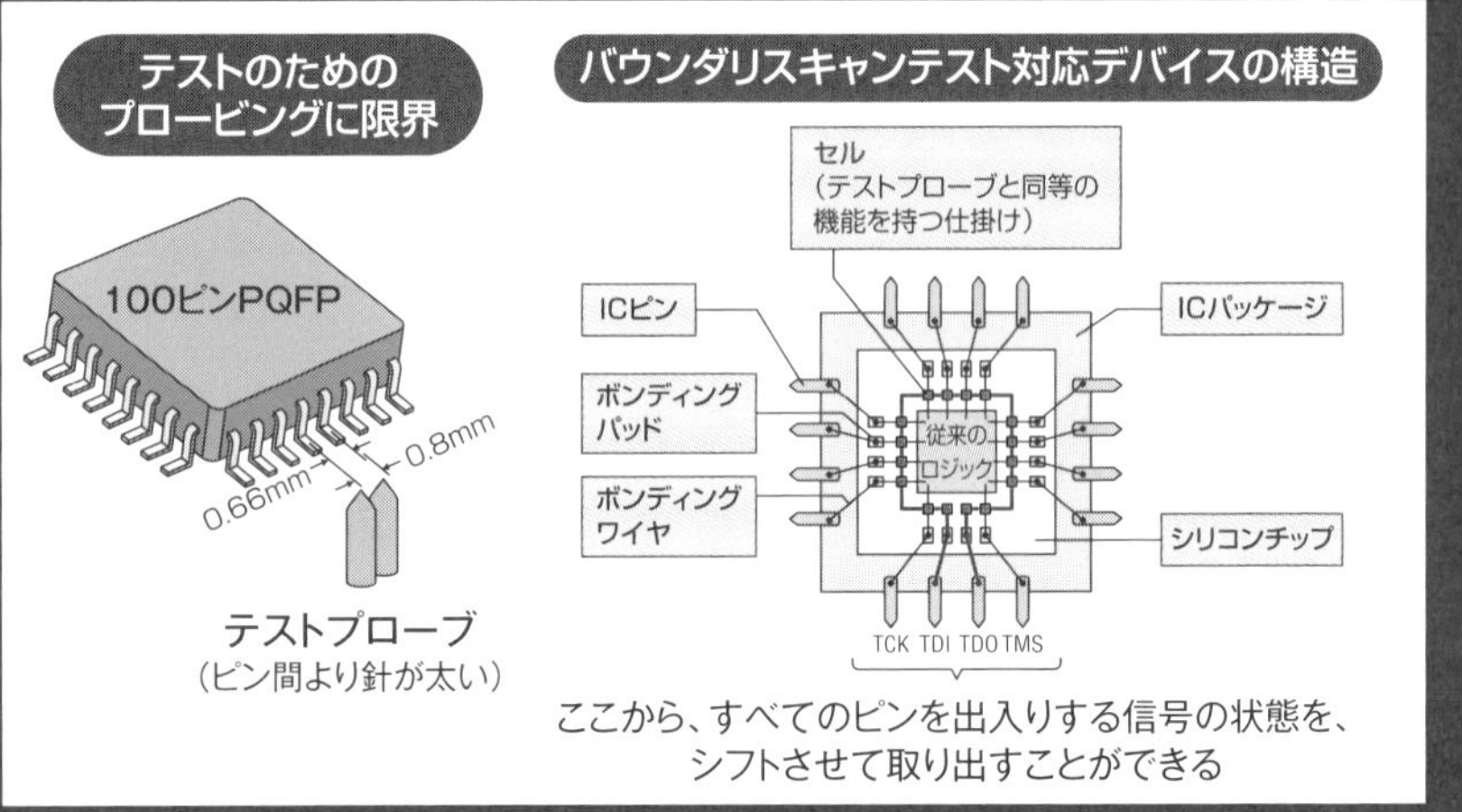

第6章

安心して使える組込みシステムをめざす

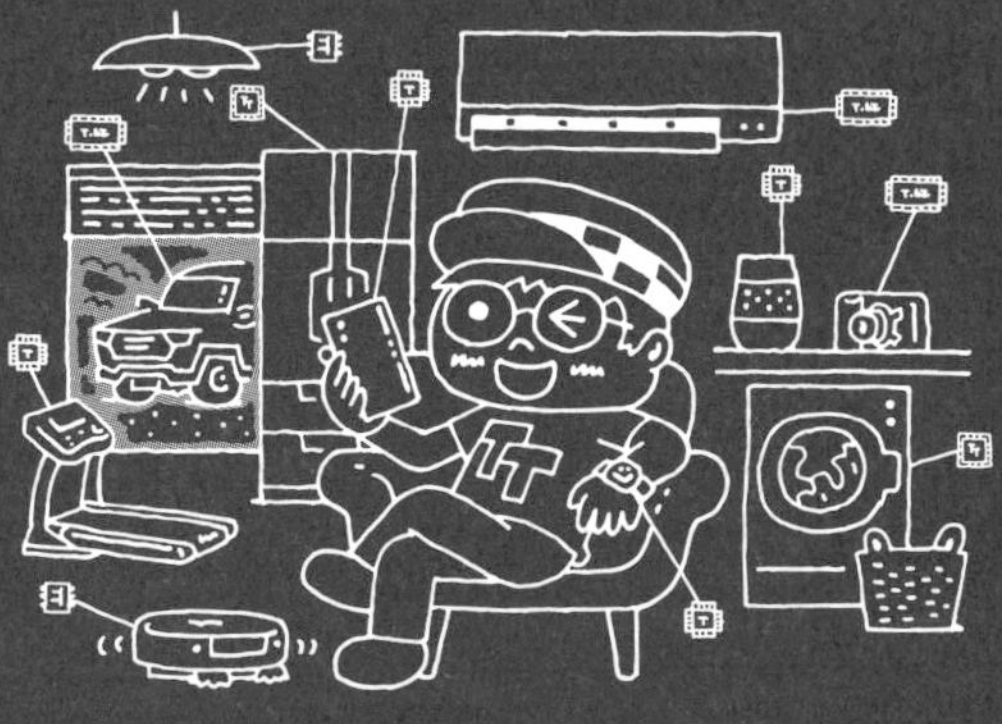

48 組込みシステムの信頼性とは

正常状態と非正常状態

組込みシステムの信頼性は、単に部品だけを良くしてもだめで、システム全体として考えることが必要です。組込みシステム（この場合には、操作する人間を含む）に信頼性があるということは、一口で言うと〟ある使用状態で、使用者が期待する時間、満足に機能を果たす〟ということです。もちろん、この期待する時間や機能は、極端に長時間であったり、必要以上に高性能というのではなく、使用者が支払うコストに見合ったものとなるでしょう。

ここで、図に示すように、システムや製品の状態を、「正常状態」（図の○の状態）と機能を失った「非正常状態」（故障、図の×の状態）に分けて考えてみましょう。システムや装置に信頼性があるということは、次のようにすることなのです。

①故障しないようにする

なるべく○の状態にあって、×の状態へ移行しないようにします。この能力を「信頼度」と言います。

②故障あるいは不満足になったら直す

システムや製品が複雑になると、故障を全くなくすことは不可能です。そこで、故障が起きたら、早く見つけて早く回復するようにするのです。図では、×から○への回復スピードを早くすることです。この能力は「保全度」と呼ばれます。ただし、ここでいう故障とは、必ずしも物が壊れることではなく、機能が失われたり、低下したりして、不満足な状態に陥ることを指しています。

③全体として満足な状態におく

修理可能なシステムの信頼性は、①と②の両者があいまって、全体として満足な正常状態になければなりません。保全を行いながら動作しているシステム全体が、満足な状態にあることを表す尺度を、「アベイラビリティ（availability）」と呼びます。

ちなみに、信頼性が重要視されるようになった理由としては、表のような点が考えられます。

要点BOX

- ●組込みシステムの信頼性はシステム全体で考える
- ●信頼度を上げて全体として満足な状態を保つ

信頼性があるとは…

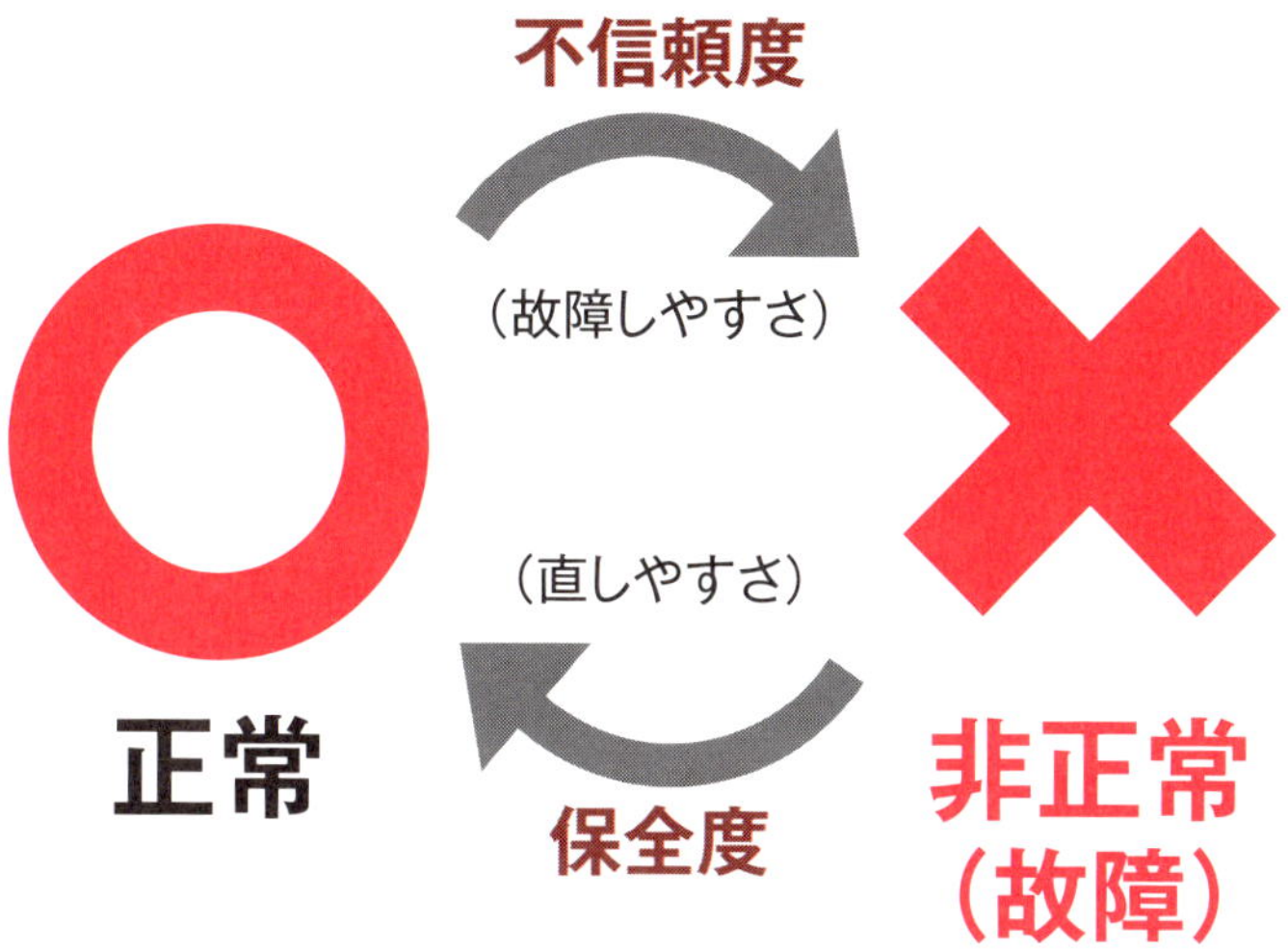

なぜ組込みシステムに信頼性が必要なのか？

1. 人間生活に密着し、日常生活にも社会的にも大きな影響力を持つようになり、その故障が大きな損害につながるようになってきた
2. 大規模かつ複雑化し、故障の機会が増大してきた
3. 必要以上に安全係数を見込んだ設計が許されなくなり、合理的な信頼性技術が必要となった
4. 技術開発のテンポが急で、未評価の新技術、新材料などが表れている
5. 人間のミスが故障や事故の大きな要因となってきている

49 信頼性はどのように評価するのか

信頼性、可用性、保守性

信頼性を表す尺度として、従来からRAS（ラスと読む）という考え方があります。

・R（Reliability・信頼性）
製品の仕様として約束した機能が、正しく実現されていること（評価尺度はMTBF）

・A（Availability・可用性）
製品の機能が正しく動作する条件の範囲を示す（温度範囲、供給電源の許容変動幅、部分故障に対する縮退など）（評価尺度は図の式を参照）

・S（Serviceability・保守性）
万一故障した場合、容易にしかも短時間で修復できるかどうか（評価尺度はMTTR）

ここで、MTBF（Mean Time Between Failures: 平均故障間隔）は、故障すると取り替えて動作が続けられるような（修理可能な）装置やシステムの、故障と故障の間の平均時間のことです。MTTR（Mean Time To Repair：平均修理時間）は、故障が起きてから、それが修復されるまでにかかった平均時間です。

信頼性を向上させるための目標としては、
①MTBFを長くすること
②システム稼働率（Aの値）を大きくすること
③MTTRを短くすること
などがあげられます。しかも、これらを独立に考えるのではなく、統合的に、かつ少ない費用で効率良く成し遂げる必要があります。

また、〝求められる一定時間は故障しない〟ようにすることによっても、必要充分な信頼性を確保することが可能と思われます。たとえば、日本国内を運行する航空機に関して、最長航路（例として、新千歳空港を離陸してから那覇空港に着陸するまで）の飛行時間が約4時間と仮定しましょう。このとき、いったん保守すると、その後5時間は故障しないという点検作業が確実に行えたとすれば、それ以上の長時間の信頼性は必要ないと言えるでしょう。

要点BOX
- ●信頼性を表す尺度として信頼性、可用性、保守性がある
- ●MTBFを長くし、MTTRを短くする

RAS機能の尺度

◆ R（信頼性：Reliability）

R＝MTBF（平均故障間隔）

◆ A（可用性：Availability）

$$A = \frac{MTBF}{MTBF+MTTR}$$

◆ S（保守性：Serviceability）

S＝MTTR（平均修理時間）

日本国内の飛行ならMTBFが5時間もあれば必要十分?

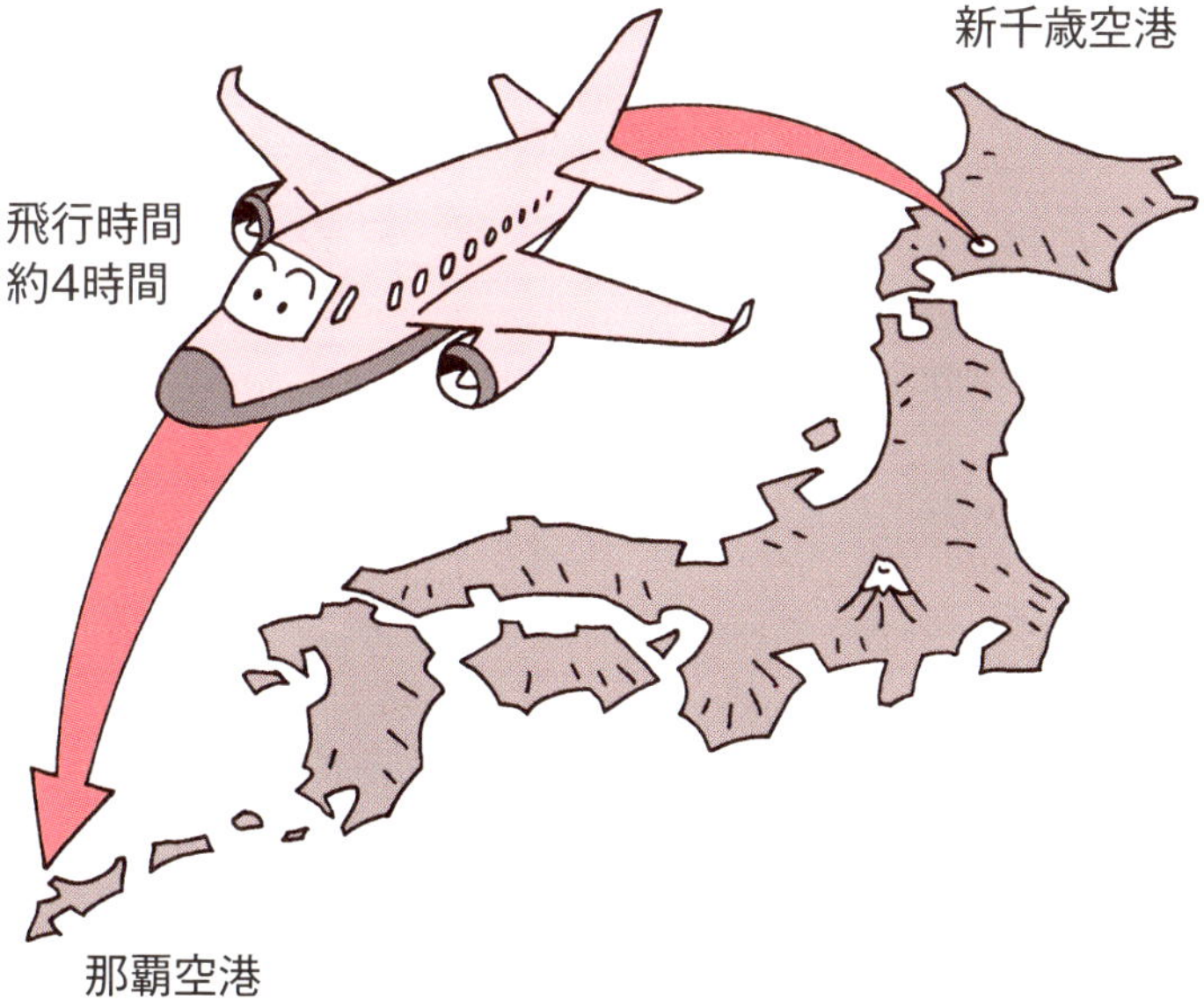

50 保全の容易性は大事

障害保全と予防保全

保全とは、保守・整備・点検・検査・修理・交換などを包含し、システムの正常運転の維持に不可欠な作業のことです。したがって、「保全の容易性（保全性）」を確保しておくことが重要となります。そのため、保全性も仕様のうちであり、設計時から考慮しておく必要があります。組込みシステムにおける保全性に求められるものとしては、次のことがあげられます。

①故障した際の迅速な復旧
②保全用部品の供給確保
③定期保全時のダウンタイムの最小化
④オンライン（運転中）保全の導入
⑤インターネットによる遠隔保全への対応

保全作業の容易性を確保する前提として、プリント回路基板上のテスト用端子の配置や筐体形状などを設計する際に、保全のための測定器の接続や、保全点検作業を行うために必要となる空間について、十分に配慮しておくことが求められます。これによって、保全の作業性が向上し、迅速な復旧が可能となります。

一般に、システムの典型的な故障発生パターンは、洋式の浴槽の形のようになっていることから〝バスタブ曲線〟と呼ばれています。故障率は時間とともに変化し、初めの「初期故障期間」と最後の「摩耗故障期間」に挟まれている「偶発故障期間」が故障率が低く安定しているので、最も信頼性が高くて望ましい期間と言うことができます。この期間をいかに長く保つかが信頼性技術の効果なのです。

また、保全を施すことによっても、偶発故障期間を延ばすことが可能となります。保全には、「障害保全」と「予防保全」があります。障害状態から修復するための作業を障害保全と呼び、この作業を効率良く行うことによって、MTTFを短縮することができます。予防保全は、あらかじめ作成された計画にしたがって行う保全で、システム停止を未然に防ぐ対策として意義があり、MTBFの向上に貢献します。

要点BOX
●保全性も仕様のうち。設計時から考慮する
●保全によってバスタブ曲線の底（偶発故障期間）を延ばす

遠隔保全システムの構成例

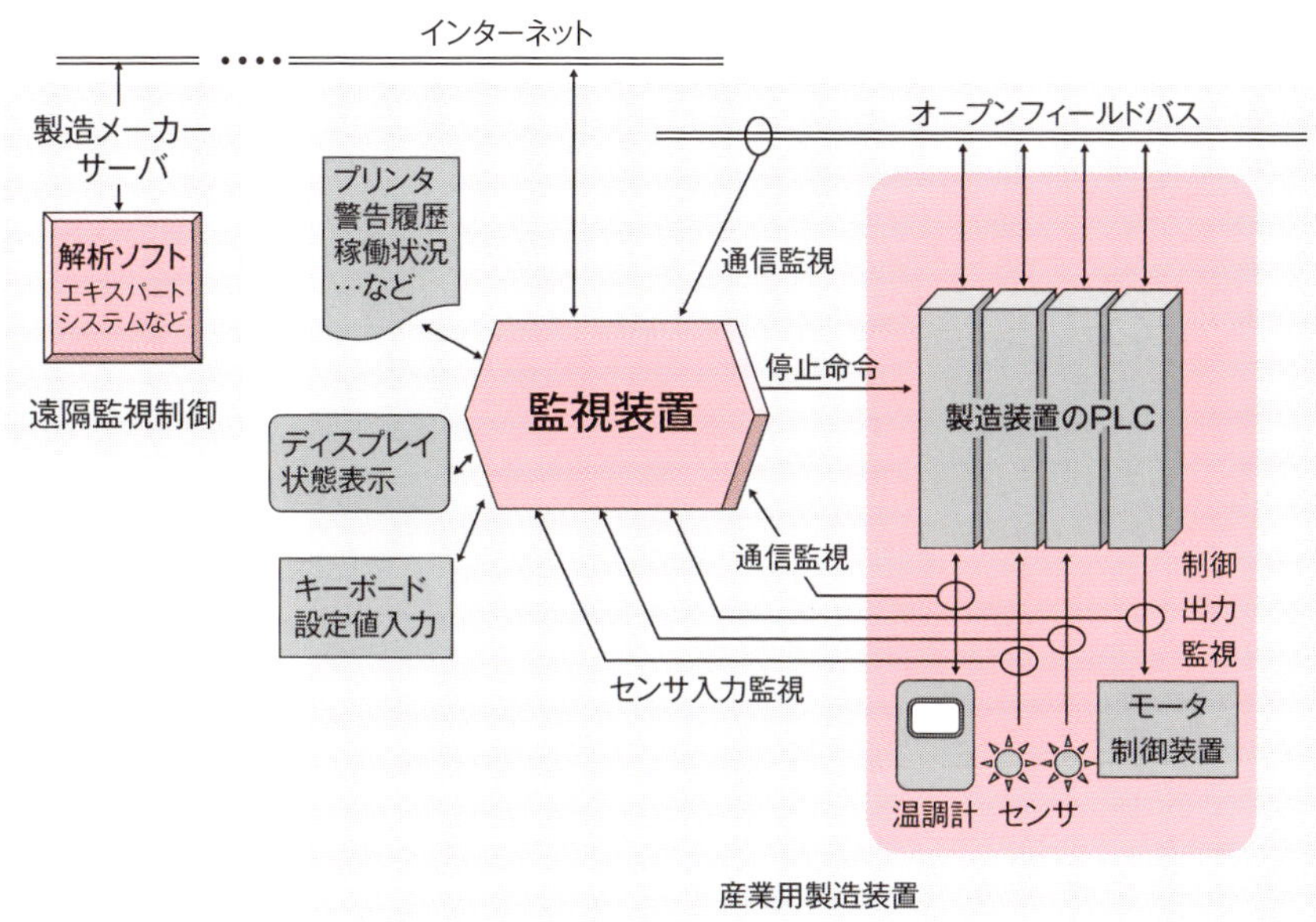

典型的な故障率曲線

（故障率は時間と共に変化する）

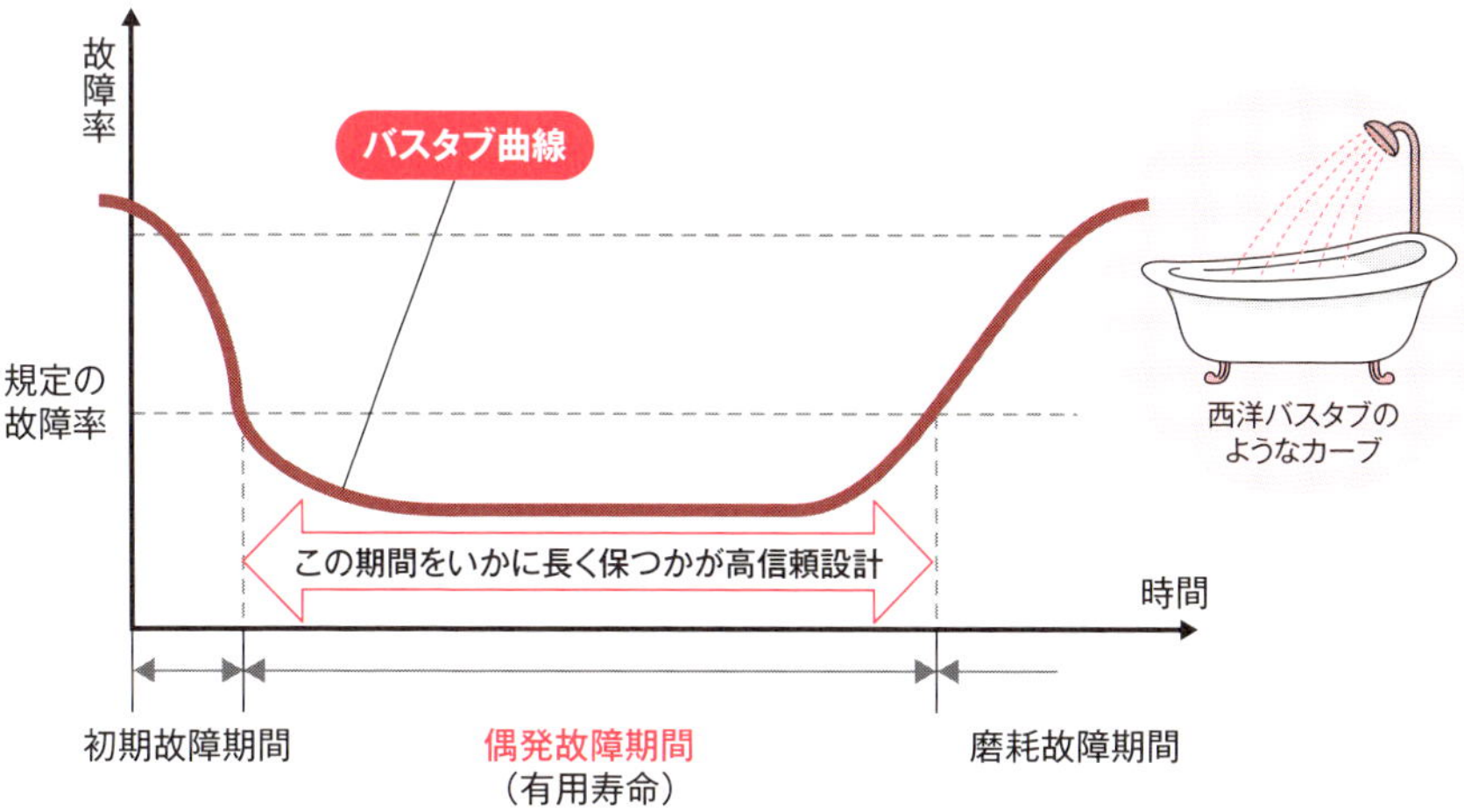

51 信頼性は設計段階で作り込む①

故障時への対処と故障の検知

組込みシステムの信頼性は、システム設計段階において作り込んでおくことが必要です。検討しておくべき項目としては、次のようなものがあるでしょう。

①システムとしての信頼性の確保

システムを構成する各種機器には、故障率と故障回復時間が、その特性として決まっています。そのため、システム構成が決まると、システムが実現する主要機能ごとに、期待される信頼性数値を算出できます。そして、もし不十分な部分があれば、図Aの手段を講じて補充を行うことになります。

②機器故障時への対処

機器が故障した場合、どのように交換するのかを決めておきます。それには、故障が起きた場合の影響を充分理解し、誰が、どういう行動を採るべきかについて、あらかじめ定めておくことが大切です。たとえば、ディスプレイの故障に対して、予備の品を準備しておく場合、どこに収納し、誰が使用権を持ち、どういう手段で運搬するのか、さらに故障機との交換の際、コンピュータ管理側との関係で、いかなる処置を採って故障機を切り離すのかなど、細かく手順を定めておくことが必要です。これで故障からの回復時間を事前に正確に把握することができます。

③外部入力信号の評価と対処法

システムには、外部からいろいろな入力信号が入ってきます。ほとんどの場合、センサ回路などの信号変換器を経由して行われます。組込みシステムでは、この信号を入力してデータ処理を行うので、この信号の正当性を判定しないで使用すると、故障や誤動作、想定外の誤差を生じるなど、以後のデータ処理が全く意味のないものになってしまう可能性があります。したがって、これらを事前に検知する機能を、ハードウェアやプログラムによって持たせておくことが重要です。入力信号が誤っていると判別した場合には、図Cのような処理を行うことになるでしょう。

要点BOX

- ●機器が故障した場合の交換手順を決めておく
- ●入力信号が誤っていることの検知と対処を決めておく

図A　信頼性数値が不足する場合の対策例

・主要構成要素を多重構成とする
・1つの機器が故障した場合、他の機器がその機能を代行できるように機器を構成する
・近くに予備品を用意し、故障回復時間の短縮を図る
・故障をできるだけ早く検知し得る機構を採用する

図B　機器故障時の手順の例

ディスプレイの故障時の交換手順

【予備品置場】　地下備品置場 奥の棚
【使用権利者】　情報管理課長
【運搬手段】　置場内の手押し台車

交換時の連絡・交換手順

1. 情報管理課に電話連絡し許可を得る
2. 情報管理課に故障器の接続解除を依頼
3. 情報管理課の担当者の立会で故障器を撤去
4. 情報管理課の担当者の立会で予備機を設置
5. 情報管理課に予備機の接続を依頼
6. テストプログラムを起動して動作を確認
7. 異常なければ運用開始
8. 異常があった場合には情報管理課へ連絡
9. ディスプレイの交換報告書を情報管理課へ提出

図C　入力信号が誤っていると判別した場合の対処例

・それ以降のデータ処理を中止し、その事実をオペレータに知らせる
・あらかじめ準備しておいた別の入力信号に切り替える
・演算によって等価数値を引き出す

52 信頼性は設計段階で作り込む②

誤操作への対応と危険防止

④誤操作への処置

主としてオペレータ（人間）が操作する運転操作卓（操作パネル）上での操作が、ここでの対象となります。この運転操作卓の上には、各種スイッチや押しボタン類が並んでいますが、それらの各々にはシステムとして期待する正しい操作内容が規定されています。ところが、実際のオペレータは、時として安易な間違いを犯すことがあります。

たとえば間違ったボタンを押してしまうとか、1つ押すべきボタンを2つ押してしまうとか、寄りかかった拍子に誤ってボタンを押してしまうといった誤操作が考えられます。この場合、この結果を受けて動く機能が、この誤りに対して全く無防備に作られていると、とんでもない出力を出してしまうとか、システムの動作が停止してしまうとかの不具合を生じてしまうなどのケースが考えられます。したがって、これらの誤動作を事前（出力を出す前）に検知し、しかるべき処置をとらなければなりません。

⑤出力信号の不信頼性に対する処置

出力信号の正しさについては常に期待したいのですが、計算過程でのミスや出力装置の誤動作などによって、間違った出力を出してしまうことが考えられます。人間の安全にかかわる場合や機器の損傷にかかわる場合には、システム設計段階で明確に危険度を知り、対応策を設計しておかなければなりません。

一般に安易な解決策はなく、経済性をも考えた最適解を求めなければならないでしょう。具体的な手法の例としては、次のようなものが考えられます。

・装置を多重化し、出力を相互監視することにより誤出力を防止したり、プロセッサを二重化して演算結果を相互監視させる

・最終段にできるだけ近いところで出力値を計測、検知し、これが合理的な値の範囲に入っているかの検証を行う

要点BOX

●オペレータの誤操作による誤動作を事前に検知して対処する

●出力信号の信頼性は装置を多重化して相互監視

誤操作への対応

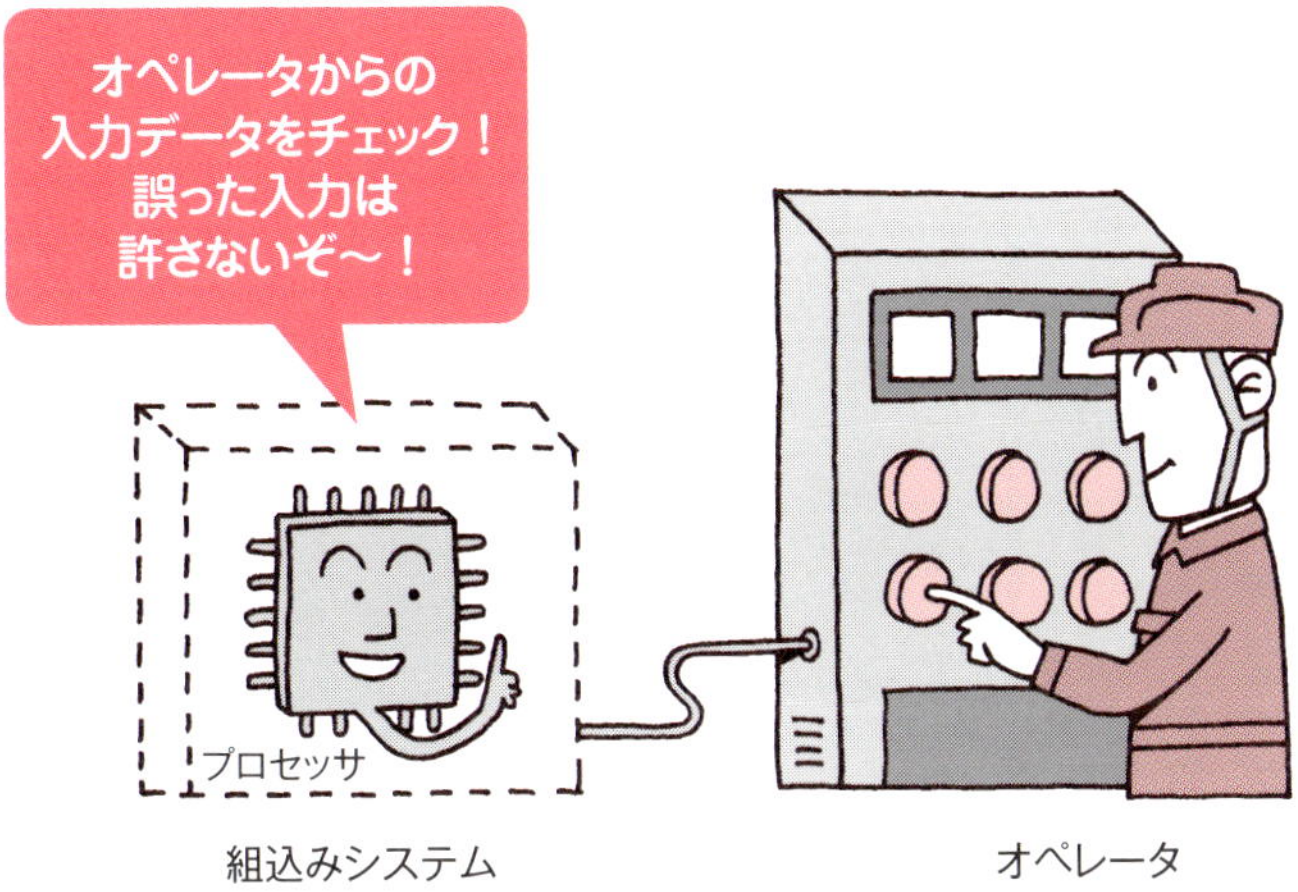

危険防止も誤操作対策

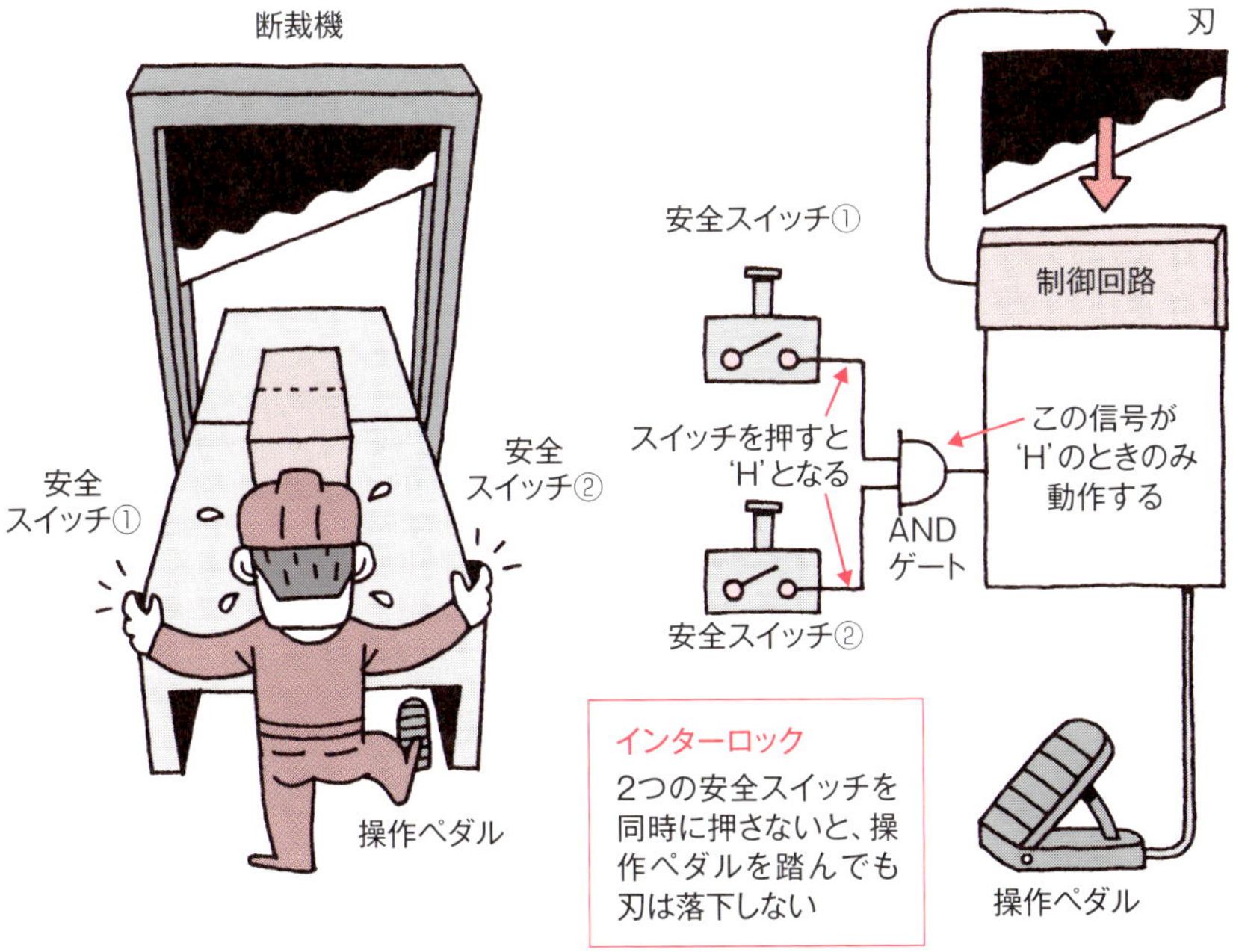

インターロック

2つの安全スイッチを同時に押さないと、操作ペダルを踏んでも刃は落下しない

53 絶対に故障しないシステムは可能か？

組込みシステム内での回復処理

〝絶対に故障しないシステム〟なんて、現実にはありえません。そこで、〝故障したらユーザーにバレる前に、すぐに発見して直してしまえば、故障したことにはならないのでは？〟と考えたらどうでしょうか？ ここで〝バレる〟とは、そのシステムに期待していた機能やサービスが停止や低下して、ユーザーが「おや！ なんか変だぞ？」と気がついてしまうことです。つまり、故障が表面化してバレる前に、正常動作に復帰できれば、故障しなかったのと同等だということです。

組込みシステムの種類によって、バレるまでの時間には差があると思われますが、いずれにしても、マイコンの処理速度からしてみれば、十分に長い時間が確保できる可能性があります。この時間を利用して故障箇所を発見し、直すか交換することができれば、ユーザーが気づかないうちにシステムを復帰させることができます。つまり、外見的には故障しないシステムが可能になるのです。

このように〝故障は必ず発生するものだ！〟を前提として対策を施したシステムを「フォールト・トレラント・システム」とか「ディペンダブル・システム」などと呼びます。一瞬たりとも止まったら、大損害や人命に関わるようなシステム（ネットワークサーバー、銀行のオンラインサービス、新幹線や航空機の制御システム、人工呼吸器など、たくさんあります）や、故障しても直ちに修理に行けない離島や山奥などに設置したシステム（たとえば、気象観測装置や人工衛星に搭載した機器）などに、すでに採用されています。そしてさらに、自動化や無人化システムの普及に伴い、いろいろなところでの活用が期待されています。

このような考え方を可能にするには、故障を素早く発見する仕掛けが必要です。そして、処理を中断させることなく、継続させるための回復処理も必要となります。それらを可能とするために用いられる手法は「冗長構成」と呼ばれ、次項で説明します。

要点BOX

- ●特定時間内に回復処理できれば外見的には故障しないシステムが可能になる
- ●故障発生を前提としたフォールト・トレラント

障害発生から故障に至るまで（火事にたとえると）

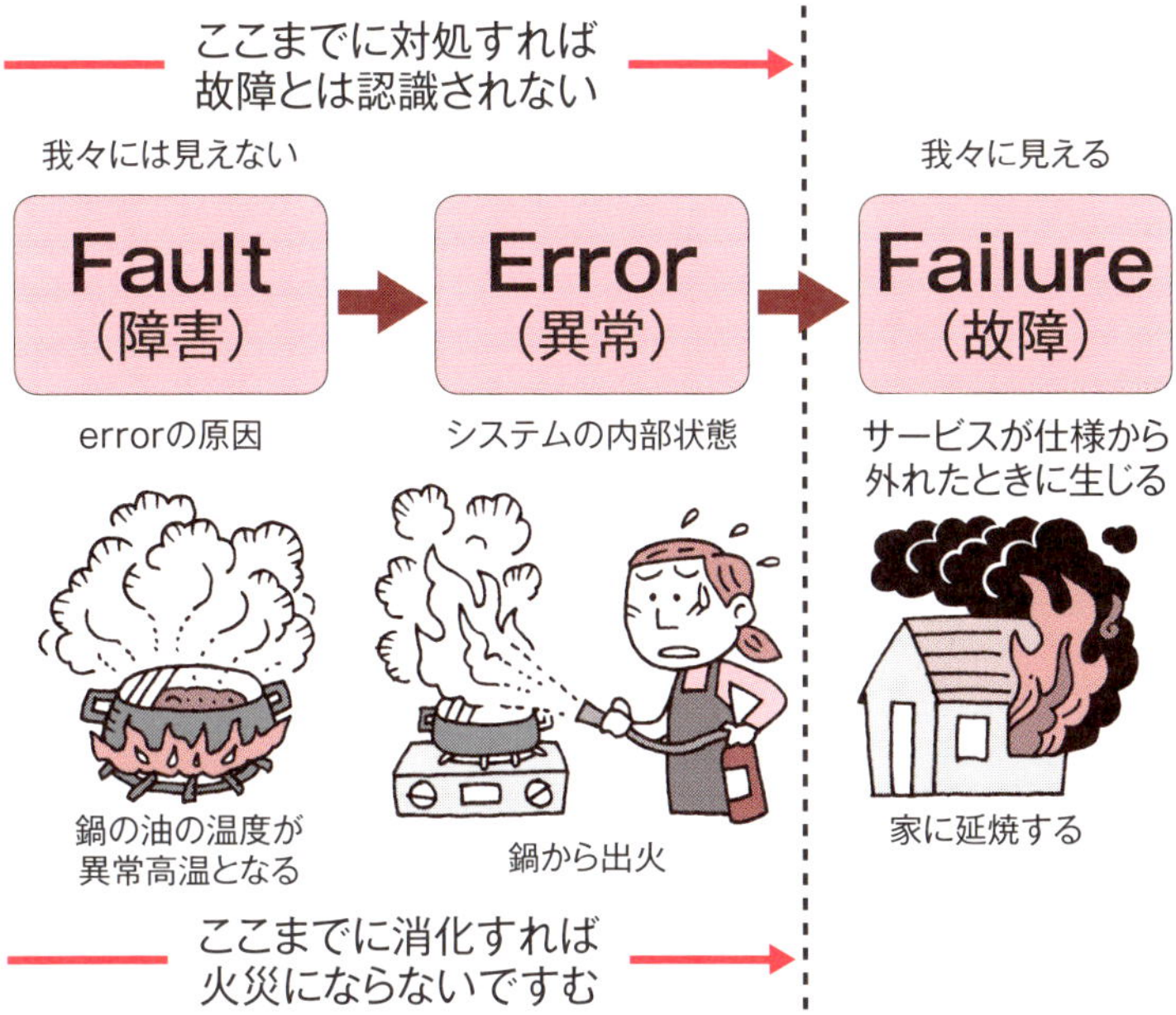
ここまでに対処すれば
故障とは認識されない
我々には見えない
我々に見える
Fault
（障害）
Error
（異常）
Failure
（故障）
errorの原因
システムの内部状態
サービスが仕様から
外れたときに生じる
鍋の油の温度が
異常高温となる
鍋から出火
家に延焼する
ここまでに消化すれば
火災にならないですむ

システムの回復処理フロー

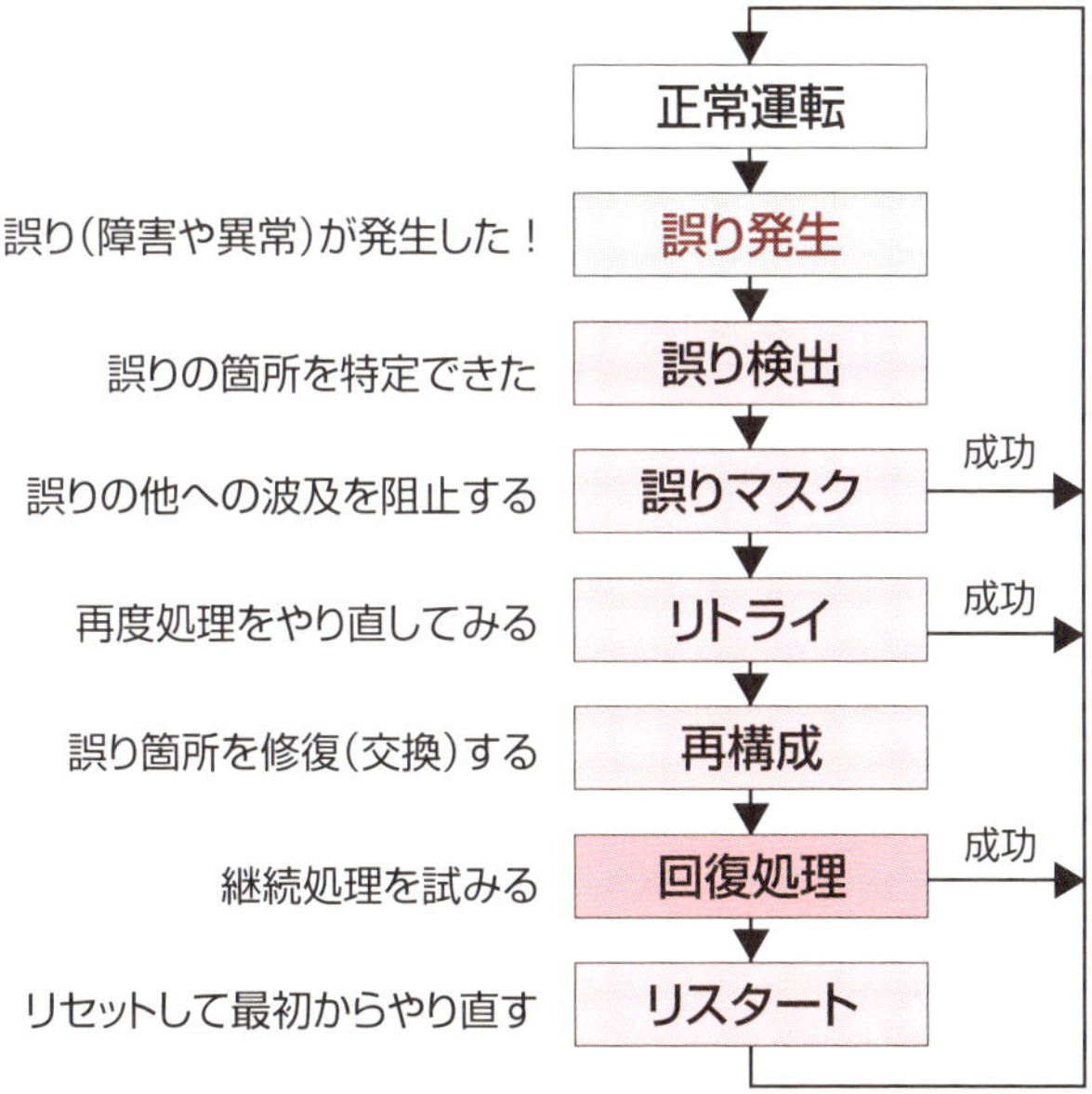
正常運転
誤り（障害や異常）が発生した！
誤り発生
誤りの箇所を特定できた
誤り検出
誤りの他への波及を阻止する
誤りマスク
成功
再度処理をやり直してみる
リトライ
成功
誤り箇所を修復（交換）する
再構成
継続処理を試みる
回復処理
成功
リセットして最初からやり直す
リスタート

54 信頼性を向上させるためのアプローチ

フォールト・アボイダンス、フォールト・マスキング、フォールト・トレランス

信頼性を向上させるためには、二段階でのアプローチがあります。一つは、故障の発生する確率をできるだけ小さくするために、設計段階において故障の発生しそうな要素を取り除いてしまおうとする考え方で「フォールト・アボイダンス（fault avoidance）」と呼ばれています。高品質な部品のみを選び出して使用したり、保護対策を多用したりすることになるため、大変高価なものになってしまいます。

もう一つは、〝故障は必ず発生するものだ！〟ということを前提にして、そのために回路、時間、情報などの「冗長性（redundancy）」を持たせて備えておくという考え方です。たとえば、回路を二重系にしておき、実行段階で故障の発生を検知したら、ただちに正常な系に切り替えるという方式で、「フォールト・トレランス（fault tolerance）」と呼んでいます。

「冗長」とは、一般的に無駄を意味する言葉のように思われていますが、フォールト・トレランスにおいては冗長性を効果的に利用した手法と言えるでしょう。フォールト・トレランスが利用している具体的な冗長性としては、表に示すような4種類に大別することができます。そして、実際にはこれらの冗長性を組み合わせて使用することになります。それぞれの冗長性の主な実現手法についても、表を参照してください。

また、両者のアプローチの中間に位置する考え方として、故障が発生したら他へ広がることを防ぐというアプローチもあって、「フォールト・マスキング（fault masking）」と呼ばれています。たとえば、パソコンのハードディスク装置において書き込みエラーが発生した場合など、その記憶場所を使用禁止にして管理し、残っている他の場所を利用して動作を継続するなどが該当します。

これらの処理は、いちいちユーザーに問い合わせたり、報告したりすることなしに行われているため、その存在に気がついていないだけなのです。

要点BOX

●信頼性を向上させるフォールト・アボイダンスとフォールト・トレランス。その中間としてフォールト・マスキングがある

信頼性を向上させるための方法

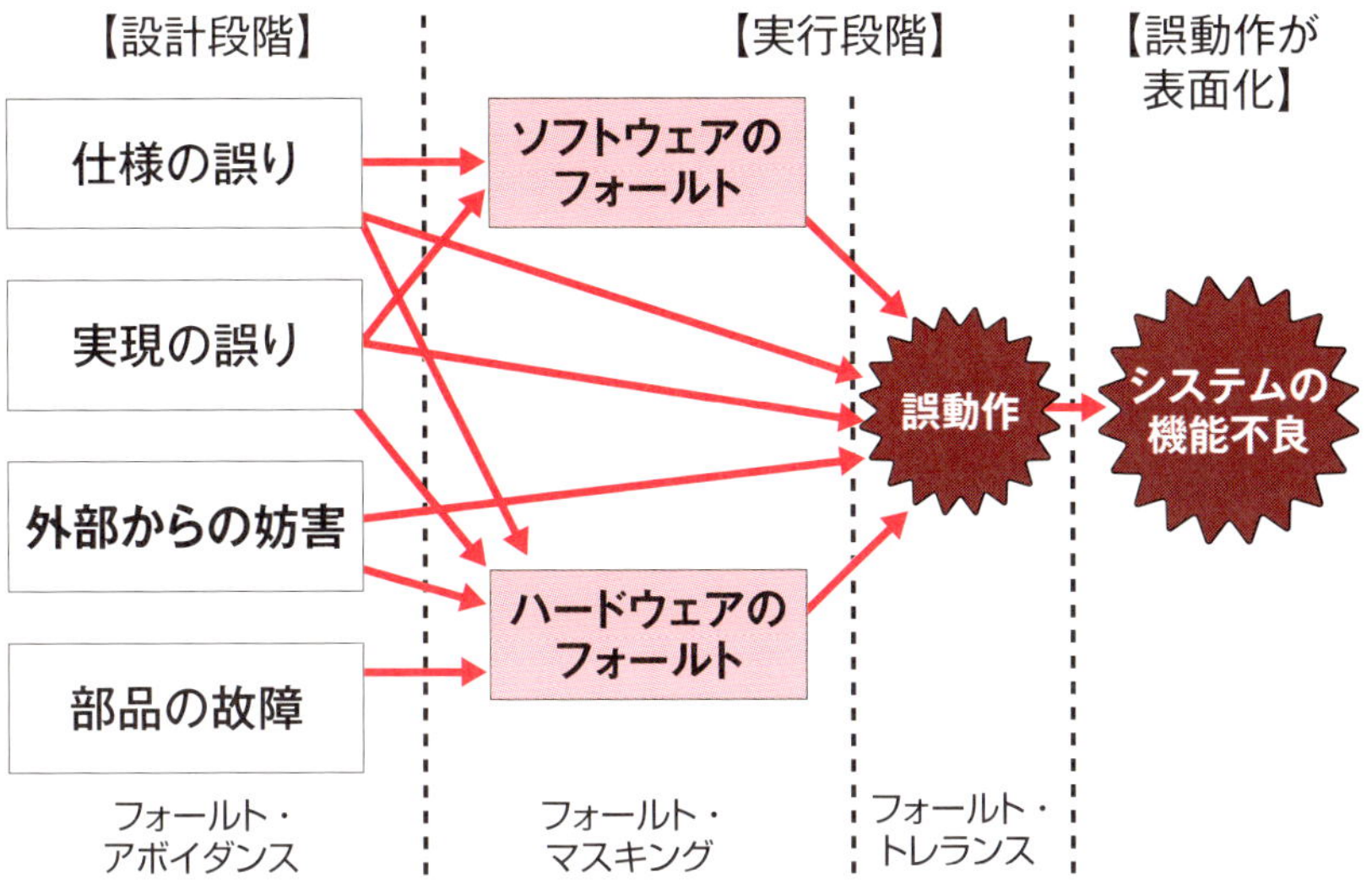

フォールトトレランスで用いられる冗長性の種類

利用する冗長性	各種方法
情報の冗長	本来機能の実現の必要性を超えて情報を追加すること ・誤り検出符号（パリティチェック、M-out-of-N、剰余符号） ・誤り訂正符号（垂直·水平パリティ、ハミング符号）など
ハードウェアの冗長	故障に備えて同一のハードウェアを複数持つこと ・受動的多量化（フォールトの発生をマスクするだけで、故障モジュールの検出、分離、修復は行わない） ・能動的多重化（フォールトマスクは行わないが、フォールトを検出し、故障モジュールをスペアと取り替える） ・複合的多重化（フォールトのマスクを使い、故障モジュールをスペアと取り替える）など
ソフトウェアの冗長	なんらかのフォールトトレランスの機能を実現するために、余計なソフトウェアを追加すること ・有効性検査、合理性検査、自己試験、ウォッチドッグタイマ、Nバージョンプログラミングなど
時間の冗長	故障を検知し、それに耐えるために、余計な時間を費やすこと ・過渡的誤り状態の検出、同一内容の処理を異なるアルゴリズムで複数回実行するなど

55 故障検知手法のいろいろ

ハードウェア冗長の構成例

プロセッサ（コンピュータ）を複数用いたフォールト・トレランスの代表的な例を、図に示します。この例では、複数のプロセッサがバス経由でメモリを共有し、データの受け渡しを行っている場合です。

図ⓐの「デュアル・システム」は、並列冗長システムの例です。2つのプロセッサは、同期して（つまり同じクロックのタイミングに従って）同じプログラムを実行し、得られた結果（出力データなど）を比較することによって、システムの状態（正常か異常か）を判断しています。この場合、結果の比較が不一致となることで、どちらかが故障したことはわかりますが、どちらのプロセッサなのかまではわかりません。そのため、この構成のシステムに故障が発生した場合には、システムを安全な側に停止させることになります。

これに対して、図ⓒの「デュアル・デュープレックス・システム」では、前記デュアル・システムが2組採用されているため、どちらの組が異常となった場合でも、他方の組が処理を継続することができます。しかし、このシステム構成を行うには、プロセッサが4つも必要となってしまいます。

そこで、3つ（奇数個）のプロセッサを使用し、その中の1つが故障しても、処理が継続できるように構成したシステムが、図ⓓの「多数決システム」です。1つのプロセッサが故障した後の動作は、図ⓐに示したデュアル・システムと同じになります。

図ⓑはホットスタンバイ（いつでも動作開始可能状態）の待機冗長システムの例で、「デュープレックス・システム」と言います。アクティブ（実行中）のプロセッサは、スタンバイ（待機）しているシステムに対し、一定時間毎に"I'm alive!（俺は生きているゾ〜！）"というメッセージを送り続ける約束になっています。この約束が守れなくなったとき（つまり故障したとき）、スタンバイプロセッサが起動し、処理を継続することになります。

要点BOX

- 複数のプロセッサを用いてハードウェア冗長性を確保する
- 多数決システムや待機冗長システムなどがある

ハードウェア冗長の構成例

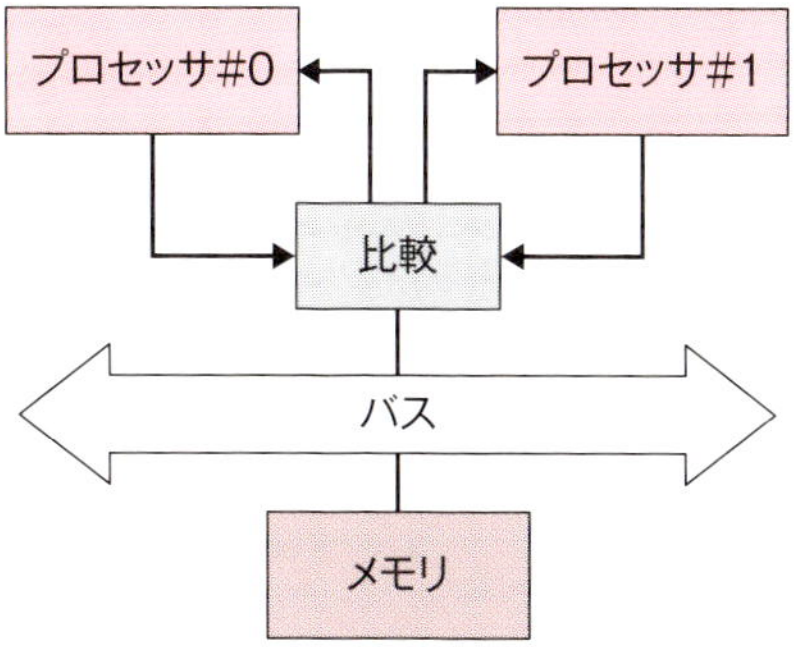

◆二台のコンピュータを用意し、同じプログラムを処理させ、途中経過を常に突き合わせしてチェックする
◆一致しなかったら、どちらかが故障したと判断する。処理はここまで（中断）

(a)デュアル・システム

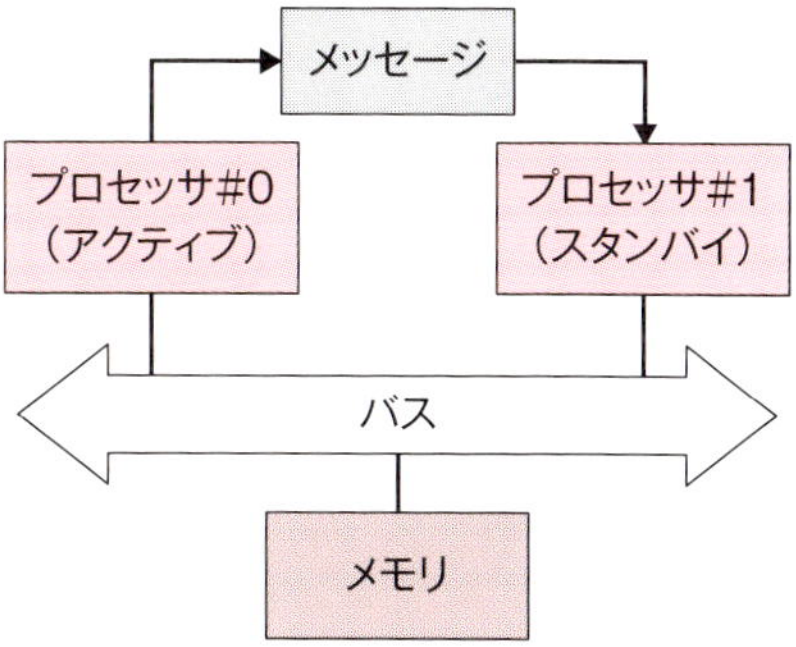

◆二台のコンピュータを用意し、通常はアクティブ・プロセッサがプログラムを処理し、途中経過を時々スタンバイ・プロセッサに転送すると共に、正常であることを通知する
◆一定時間経過しても正常通知が届かなかったら故障したと判断し、スタンバイ・プロセッサが途中経過をもとに処理を継続する。故障しなかったことになる

(b)デュープレックス・システム

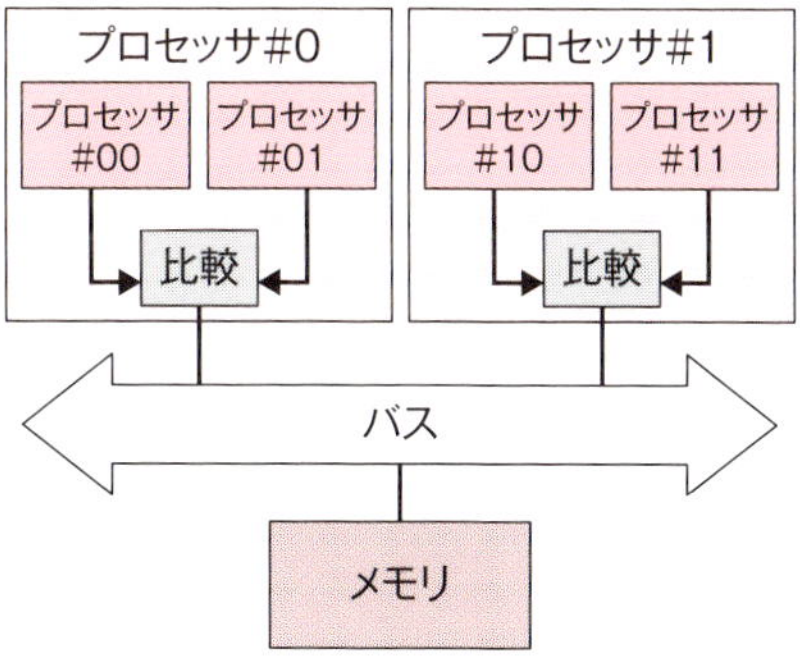

◆二組のデュープレックス・システムを用意し、一組が処理を行い、もう一組は待機する
◆一致しなかったら、待機していたもう一組が、途中経過を使って処理を継続実行する（処理続行）。故障しなかったことになる

(c)デュアル・デュープレックス・システム

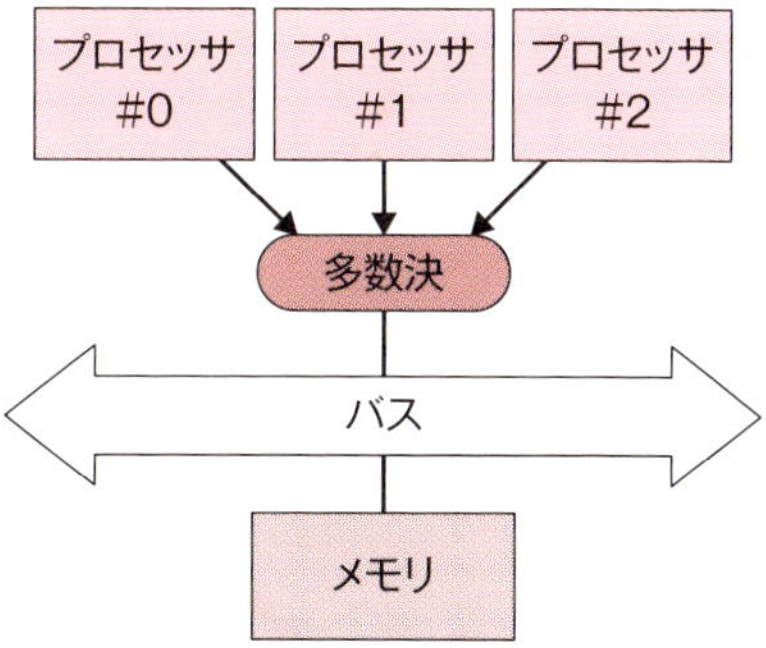

◆三台以上、奇数台のコンピュータを用意し、同じプログラムを同時に処理させ、途中経過を時々突き合わして多数決をとる
◆多数決の結果、少数派を切り離して処理を継続実行する（処理続行）
◆故障しなかったことになる。残りが二台になると、デュアル・システムになる

(d)多数決システム

56 フェイルセーフとフェイルソフト

事故や故障が起こっても信頼性を確保する従来からある手法

従来からの高信頼化手法として、フェイルセーフとフェイルソフトがあります。

「フェイルセーフ（fail safe）」なシステムとは、故障したときの誤動作の結果が、必ず安全な側に働くというものです。つまり、外部に対して危険な出力を出さないように設計されたシステムのことです。たとえば、交差点の交通信号機の制御を例にすると、どのような故障が起こったとしても、必ず赤が点灯した状態になるようにしたシステムを作るということです。

上図では、ドアが開いたときに防犯ブザーを鳴らすために用いるスイッチとして、どのタイプが適しているかを検討しています。ドア回路の配線の一部が、侵入者によって切られたとしても、防犯ブザーが鳴ることが安全側だとすると、(b)のようにドアが開いたときにスイッチが開く（OFFとなる）タイプを用いたほうが、フェイルセーフであると言うことができます。

また、電源OFFスイッチをデジタル入力に接続しておき、誤って押されたときに〝本当に切断してよいですか？〟などのメッセージを表示して、いきなり電源を切断しない配慮も、フェイルセーフの考え方です。

一方、「フェイルソフト（fail soft）」なシステムとは、システムの一部が故障してもシステム全体がダウンせず、性能は低下するが処理を遂行できるようなシステムのことです。つまり、単一のシステムとして集中制御するのではなく、いくつかのサブシステムに分けて分散制御するといったようなものです。

下図に示す踏切警報器において、これまでは白熱電球1個が使われていましたが、最近では多数のLEDを直列接続と並列接続に組み合わせて、複数のグループとして構成されています。もし、どれかのLEDが故障したとしても、そのLEDを含むグループだけが消灯し、残りは点灯し続けることができます。そのため、明るさは多少低下しますが、警報器としての機能は発揮し続けることができます。

要点BOX
- ●故障したときの誤動作の結果が必ず安全性のある側に働くフェイルセーフ
- ●システム全体のダウンを避けるフェイルソフト

フェイルセーフな防犯ブザーの配線

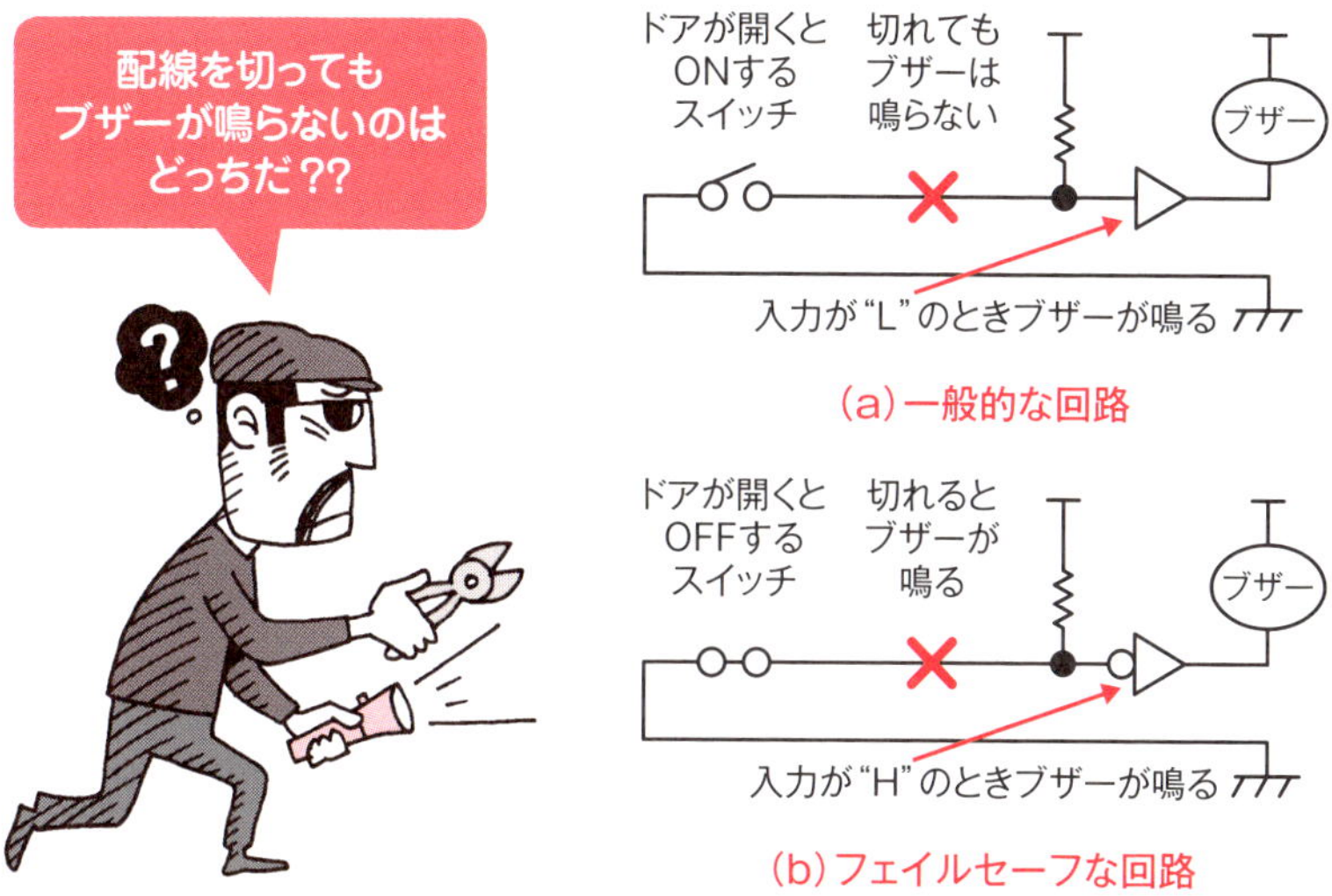

(a) 一般的な回路

(b) フェイルセーフな回路

フェイルソフトな踏切警報器

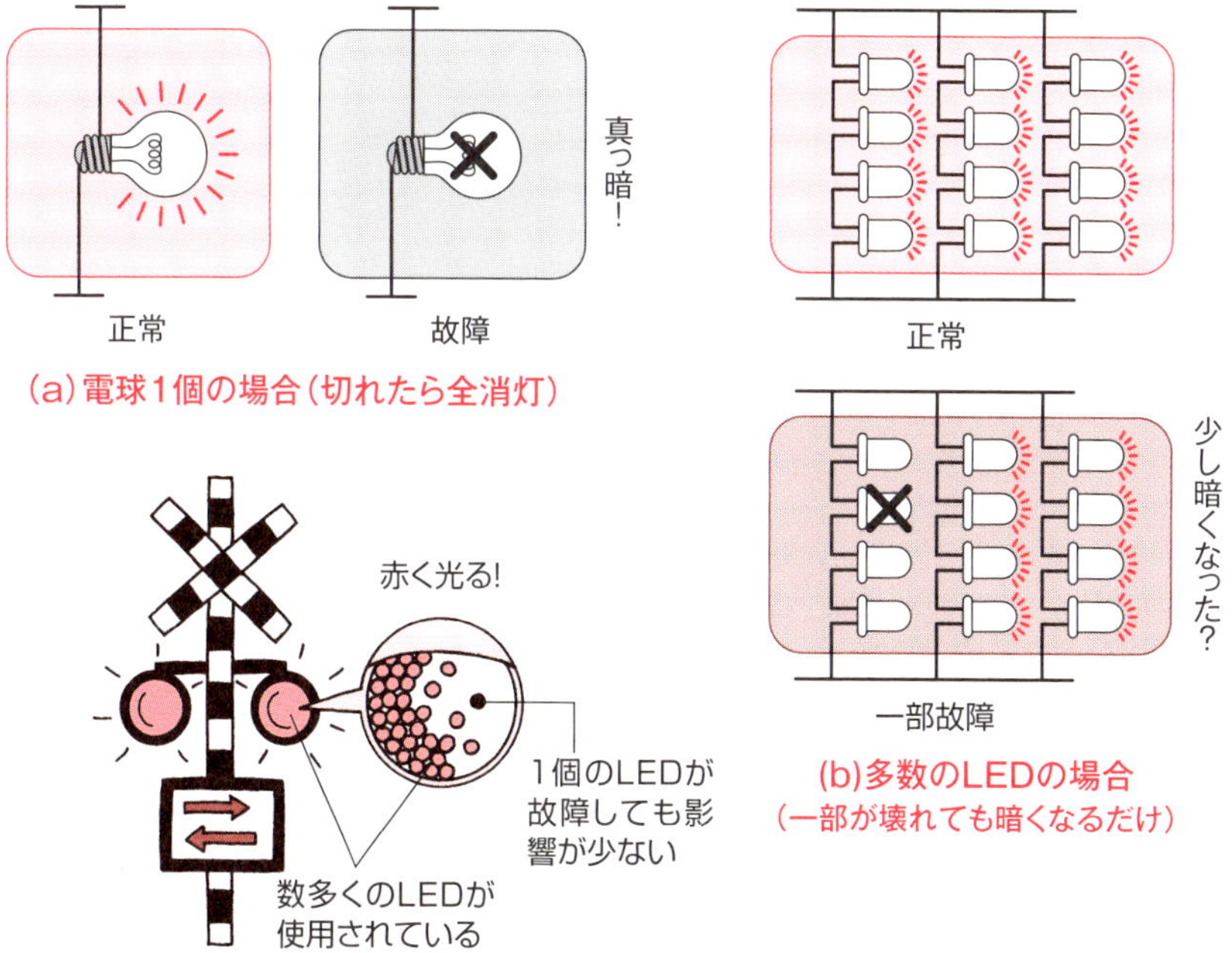

(a) 電球1個の場合(切れたら全消灯)

(b) 多数のLEDの場合
(一部が壊れても暗くなるだけ)

57 求められる安全性対策とは①

本質安全と機能安全

2000年に入った頃から、組込みシステムにおいて「安全性設計」ということが検討され始めました。安全性設計は、〝潜在危険（hazard）をあらかじめ徹底的に分析して、危害の発生頻度や危害の過酷さなどを評価し、事前に対策を講じる〟という安全確保の考え方として一般化してきています。また、さまざまな産業の安全確保の目的で、コンピュータ技術が盛んに使用されるようになってきました。

このような考え方や技術の出現に対して、IEC（国際電気標準会議）から、コンピュータ技術による機能安全を確保するための国際規格IEC61508（JIS C 0508）が制定されました。危害の発生を根源から除いてしまう対策を「本質安全」、周辺の安全対策機能によって相対的に危害の発生を軽減させることを「機能安全」と呼んでいます。

組込みシステムで考えられる主な安全対策項目について考えてみましょう。

①温湿度・塵埃などの周囲環境への対策

組込みシステムの設置・利用環境については、ウェアラブルなどの普及などにより、特別な要件を設定しにくいという厳しい状況が求められる時代になってきました。しかし、マイコンが半導体製品である以上、周囲温湿度や塵埃に対する対策は不可欠です。

②人間の誤操作への対策

システムの安全性を考える場合、忘れてならないものに人間の存在があります。組込みシステムそのものには故障が起きていなくても、人間の誤操作によって障害が発生することが予想されるからです。

今日では、組込みシステムを構成する電子部品の信頼性より、人間の信頼性のほうが低いとさえ言われています。そのため、人間の特徴を考えたヒューマンインタフェースの設計など、人間工学的な配慮が重要と思われます。

要点BOX
- ●さまざまな産業の安全確保の目的でコンピュータ技術が活用されている
- ●周囲温湿度や粉塵、誤操作への対策も必要

踏切の安全性を考える

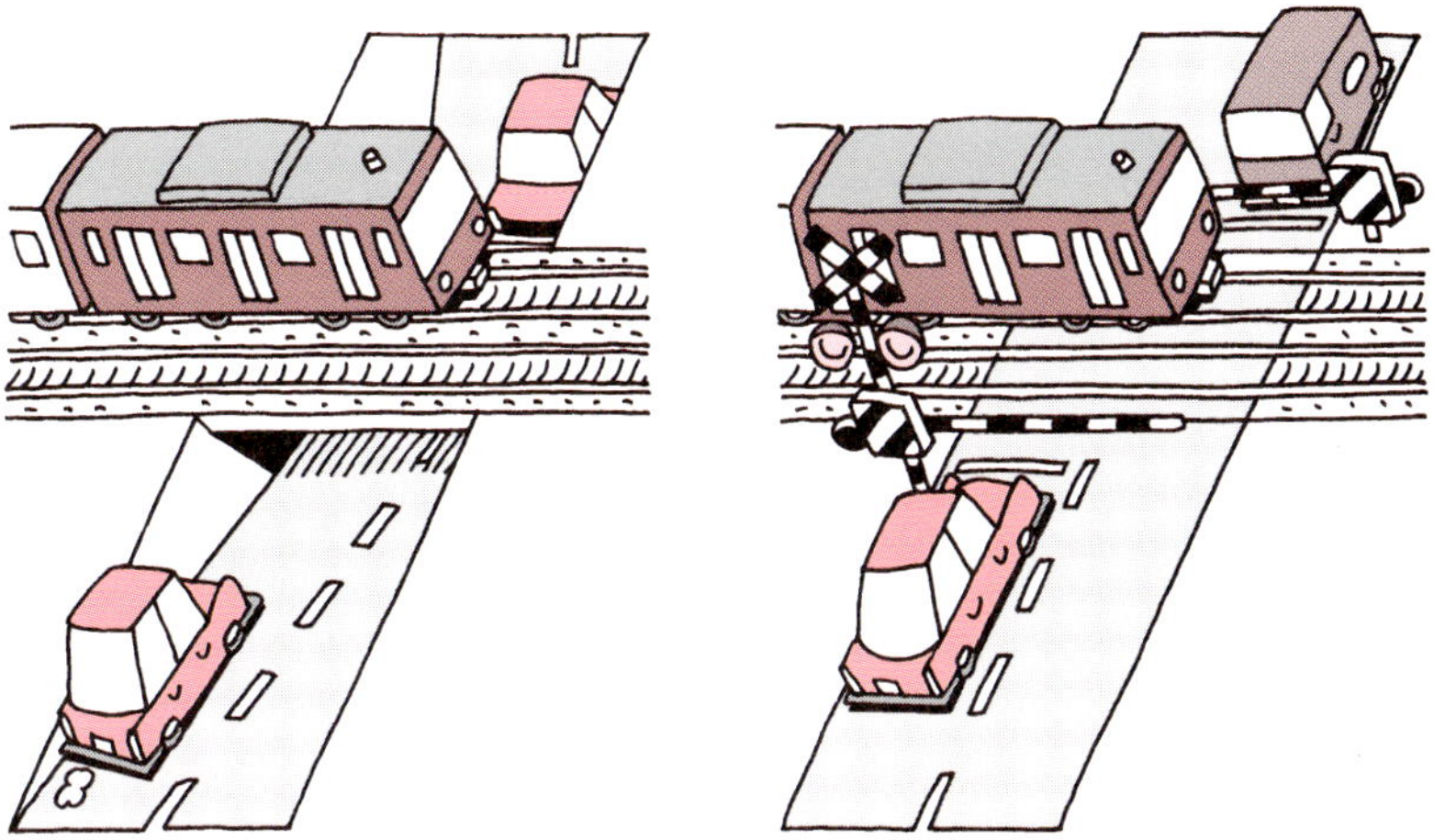

(a)踏切を立体交差にする
(本質安全)

(b)遮断機や信号などで対策する
(機能安全)

※"踏切の安全性"を考えた場合、立体交差も天災などにより壊れてしまい、大惨事になる可能性があるため、「踏み切りをなくすこと」こそが"本質安全"であるという考えもある。

ウェアラブル機器のいろいろ

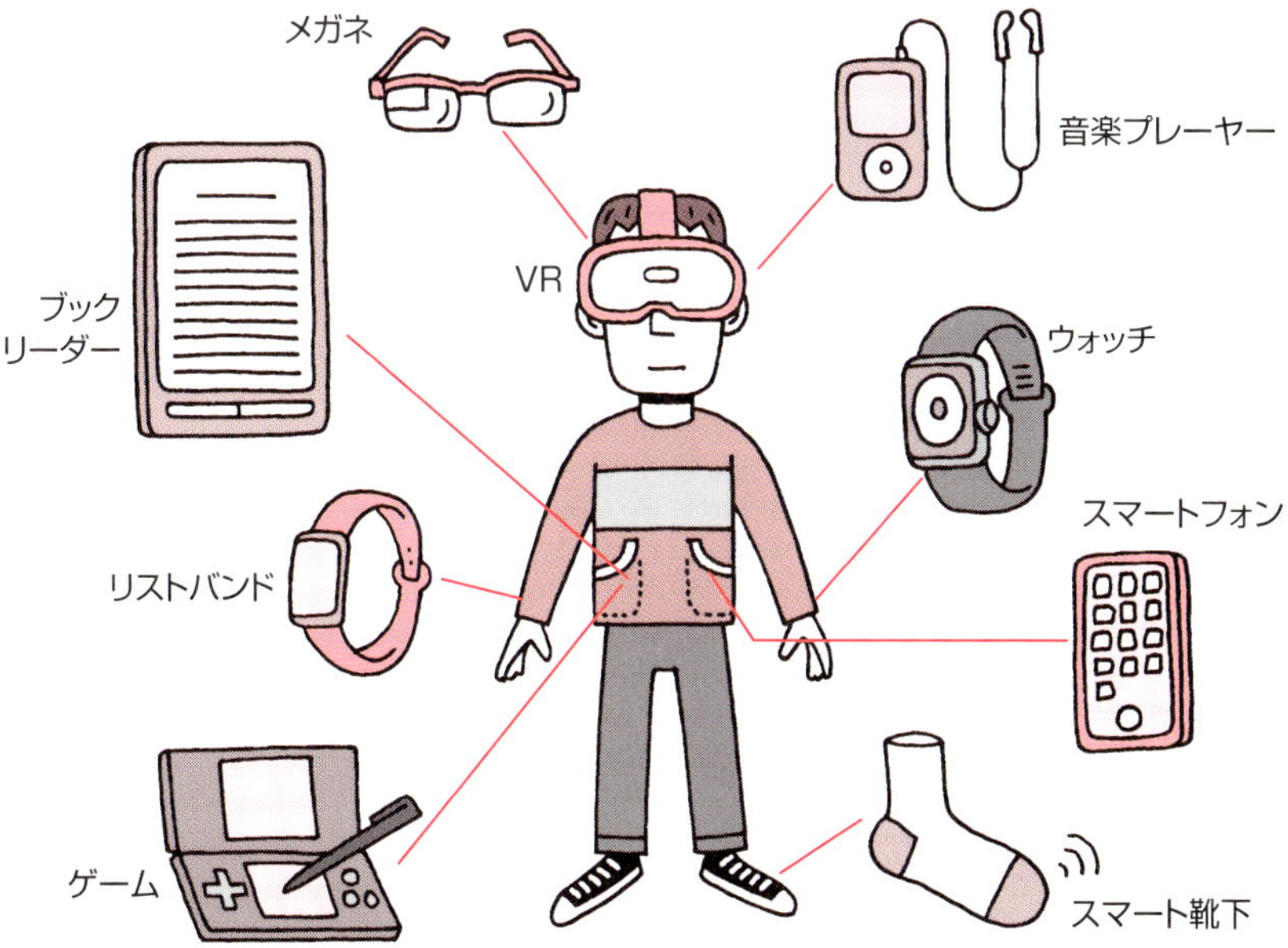

58 求められる安全性対策とは②

人体への安全性や産業、社会への安全確保

③漏電や感電への対策

人体への安全性という観点から、漏電や感電に対する配慮が重要です。電源コードにアース線を含めた3Pコネクタや、システムのI／Oラインにフォトカプラを用いて絶縁するなどの対策が行われています。

また、高電圧を使用するシステムにあっては、その部分に直接触れることができないような対策が必須です。特に医用電子機器では人命にかかわるため、漏れ電流の規制値が厳しくなっています。

④発熱や発火への対策

アクチュエータなどに大電力を使用する場合には、発熱や発火への配慮が求められます。小型化が一層進んでいる組込みシステムにおいては、実装密度が高くなり、強制冷却が必要となります。高速クロックで動作するプロセッサには、専用ブロワーや熱冷却素子などを採用するのが一般化しています。

また一方では、電源電圧を低下させたデバイスが登場したり、処理する負荷によってプロセッサの動作速度を変化させるなどの省電力化が採用されています。

⑤危険な誤出力への対策

システムに故障が発生したとしても、人命の損傷や重大な社会的混乱を起こさせないよう、あらかじめ定められた安全状態に固定し、故障の影響を限定するというフェイルセーフなシステムとします。このように、外部へ危険な結果を生じさせる信号を出力することのないようにしておくことが大切です。

一般に産業用システムなどには非常停止処理が不可欠ですが、非常停止だからといって単に電源を切ったり、システムを急停止させればよいというものではありません。安全な状態に、かつ速やかにシステムを停止させることが重要なのです。例えば、産業用ロボットが重たい部品を持ち上げたときに非常停止となって電源を切ってしまうと、重たい部品を落としたり、アームを振り下ろしたりして危険です。

要点BOX

- ●人体への安全性で漏電・感電対策、機器への安全性で発熱・発火対策が重要
- ●外部へ危険な結果を出力しないことが大切

接地（アース）付きコンセントとコネクタ

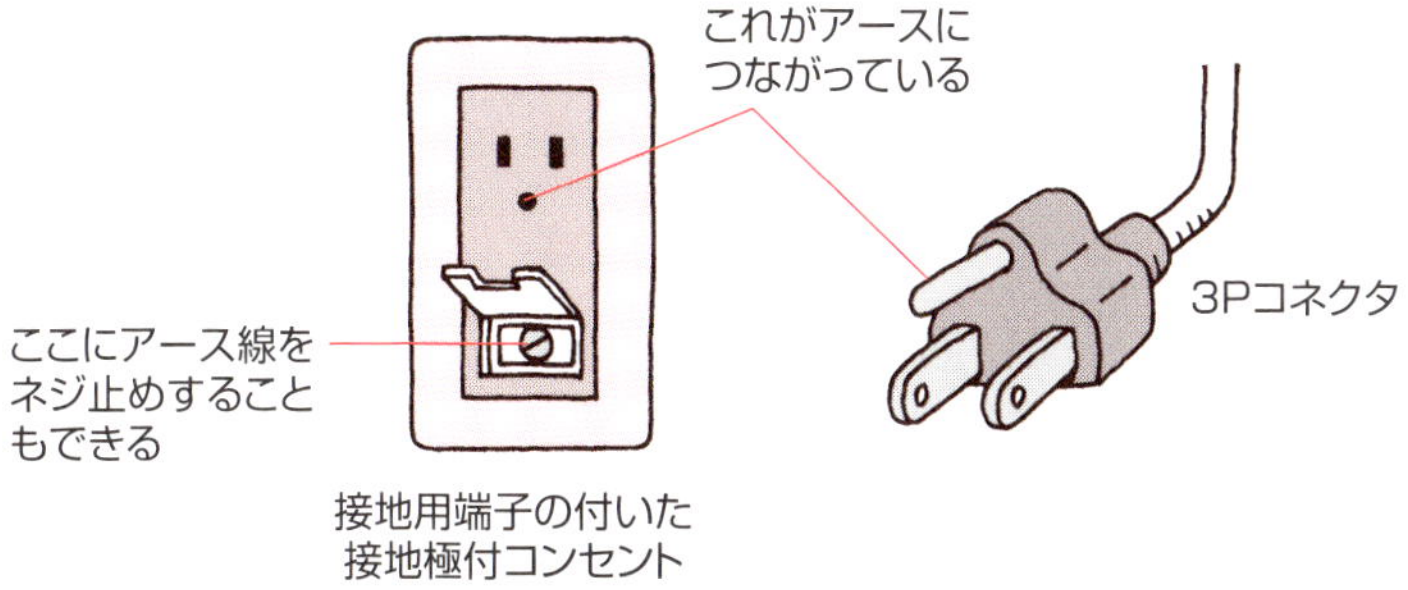

フォトカプラの内部構造と使い方

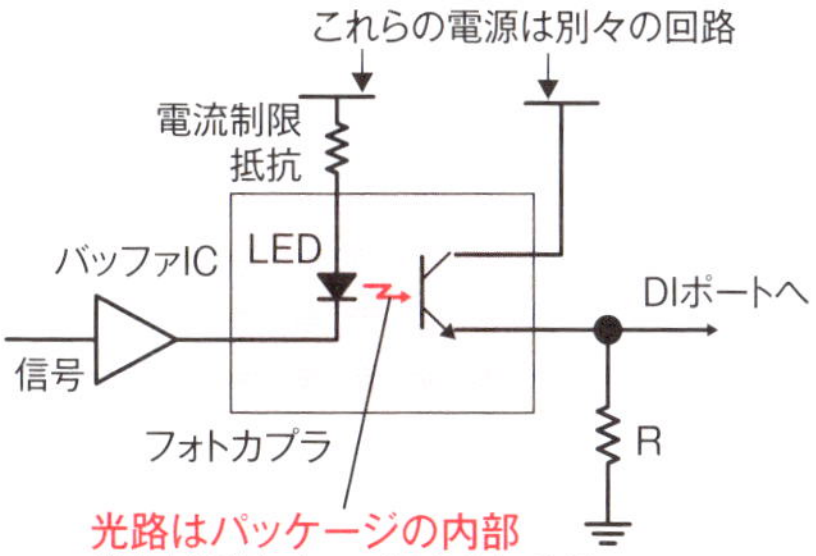

光路はパッケージの内部
（信号は光によって伝えられるが、
電気的には絶縁されている）

プロセッサ冷却装置

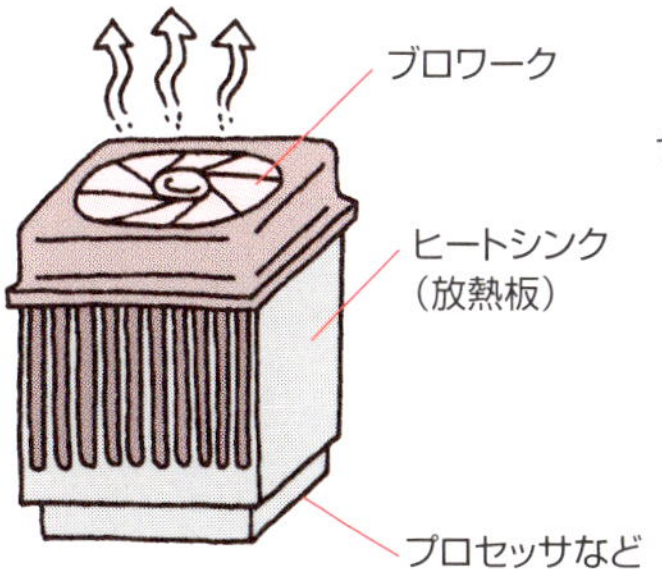

一般的なヒートシンクと
ブロワー方式

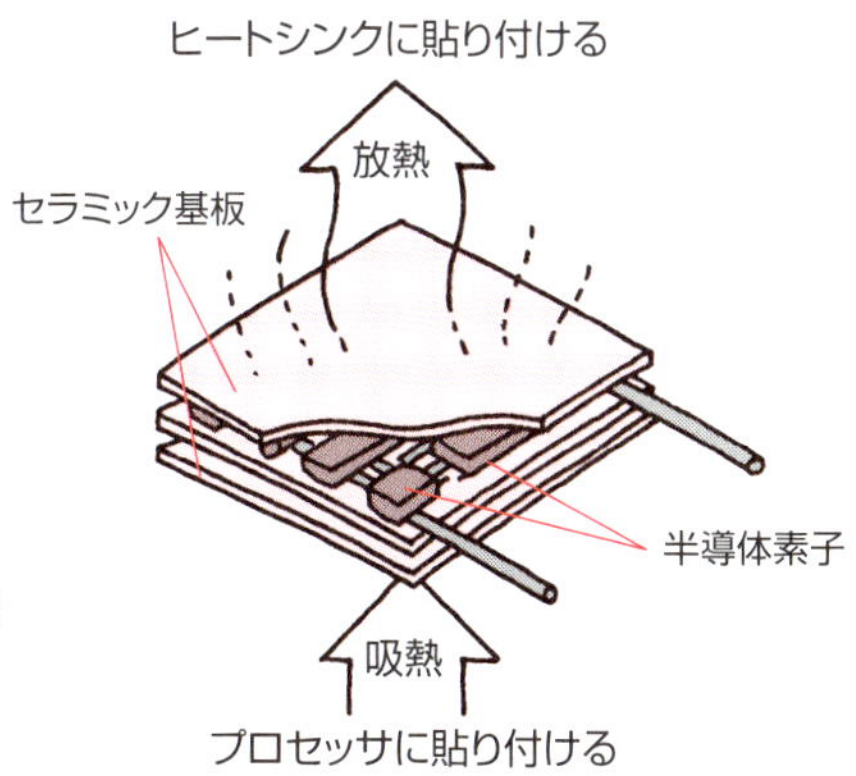

半導体冷却素子（ペルチェ素子）
（プロセッサとヒートシンクの間に挟む）

59 安全・安心・信頼性の違い

信頼性と安全性の定義

　ここまでの説明の中に、「安全性」とともに「信頼性」という用語が登場していますが、それらの違いについて、ちょっとだけ豆知識を紹介しましょう。まずは、それぞれの用語の定義が、次のようにJISで決まっています。

・システムの信頼性の定義（JIS X 0014）
　機能単位が、要求された機能を与えられた条件の下で、与えられた期間実行する能力

・システムの安全性の定義（JIS X 0134）
　システムが規定された条件の下で、人の生命、健康、財産またはその環境を危険にさらす状態に移行しない期待度合い

　システムの信頼性では、〝要求された機能を与えられた期間実行する能力〟となっていて、安全性については触れていません。そのため、要求機能を与えられた期間満たしてさえいれば、安全でなくても〝信頼性〟があると言えるのです。

　一方、システムの安全性では、〝危険な状態に移行しないこと〟となっていて、そのシステムが機能要求を満たしているかどうかには触れていません。そのため、動かない自動車や飛ばない飛行機でも、〝安全〟な乗り物だと言えるのです。

　このように、信頼性と安全性には、互いに深い関係があるにもかかわらず、それぞれがまったく異なったところに注目している概念であることがわかります。しかし、現実には、それら双方の要求を満たしていないと、私たちの役に立つシステムとは言えません。組込みシステムには、安全性も信頼性も、どちらも必要ということです。

　もうひとつ、「安心」という用語もよく耳にします。これら三者の関係を時系列的に考えると、安全性は設計段階で検討され、安心は稼働段階で実施され、信頼性は稼働状態を維持すること、などと言えるのではないでしょうか。

要点BOX

- 信頼性とシステムの安全性は規格化されている
- 安全性は設計段階で検討、安心は稼働段階で実施、信頼性は稼働状態を維持

走らない車は安全である？

安全・安心・信頼性の関係

安全設計

人や環境への危害を
いかに低くするか

安心して使用できる

物事が損傷したり
危害を受けたりする
おそれのないこと

信頼性

いつまで安心が
続くのか？

60 今後はセキュリティ対策が重要

セキュリティ機能の搭載

組込みシステムの急激な普及と共に、IoTによりインターネットなどの通信網への接続が一般的となりました。そのため、ネットワーク経由での攻撃がさらに激化する可能性が指摘されており、セキュリティの重要性がさらに増しています。しかし、組込み分野には標準となるセキュリティ対策法が今のところ見当たりません。その結果、セキュリティ対策の実装が、個々別々に行わざるをえないために高コストとなり、必要性の割には導入が進んでいないという状態なのが現状と言えるでしょう。

組込みシステムのセキュリティ対策を行うためには、プロセッサ自身の仕様から始まって、システム全体に至るまでの各部に、セキュリティ機能を組み込んでおく必要があります。つまり、チップレベルのハードウェアのみならず、OSやミドルウェアなどのソフトウェアまで含めたトータルなセキュリティ対策が求められるのです。

セキュリティ機能を標準搭載したプロセッサの代表例として、ARMのCortex-Aシリーズがあります。そこでサポートされている〝TrustZone〟という方法は、ソフトウェアからのアクセスを制御できるハードウェアベースの方式です。まず、ハードウェアのリソース（メモリやI／Oなど）を「ノーマルワールド」と「セキュアワールド」に仮想的に分けます。そして、セキュアワールドに属するソフトウェアは、すべてのハードウェアにアクセスできる一方、ノーマルワールドに属するソフトウェアは、ノーマルまたは非セキュアと定義されたハードウェア要素にしかアクセスできないように制限されています。そのため、セキュアな領域に配置した機密データや重要度の高いハードウェアの制御を、悪意のあるプログラムから守ることができるため、安全な環境を構築することが可能になるというものです。

今後も、組込みシステムのセキュリティ対策技術の動向からは、目が離せません。

要点BOX
- ●システム全体にセキュリティ機能を埋め込む
- ●ソフトウェアは悪意のあるプログラムからの保護が重要

TrustZoneのイメージ

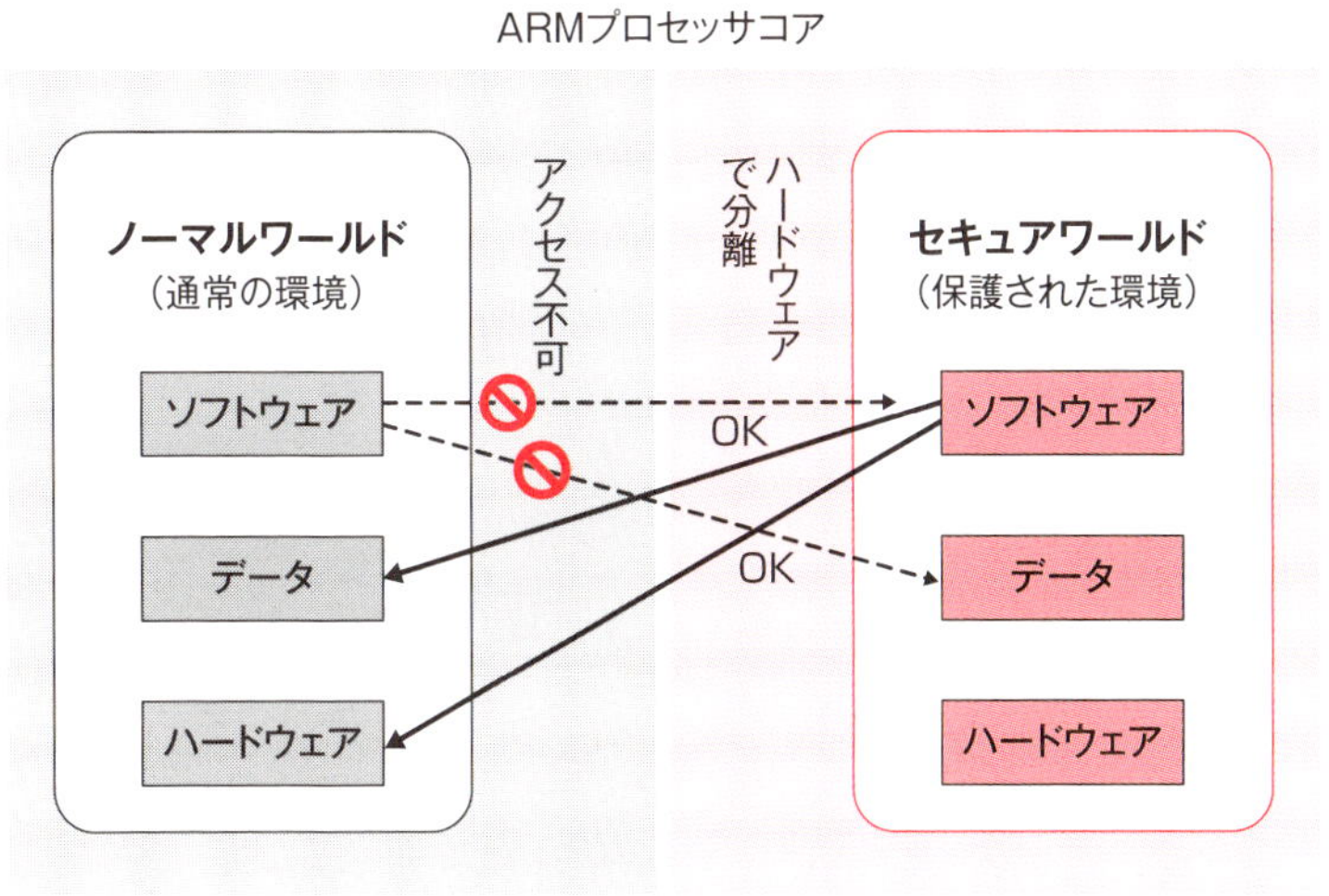

サイバー攻撃の代表的な種類

マルウェア	ウィルス	プログラムに寄生して、動作を妨げたり、ユーザーが意図しない挙動を行わせるプログラム
	ワーム	ネットワーク経由で攻撃先システムのセキュリティホールから侵入しファイルを破棄するなど
	トロイの木馬	攻撃者が意図する活動を、侵入先のコンピュータ上でユーザーが気がつかない状況で行う
	ボット	元々は別のコンピュータに接続して命令を実行する単純プログラムという意味だった
	ランサムウェア	同意なくコンピュータにインストールされ、勝手に暗号化処理を行い、読みとれない状態にする
標的型攻撃	DoS攻撃	意図的に過剰な負荷をかける行為をし、ネットワークの遅延やサイトへのアクセスを不可にする
	DDoS攻撃	DoS攻撃を分散型の攻撃方法に進化させたもので、複数のシステムから一斉に攻撃する
	ゼロデイ攻撃	ソフトウェアのセキュリティホールが広く公表される前に、その脆弱性を悪用して行われる攻撃
	フィッシング	実在する企業や個人を装った電子メールを送信し、クレジットカードなどの機密情報を取得する

Column

熱設計と筐体設計

組込みシステム設計で、忘れてはいけないものに、「熱設計」や「筐体設計」などがあります。これらは、装置の高密度化・小型化によって、ますます必要度が増していると言えるでしょう。

ICなどの半導体は熱の影響を受けやすいので、発熱の多い部品からは離して配置します。

装置内の熱を外部へ排気する場合に、ブロワーを採用しますが、その際には吹き込むよりは、吸い出す方向にすると、ゴミ対策にもなります。ソヨソヨと弱い換気を採用するのもよさそうです。

ゴミ対策としては、光センサが要注意で、フォトインタラプタなどは下向きに設置するなどの配慮が必要です。また、基板はできるだけ立てる方向に配置すると、ゴミが付きにくくなります。

簡易なEMC対策としては、発生源をアルミホイルで囲ったり、配線にアルミホイルを巻き付けてシールドする方法があります。

アルミ板などで筐体を作る場合には、板の端を少し折り曲げて重ねるように組み立て、隙間を作らないようにすると、妨害波の漏れを防ぐのに効果的です。

格好の良い筐体を先に作ってしまって、その中にシステムを詰め込むという順番は、感心しません。ノイズ対策用のフィルタが必要だったのに、入る余地がないという理由で省略してしまい、販売後にトラブル対策で苦慮した製品の例を知っています。

この辺の対策は、ノウハウの塊です。ベテランに相談するのがよさそうです。

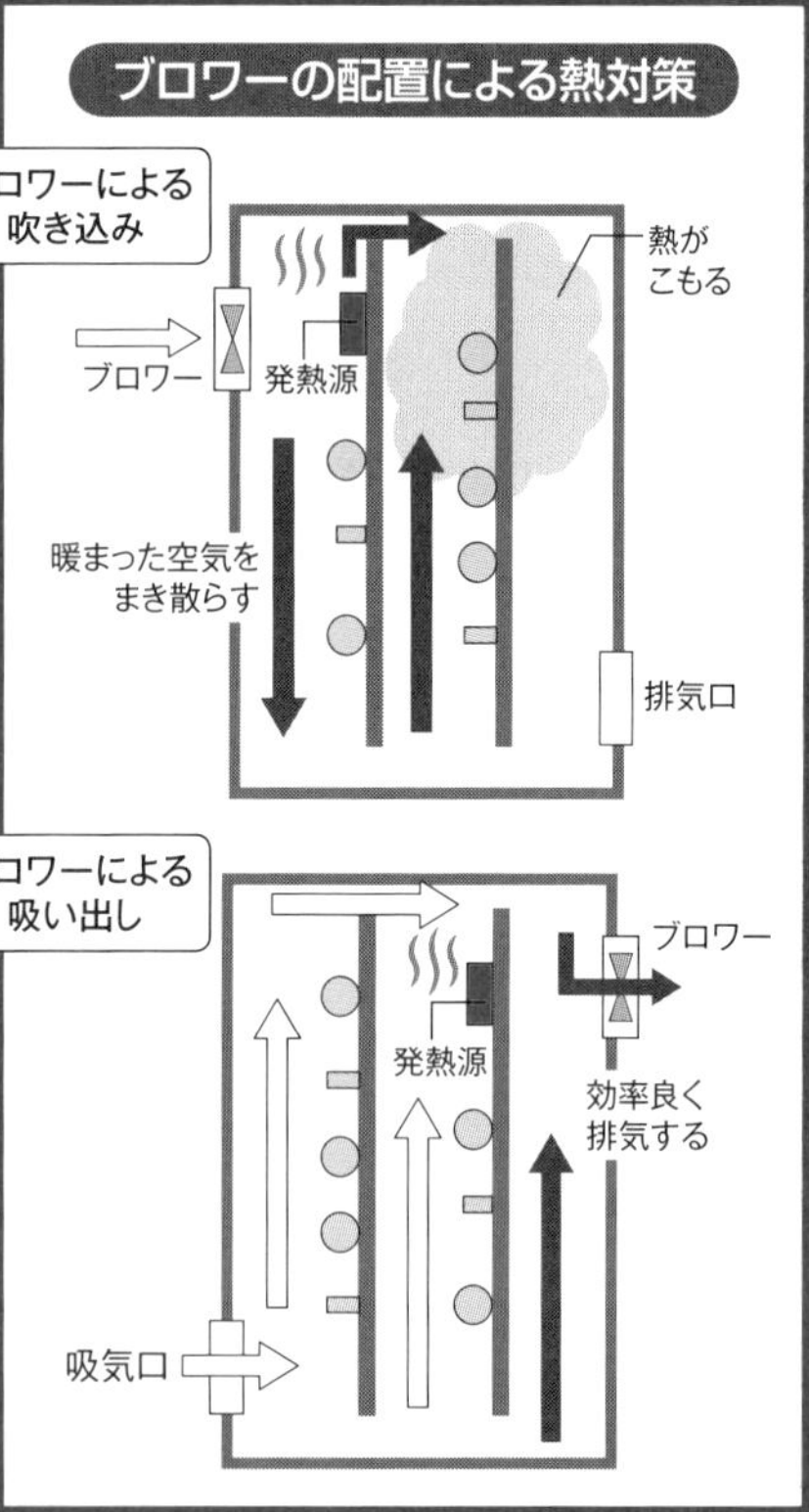

第7章

組込みシステムの製品化

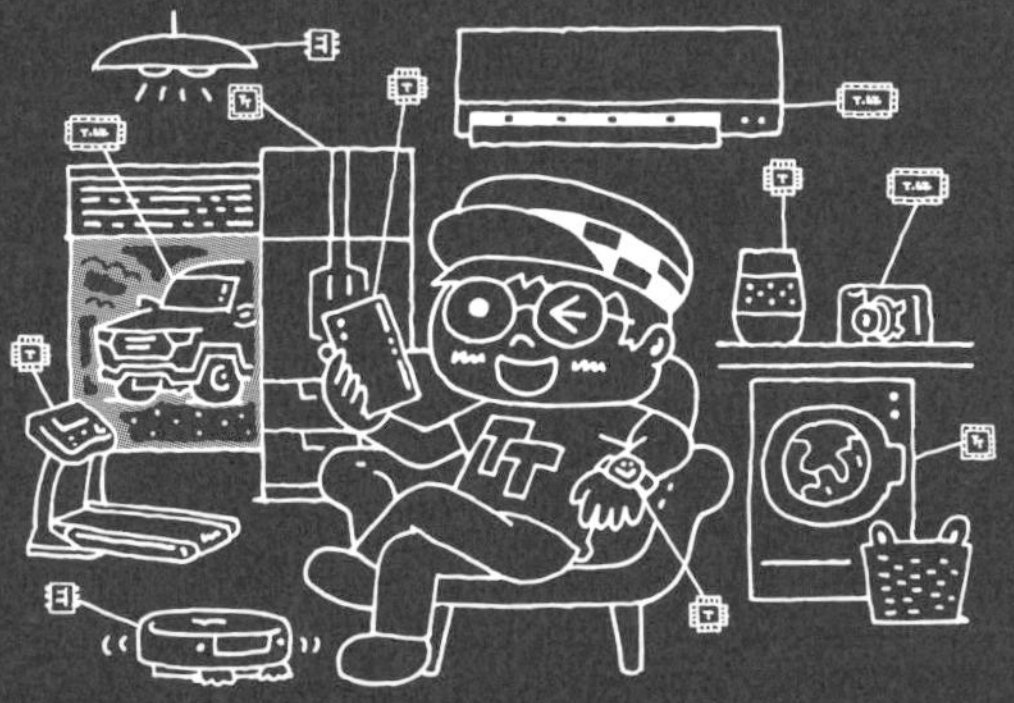

61 生産スタイルから見た組込みシステムの種類

システムハウスの目標

組込みシステムの開発を得意とする企業を「システムハウス」と呼んでいます。そして、多くのシステムハウスは、小資本のベンチャー企業だと言われています。近年では、大学ベンチャーなども多く参入して技術レベルも向上しています。システムハウスでは、一品モノを受注したり、OEMを受託生産したり、自社ブランド品の開発などを行っています。

「一品モノ」とは、新製品開発というより、発注者が希望する装置を代わりに開発するというスタイルです。特殊仕様の装置から生産ラインの一部といったものまで、さまざまな依頼があります。いずれも、たった一台(多くても数台)しか作らないという規模の仕事です。需要の多い得意分野を持つことによって、潤沢な受注を得ることができるでしょう。

「OEM(Original Equipment Manufacturing)」というのは、相手先ブランドで販売される商品を受託生産することです。システムハウスの企業名は表面化しないため、縁の下の力持ち的な存在に甘んじることになります。どんなに良いモノが開発できたとしても、自社の技術力を証明するための実績として、製品名や設計内容などを公表できないところに、若干の虚しさがあります。数量的には、それなりの数が出ると思われますので、会社存続のためには、引き受けざるをえない大切な仕事という位置づけになるでしょう。

そしてやはり、システムハウスがめざしているのは、自社ブランド製品の開発・製造、そして販売まで行うことでしょう。製品がうまく当たって、ヒット商品ともなれば、会社規模を拡大するチャンスとなります。しかし、現実にはそううまくいくケースは、まれでしょう。そんなチャンスが巡って来る日を待ちながら、一品モノの受注やOEMの受託生産を並行して行っているのが、多くのシステムハウスの現状です。

さらに自社ブランド製品の開発には、ベンチャーならではの難しさがあるようです。次項へ続きます。

要点BOX

- システムハウスはベンチャー企業が多い
- システムハウスはOEMの受注生産を行いつつ、自社ブランド品の開発をめざしている

一品モノの開発

自社ブランド製品を夢見る

OEMで開発

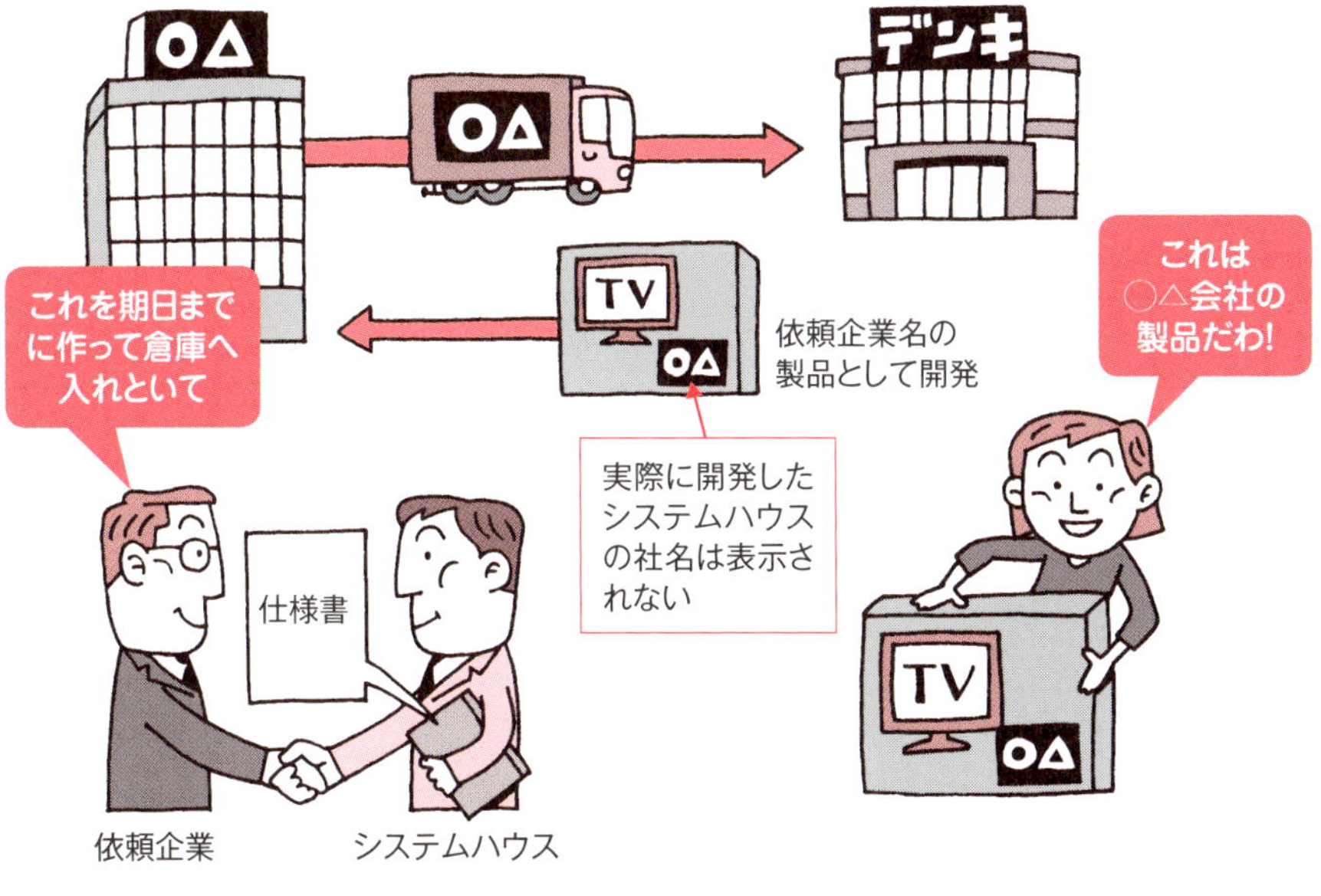

62 組込みシステムは開発者の自己満足ではダメ

ベンチャー企業の生き方

組込みシステムに限らず、喜ばれて役に立つ製品とは、ユーザー目線に立った仕様になっていることが重要です。開発者の自己満足や性能を誇示するようなオーバースペックではダメです。組込みシステム業界ではシステムハウスというベンチャー企業が頑張っていますが、独り相撲を取っているケースを見受けます。

そもそも、独立してベンチャーになる理由として多いのが、務めていた会社で自分の提案した企画が認められなかったからというものです。その企画の良し悪しはともかく、長期間考えに考え抜いた成果なので、それなりに十分練られていることは認めます。

そして、ベンチャーとして起業すると、考えに考えて溜め込んでいたアイデアを、いっぺんにドンと出してしまいがちです。だからオーバースペックの製品になってしまい、その結末が一発屋になってしまうのです。グッと堪えて、何段階かに小分けして出せば、製品寿命が長くなることでしょう。その間に、次のアイデアを醸成することが可能となるのです。

『会社経営などやったこともないおまえなんかに、言われたくない！』と腹が立つかもしれませんが、やったことがないからこそ、見えるモノだってあるのです。特に、組込みシステム関係は、進歩や変化が激しい分野ですから、あまり長期間溜め込んでいると、アイデア自体が陳腐化しかねません。サッとやって、サッと次へ転換する。いつまでも同じようなことをグダグダと続けない！ということも、この技術分野だからこそ重要なキーポイントではないでしょうか。

ベンチャーを生業にしていく以上、次々と製品開発を続けなければ、存続していけません。そのためには、常にユーザー目線で世界に目を向けて、技術動向とユーザーニーズをキャッチすることを疎かにはできないのです。世の中的には、ベンチャー企業が一発屋であっても、次々と代わりが現れてくるので、特段問題にはならないという厳しい現実があるのです。

要点BOX

- ●溜めてきたアイディアを小出しにする工夫が必要
- ●ユーザー目線で製品開発を続けることも重要

ベンチャーのよくある生き方

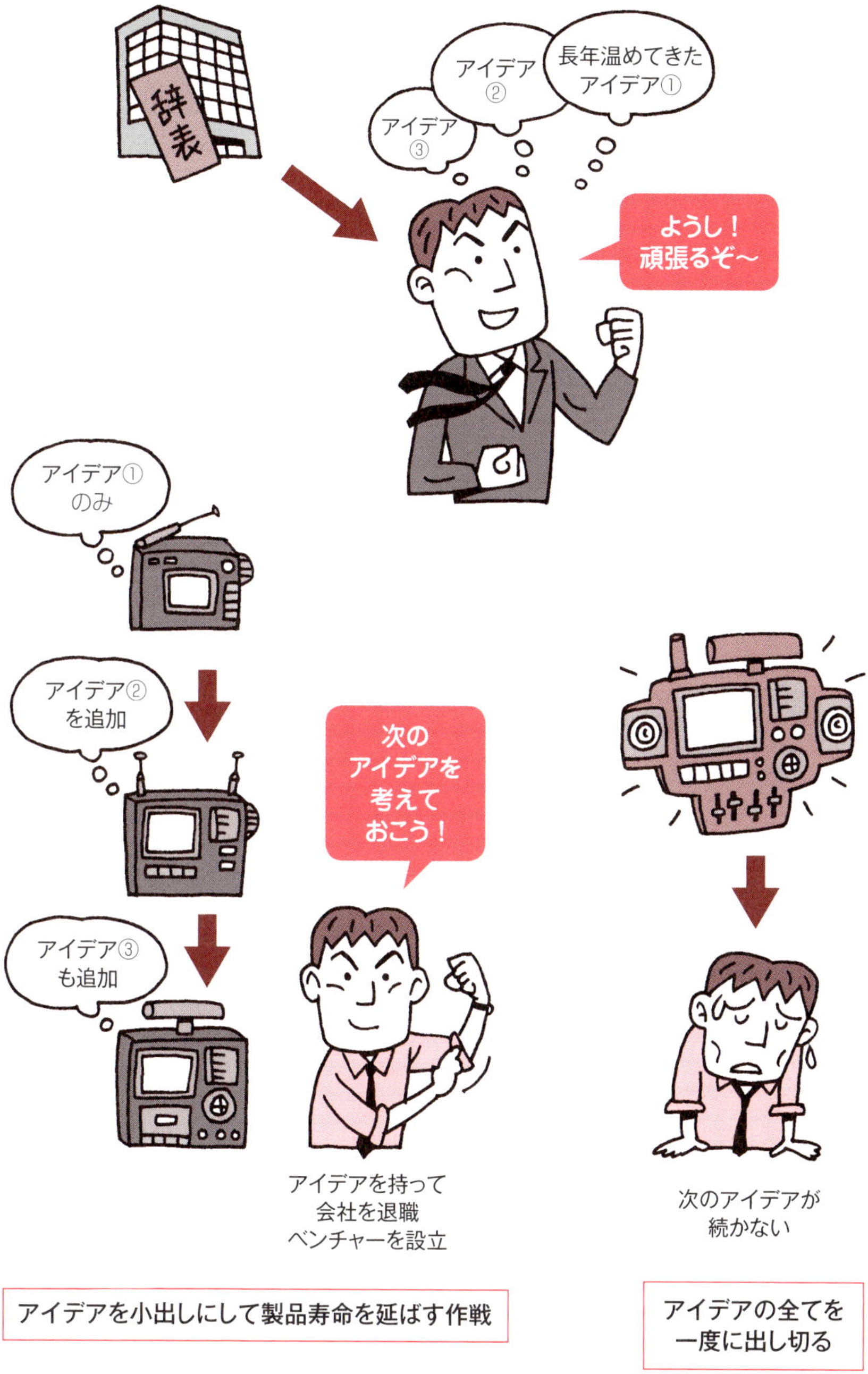

63 開発対象は量産品か単品か

開発製品の規模とハードとソフトの設計割合

量産品と単品（一品モノ）とでは、設計の考え方自体に違いが出てきます。まずは、組込みシステムを構成するハードウェアとソフトウェアの性質や特徴を十分に理解して、両者の担当部分を分ける必要があります。ハードウェアは、一度作成した回路を変更することが難しい反面、処理を並列して、かつ高速に行うことができます。ソフトウェアは柔軟に変更できる反面、順番にしか処理することができません。

「単品」は、一回のみの開発なので、あまり手間を掛けずにすむ方法を採用することになるでしょう。となると、ハードウェアの割合を多く採用したものになります。ハードウェアには、標準的な回路や定番のICなどが知られていて、多少コストはかかりますが、開発期間を短縮することができます。

しかし、単品の中には、産業用機械のように製品寿命が20年と長いものがあり、一般の民生機器にはなかった心配が出てきます。それは、保守体制と保守部品の確保です。そのため、採用する部品の選定に当たっては、長期間の安定供給が保証されるものを厳選しなければなりません。場合によっては、廃品種となる前にストックするなどの対策が必要となるでしょう。

一方の「量産品」の場合には、部品数を減らし、コピーして再利用が可能がソフトウェアを多く採用したものになる傾向が強いです。ソフトウェアの規模が大きくなると、その開発に要する人件費が多くなりますが、量産する数が多くなるほど、結果的にコストを低くすることができます。

量産品で気をつけなければいけないのは、欠陥品を絶対に作らないようにすることです。意識して欠陥品を作ることはないでしょうが、人間のすることですからミスは起こりえます。一度出荷してしまってからのリコールは、企業としての存亡がかかります。開発の各段階でのチェックと出荷前のテストは、慎重の上にも慎重に行うことが大切です。

要点BOX
- 単品はハードの割合を多くして開発期間を短縮
- 量産品ではソフトの割合を多くする傾向が強いが、欠陥品には要注意

単品の設計留意点

単品モノ開発での留意点（産業用機械の場合）

・売れれば大儲け（高価格）
・信頼性重視（故障したら損害賠償）
・製品寿命が長い（20年くらい）
・長期安定供給可能な部品の選定
・しっかりしたドキュメント化
・保守要員の確保

長い期間に渡って
メンテナンスできる
体制が必須
（保守要員、ドキュメント、
部品など）

量産品の設計留意点

量産品開発での留意点

・売れれば大儲け（薄利多売）
・ソフトウェアで付加価値を高める
・バグを入れ込まないこと
・リコールともなると多額の費用が発生
・会社としての信頼性が低下
・倒産の危機にもつながる

短期間で開発して、
市場に早く出すことが大事。
次の改良版も準備する

64 コピーされないための裏ワザ

工夫しだいで少しは防げる

ヒット商品には、必ずコピー品や類似品が出現するという宿命があります。組込みシステムも例外ではありません。組込みシステムの黎明期には、二台購入して、一台の基板から部品を外して写真を撮れば、基板のコピーができました。当時は両面基板だったからです。また、ICなどの部品の多くは、表面に型番が書かれているので、同じモノを揃えるのに苦労はありません。ソフトウェアも、ROMをコピーするだけで簡単です。ただ、チョットやっかいなのは、画面表示される開発企業名やロゴを消したり変更することだったようです。ということで、発売して一ヶ月もしないうちに、まがい物が登場していた時代がありました。

今日では、多層基板が当たり前のため、基板のコピーは不可能と思われますが、特殊なX線透視装置を使うと、各層ごとの写真が撮れると聞いたことがあります。その気になると何でもやれるものですね！にもかかわらず、苦労して開発した製品なので、コピーされないようにしたい。いずれは類似品が出るとしても、その時期をできるだけ遅くして、自社製品の販売期間を確保したいと思うのは当然でしょう。

そこで、私が考えた稚拙な手段を披露しましょう。

①データバスの一部をひねって順番を変える

これは基板設計時に簡単にできます。これに伴って、プログラムコードのビット並びも入れ替えてROMに書き込むので、リバース解析にも効果的です。

②ダミーのFPGAを採用する

結線の途中にFPGAを配置するだけで、解析しようとする意欲が削がれるものです。FPGAの記憶内容については、読み出し不可の設定ができます。①の順番を変える程度に使うのにも最適です。

③ウオッチドッグ・タイマーを多段に掛ける

これは本格的で、ハードウェアとソフトウェアの両方の方法で、多重に掛けます。シングル・ステップなどによる動作解析も不可能になり効果的です。

要点BOX

- ●データパスの順番を変えると設計がわかりにくくなる
- ●ダミーのFPGAやウォッチドッグタイマも有効

データバスの順番を変える

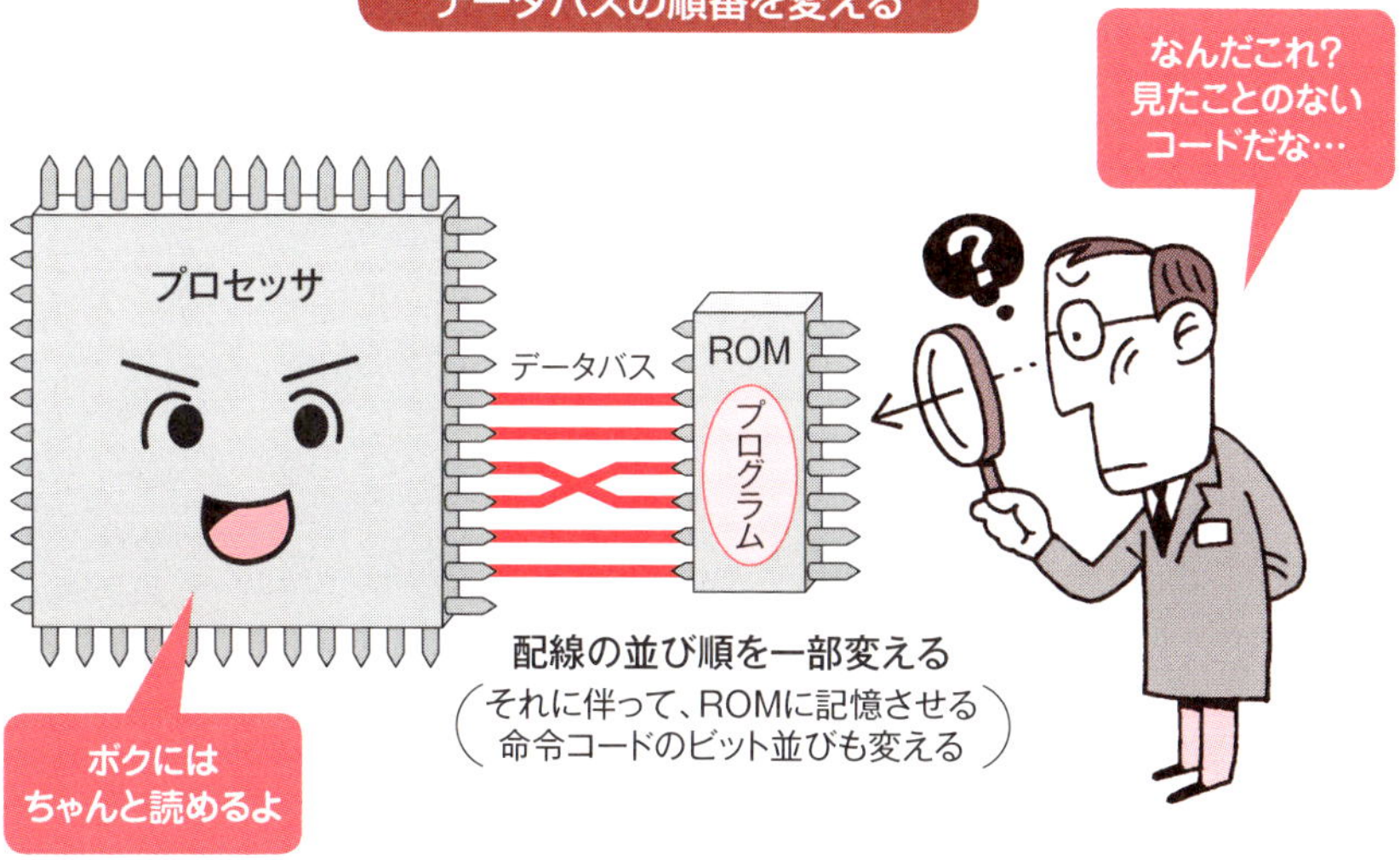

FPGAで回路の一部を隠す

ウォッチドッグタイマを多重に採用する

ウォッチドッグタイマは、回路やプログラムで一定時間間隔毎に信号が発生するようにしておき、何らかの異常で信号が発生しなかったことを感知すると、知らせる機能

65 組込みシステムの他に、もう一つの専門を持て

組込み技術者への提言

組込みシステム技術者になるからには、ハードウェアに関するものとして、電気・電子の知識とスキルが、そしてソフトウェアに関するものとして、プログラミングの知識とスキルが必須です。そしてさらに、もう一つ二つの専門分野を持っていると有利です。なぜなら、組込みシステム技術は、それ自身が製品ではないからです。何かの用途のために組込みシステム化を考えるのですから、その何かに関する専門知識を持っている必要があるのです。

野球の選手に譬えると、それなりに投打はできた上に、得意とする守備位置を持っていること。航空機のパイロットも、操縦技術はもちろんですが、個別の機種ごとのライセンスを持っています。組込みシステム技術者にあっても、単に回路が作れます、C言語でプログラムが組めます、だけではだめなのです。さらに、画像処理分野の知識がありますとか、建築士の資格を持っていますとか、マイコンを手段として組込む先の分野への理解度が深ければ、それなりに効果的な応用が可能となることでしょう。

なんでもできます！も時には必要ですが、今日の組込みシステムへの要求レベルは高くて、一夜漬け程度の勉強では対応できないでしょう。むしろ、何らかの専門知識を先に持っていて、それを生かすために組込みシステム技術を身につけるというアプローチの方が、完成度の高い製品開発が行えるように思います。

語学（特に英語）に強いことも有効です。新しい技術動向は、米国から発祥することがほとんどで、論文などを世界中に知らしめるためには、英語で書くことが常識となっています。インターネット検索を、日本語でやっているようでは、遅れを取ることでしょう。情報が日本語になっているということは、すでに誰かが読んでいるということです。少しでも早く動向を捕まえることこそが、今日の競争に勝つための条件と言えるでしょう。

要点BOX
- ●設計技術以外に、開発対象に関する知識が重要
- ●専門知識を持ってそれを生かす技術を身につける

組込みシステム技術者には開発対象に関する知識も必須

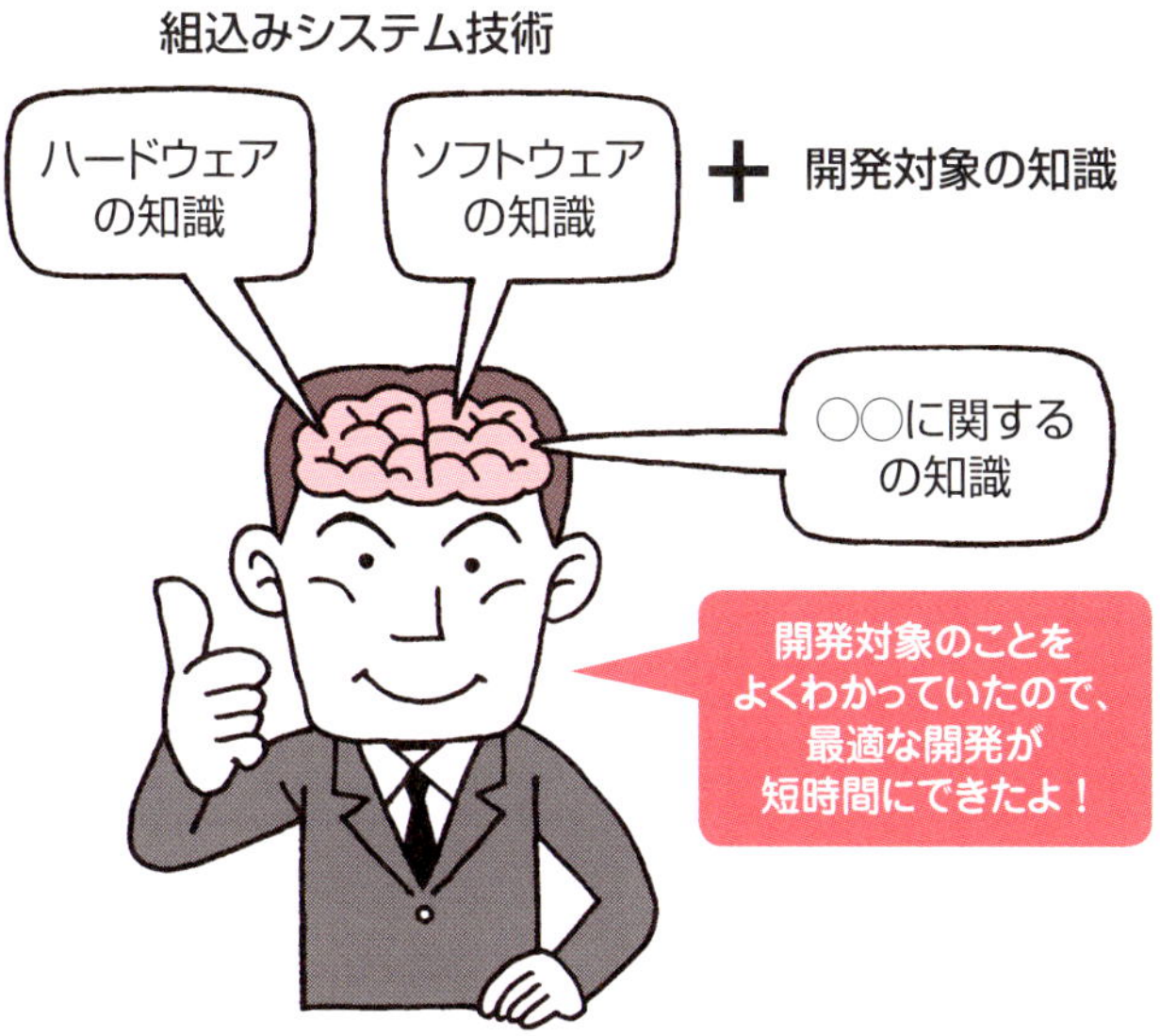

語学(特に英語)がわかると有利

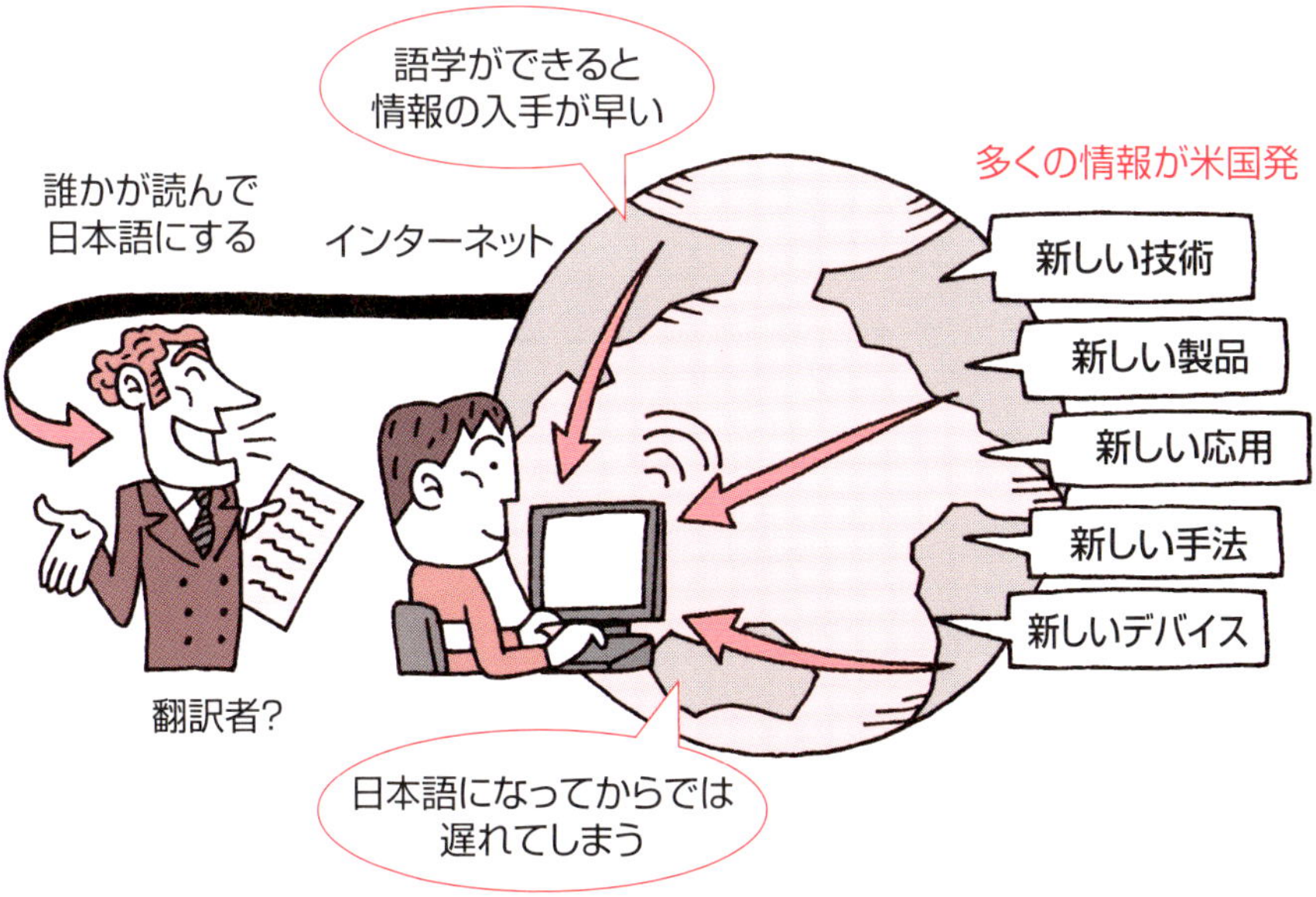

66 新たなる市場開拓をめざせ！

市場開拓を行う提案書づくり

組込みシステムを生業としているシステムハウスの多くは、一品モノの受注やOEMでの開発が中心となっているため、自社名が世の中に広く知られることがないまま、縁の下の力持ちとして活躍しています。受注や受託では、相手先が要望する組込みシステムを、相手先の仕様に従って、ただ単に作るだけという仕事です。そのため、必ずしも発注者が開発したいと希望する内容と、自社が希望するものとが一致するとは限りません。中には、受託と並行して量産している企業もありますが、多くの企業は自社ブランド製品を持つことを夢見て、常にめざしていると思われます。

かつて(20年くらい前)組込みシステム業界は、相手先から頼まれて開発するという受け身の段階から脱し、提案型企業になろうとする時期がありました。つまり、自社が得意とする組込みシステム構想を相手先に提案して、自社がやりたい新たな製品開発の受託を得ようとするアグレッシブな活動です。

この辺りから、大学ベンチャーの参入が始まったように記憶しています。そして、複雑なセンサや高度なアルゴリズムを採用した組込みシステムが登場し始めました。センサベルトを使って脳波を解析する組込みシステムや、ヘッドマウントを採用して仮想現実空間を利用したシステム提案などを思い出します。これまでやりたかったのだけど、適当なセンサがなかったり、マイコンの能力が不足していたりで、手を出せなかったテーマへの挑戦だったと思われます。

そして、今は〝ブルーオーシャン〟を開拓する段階にきていると言えます。ブルーオーシャンとは、新しい市場という意味で、これまで組込みシステムと縁のなかった人たちや分野に、新たな需要を湧き起こそうという動きです。今後、どんな組込みシステムが創出されて、どんな市場が開拓されるのでしょうか？

これからの若いエンジニアたちに期待して、ペンを置くことにします。頑張れ！

要点BOX

- ●新しい市場開拓は提案型で行う
- ●これまでに縁のなかった分野に組込みシステムを広げよう！

これまでのシステムハウス

新しい市場開拓の可能性

- ◆アイデアはあったが実現手段がなかった分野 → 高性能プロセッサの採用
- ◆一点集中処理から分散並列処理に適した分野 → IoTの活用
- ◆インテリジェンスを必要とする新分野 → ブルーオーシャンを探せ！

これからのシステムハウス

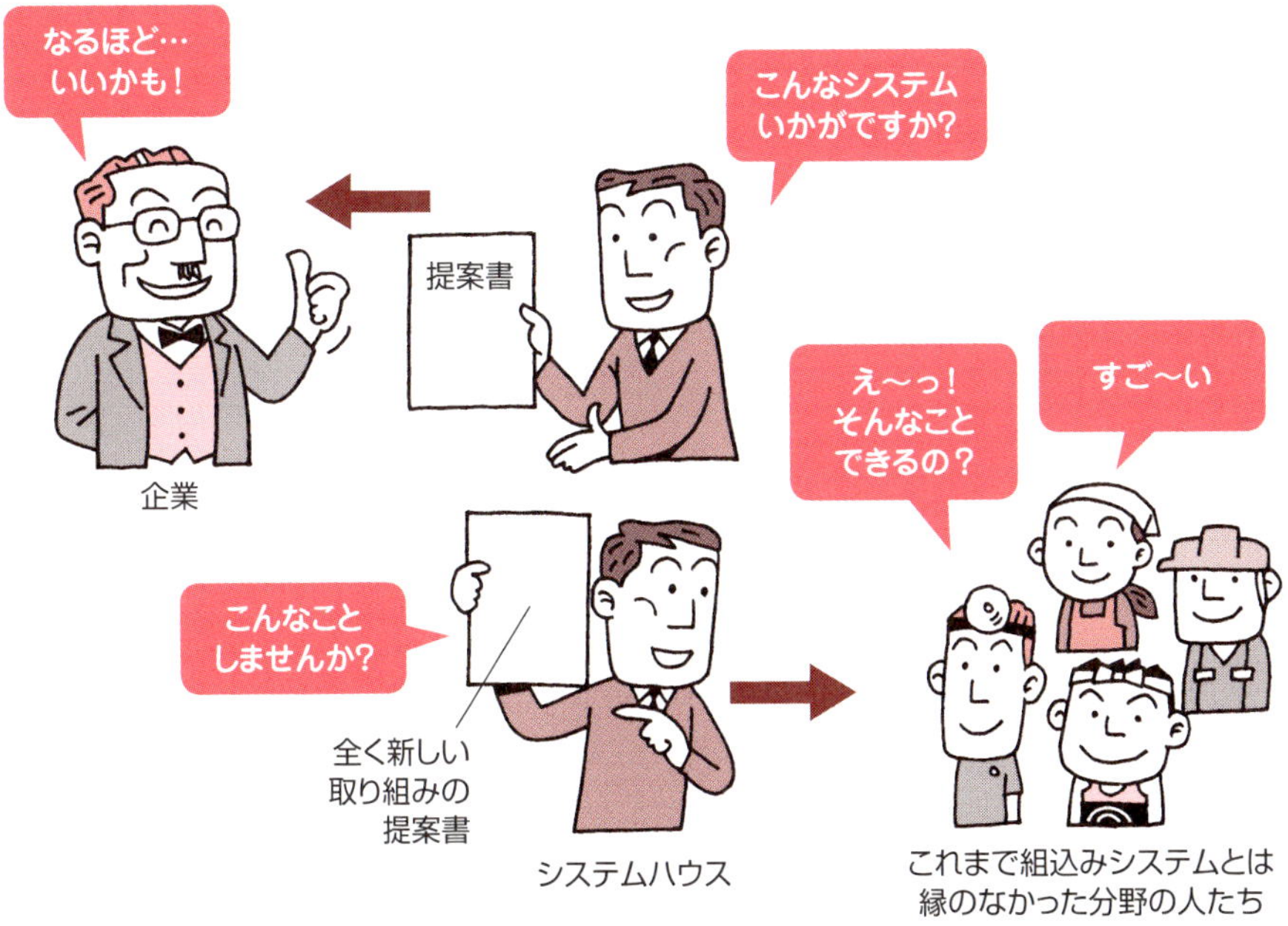

Column

ウォッチドッグタイマとは

組込みシステムの誤動作検知法として、最も知られていて、最も用いられている技法です。

まず、パルス(幅の狭い'H'信号)を加えると、一定時間だけ'H'を出力する「ワンショット」というICを用意します。タイマーICを「ワンショットモード」で使用することもあります。

次に、プログラムのどの経路を処理しても、一定時間以内にパルスを加え続けられるように、プログラムの中にパルス出力命令を埋め込みます。

以上によって、プログラムが正常に動作していれば、一定時間以内にワンショットにパルスが必ず加え続けられることになり、ワンショットからは'H'が出力され続けることになります。

もし、ワンショットの出力が'L'になったときには、プログラム動作に何らかの異常があった(一定時間内にパルス出力命令が実行されなかった)ことになります。

そのため、この信号を使ってプロセッサに割込みをかけるなどして、回復処理を実行させたり、非常停止させたりすることになります。

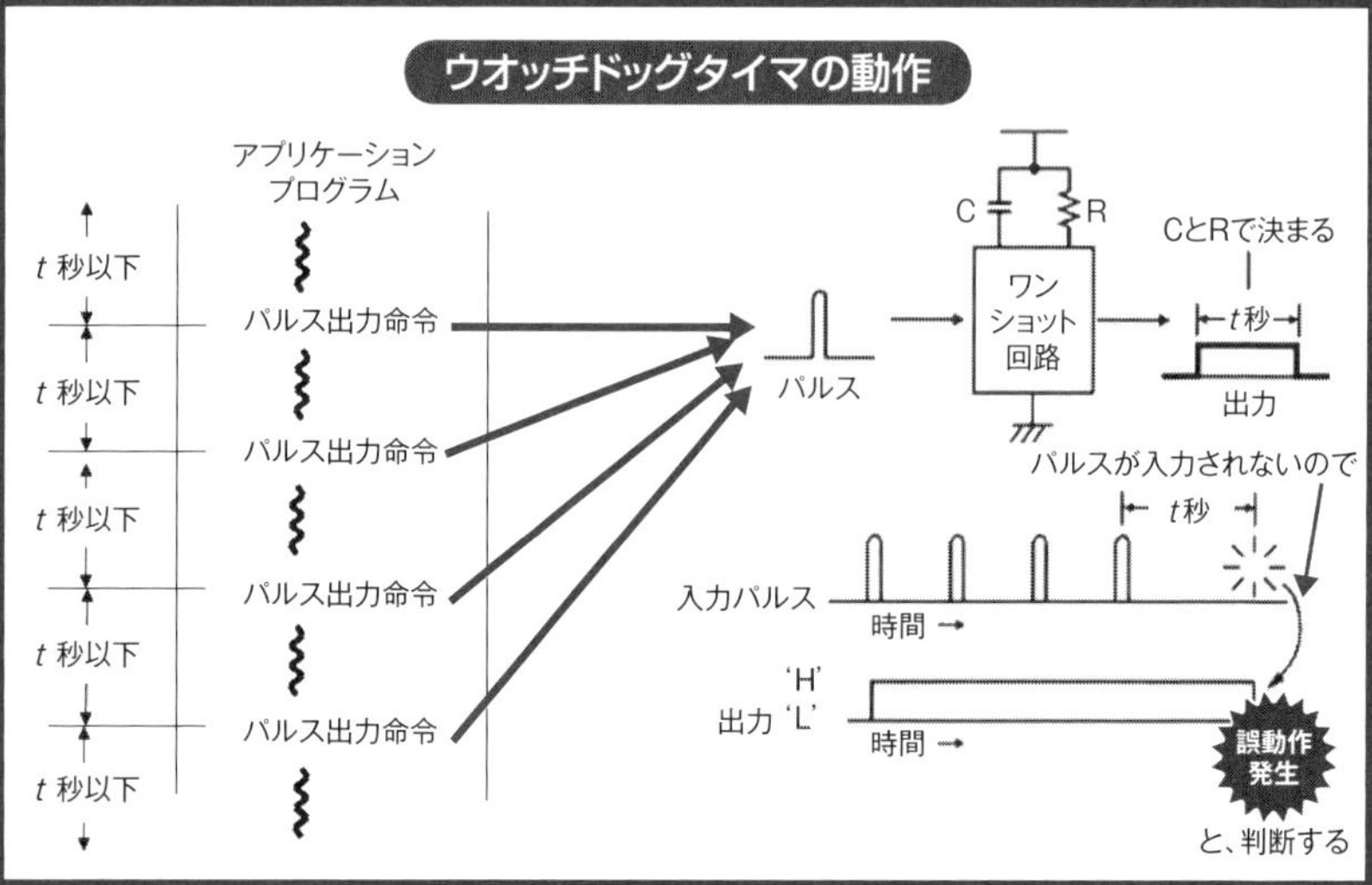

【参考資料】

坂巻佳壽美、機械設計2012年10月号～12月号「連載：ゼロからはじめるFPGA設計（電子オルゴールを作る）」、日刊工業新聞社

坂巻佳壽美、はじめてのFPGA設計、東京電機大学出版局、2014

坂巻佳壽美、制御技術者のための組込みシステム入門、日刊工業新聞社、2007

組込みシステム技術協会、組込みシステム開発のためのエンベデッド技術、電波新聞社、2009

組込みシステム技術協会、エンベデッドシステム開発のための組込みソフト技術、電波新聞社、2005

坂巻佳壽美、組込みシステムのハードウェア設計入門講座、電波新聞社、2008

坂巻佳壽美、JTAGテストの基礎と応用【PDF版】、CQ出版、2011

坂巻佳壽美、インタフェース2011年11月号「USBマイコン基板を使ったJTAGインターフェース」、CQ出版

塩見弘、信頼性・保全性の考え方と進め方、技術評論社、1980

組込みシステム技術協会、組込み系技術者のための安全設計入門、電波新聞社、2010

向殿政男、信頼性と安全性、SEC Journal Vol.10 No.3 ,pp8-10、独立行政法人情報処理推進機構、2014

Wチャン他、ブルー・オーシャン戦略新版、ダイヤモンド社、2015

【参照ホームページ】

「嶋正利のプロセッサ温故知新」

https://tech.nikkeibp.co.jp/it/article/Watcher/20060224/230661/

「いまさら聞けない 機能安全入門」

https://monoist.atmarkit.co.jp/mn/articles/0906/15/news091.html

その他、多くのホームページを参考にさせていただきました。厚く御礼申し上げます。

今日からモノ知りシリーズ
トコトンやさしい
組込みシステムの本

NDC 007.63

2019年7月12日　初版1刷発行

©著者　坂巻 佳壽美
発行者　井水 治博
発行所　日刊工業新聞社
東京都中央区日本橋小網町14-1
(郵便番号103-8548)
電話　書籍編集部　03(5644)7490
販売・管理部　03(5644)7410
FAX　03(5644)7400
振替口座　00190-2-186076
URL　http://pub.nikkan.co.jp/
e-mail　info@media.nikkan.co.jp
印刷・製本　新日本印刷

●DESIGN STAFF
AD――――――志岐滋行
表紙イラスト―――黒崎　玄
本文イラスト―――榊原唯幸
ブック・デザイン ――奥田陽子
（志岐デザイン事務所）

●
落丁・乱丁本はお取り替えいたします。
2019 Printed in Japan
ISBN 978-4-526-07992-4 C3034
●
本書の無断複写は、著作権法上の例外を除き、
禁じられています。

●定価はカバーに表示してあります。

●著者略歴
坂巻 佳壽美（さかまき・かずみ）

●略歴
1950年8月　東京に生まれる
1974年3月　日本大学理工学部電気工学科卒
1974年4月　東京都立工業技術センターへ研究員（電気）として入所
2006年4月　地方独立行政法人東京都立産業技術研究センターに独法化
（約40年間、中小企業への組込みシステム技術に関する技術指導に従事）
2015年4月　職場を退職し、自称「システム設計コンサルタント」

●主な著書
制御技術者のための組込システム入門　日刊工業新聞社（2007）
組込みシステムのハードウェア設計入門講座　電波新聞社（2008）
絵で見る制御システム入門　日刊工業新聞社（2010）
はじめてのVHDL　東京電機大学出版局（2010）
JTAGテストの基礎と応用（電子出版）　CQ出版社（2011）
VHDLによるFPGA設計＆デバッグ　オーム社（共著）（2012）
知っておきたい計測器の基本　オーム社（共著）（2014）
はじめてのFPGA設計　東京電機大学出版局（2014）
トコトンやさしいアルゴリズムの本 日刊工業新聞社（2018）
など